O CAMINHO PARA SUA ASCENSÃO

O CAMINHO PARA SUA ASCENSÃO

REDESCOBRINDO O MAIOR PROPÓSITO DA VIDA

Annice Booth

TRADUÇÃO
Fal de Azevedo

Alaúde / Abnara Conhecimento

COORDENAÇÃO EDITORIAL
Estúdio Logos

EDITORA ASSISTENTE
Mayara Facchini

PREPARAÇÃO DE TEXTO
Sandra Garcia

REVISÃO
Gabriela Ghetti

PROJETO GRÁFICO, CAPA E DIAGRAMAÇÃO
Desígnios Editoriais

IMAGEM DA CAPA
© Lilkar/Stairway To Heaven/Photos.com

ASSESSORIA EDITORIAL E DE ARTES
Patricia Nascimento

CIP-BRASIL. CATALOGAÇÃO-NA-FONTE
SINDICATO NACIONAL DOS EDITORES DE LIVROS, RJ

B715c

Booth, Annice
O caminho para sua ascensão : redescobrindo o maior propósito da vida / Annice Booth ; [tradução de Fal de Azevedo]. - São Paulo : Rai, 2012.

264p. : 23 cm

Tradução de: The path to your ascension : rediscovering life's ultimate purpose

ISBN 978-85-8146-022-2

1. Vida espiritual. 2. Espiritualidade. I. Título.

12-2135. CDD: 248
CDU: 2-584
04.04.12 11.04.12 034477

Esse livro foi originalmente publicado em inglês e impresso nos E.U.A.
Essa publicação em português é publicada baseada nos termos do Contrato de Licença entre RAI EDITORA e SUMMIT UNIVERSITY PRESS.
A Summit Lighthouse, Summit University e Summit University Press são marcas registradas nos Estados Unidos e outros países. Todos os direitos de seu uso são reservados.

RAI EDITORA
Avenida Iraí, 143 - conj. 61
Moema
04082-000 - São Paulo - SP
Tel: 11 - 2384-5434
www.raieditora.com.br
contato@raieditora.com.br

SUMMIT UNIVERSITY PRESS
63 Summit Way, Gardener, Montana
59030 - 9314 U.S.A.
Tel: 406 - 848 - 9500
Fax: 406 - 848 - 9555
www.summituniversitypress.com
info@summituniversitypress.com

Para Mark e Elizabeth Prophet,
meus gurus, meus professores, meus modelos de vida,
meus exemplos e queridos amigos – com todo o meu amor e minha gratidão
por terem me mostrado o caminho para a ascensão e por me dizerem
que eu posso chegar lá se eu TENTAR.

O futuro é o que você constrói, assim como o presente é o que você faz.
Se você não gosta dele, Deus lhe ofereceu um meio de modificá-lo,
e esse meio é a aceitação das correntes da chama da ascensão.
Serapis Bey

Sumário

Prefácio

Enquanto observo as montanhas cobertas de neve, sentada em minha casa em Montana, minha meditação se concentra na ascensão da alma para Deus.

Lembro-me da canção do salmista: "Eu erguerei meus olhos para as colinas, de onde virá o meu socorro. Meu socorro virá do SENHOR, que fez o céu e a terra"[1]. E tudo o que eu posso fazer é dizer, com o coração cheio de amor e gratidão: "Ó, Senhor, és tão magnífico!".

Sempre me lembrarei do dia em que conheci Mark e Elizabeth Prophet, um verdadeiro marco em minha vida. Eu venho de uma família cristã fundamentalista, e estudei os ensinamentos da Unidade. Mas só depois de descobrir os ensinamentos dos mestres superiores, transmitidos por seus mensageiros, percebi que após centenas, talvez milhares, de existências nesta Terra eu finalmente tive a chance de voltar para casa, para Deus, na ascensão ao final desta ou da próxima encarnação.

Todos nós sabemos que Jesus fez sua ascensão. Mas o que muitos não sabem é que cada um de nós deve seguir seu exemplo e ascender, de volta para o coração de Deus, vitoriosos sobre o tempo e o espaço.

---

1. Salmo 121:1-2.

Claro que eu estou falando da ascensão da alma, aperfeiçoada no amor, e não da ascensão do corpo físico. Como disse o apóstolo Paulo: "A carne e o sangue não podem herdar o reino de Deus"[2].

A igreja cristã tem escondido de nós esta grande verdade sobre a ascensão da alma, simplesmente porque muitos dos ensinamentos de Jesus foram perdidos ou mal traduzidos. Mais recentemente, a partir do século XX, os mestres superiores começaram a nos mostrar como trilhar o caminho para a ascensão, e como podemos superar os obstáculos da vida cotidiana e transcender as limitações de nossos corpos físicos.

Todos nós sentimos que deve haver algo melhor do que a vida que estamos levando cotidianamente, mas ainda não descobrimos como encontrar esse "algo melhor". Aprendi muitas verdades durante os anos em que estudei as palavras dos mestres, e questionando os mistérios da vida em meu coração. Este livro é uma tentativa de explicar de um modo simples o que aprendi.

Desde o meu primeiro contato com os mestres superiores, eu soube que seus ensinamentos eram verdadeiros. Mark Prophet me disse, uma vez, para confiar em minha intuição e ouvir meu coração. Então, o que eu estou oferecendo a você neste livro é o que o meu coração confirmou, e o que tenho me esforçado para aplicar em minha própria vida.

Este livro sobre o caminho para a ascensão se baseia em palestras que proferi na Summit University ao longo dos últimos vinte anos. Ele também foi inspirado por memórias das minhas experiências com os mestres em seus retiros etéreos.

Não tentei escrever em um estilo literário erudito. Ao invés disso, mantive o texto deliberadamente conversacional, como se você tivesse me convidado para entrar em sua casa, e estivéssemos sentados na sala de estar, na frente da lareira, discutindo o caminho para a ascensão.

Neste livro, acompanharemos um grupo de almas que se encontram todas as noites no Retiro da Ascensão, enquanto seus corpos estão adormecidos. Serapis Bey, o mestre que preside o Templo da Ascensão, usa um método interativo para ensinar seus alunos, que aspiram a ser candidatos para a ascensão. Eu os convido a se juntarem a nós.

No fim do livro, você vai encontrar um glossário de termos esotéricos, e eu também incluí uma bibliografia, com sugestões de livros e fitas para um estudo mais aprofundado.

---

2. 1 Cor. 15:50.

Você pode escolher completar os exercícios incluídos no livro de atividades. Eles lhe proporcionam a oportunidade de avaliar seu progresso no caminho para a ascensão, e o guiarão para aspectos de sua personalidade que podem precisar de atenção.

Como acontece frequentemente em conversas privadas com os companheiros de jornada, enfatizei as chaves que acredito serem significativas. Você pode achar útil sublinhar algumas passagens do texto e fazer uma lista dos pontos que acha que são as chaves da sua própria ascensão.

Estou escrevendo este livro por gratidão aos meus mestres e por ter tido a sorte de descobrir estas grandes verdades.

Também escrevo porque o amor de Deus me impele a compartilhar com você aquilo que sei que pode lhe dar a liberdade total e a imortalidade. Espero que, através destas páginas, Deus fale ao seu coração, como os mestres superiores falaram ao meu.

Que Deus o abençoe muito,
Annice Booth.

1

Encontrando o Propósito da Vida

Esta é a história da alma – da sua alma, da minha alma, de milhões de almas que estão buscando a imortalidade. Todos nós sabemos que há algo mais na vida do que a existência física, cotidiana que levamos. Mas o que é este algo mais? Como nós o alcançamos? Por onde começamos?

Venha comigo enquanto procuramos respostas nos ensinamentos dos grandes mestres da sabedoria. Em primeiro lugar, vamos compreender que a jornada não começou nesta vida. Somos almas antigas, e esta é a primeira lição que os mestres nos ensinam.

Já vivemos em muitas eras e em muitos climas. Fomos santos e pecadores. Fomos jovens e velhos. Vivemos vidas de abundância e vidas de pobreza; vidas de sucesso e vidas de fracasso; vidas de beleza e vidas de degradação. Vimos civilizações ascenderem e caírem.

Na verdade, para estar perto do fim de nossa busca, como acredito que estejamos hoje, procuramos por muito tempo e em muitos lugares, e aprendemos muitas lições. Também falhamos em partes de nosso aprendizado, e tivemos que passar pelas lições mais uma vez.

Nesta vida, estamos na soleira da imortalidade, prontos para aprender a verdade que deve transcender a existência física, e fazer nossa ascensão para a Luz de onde viemos.

O reino etéreo

Nós descemos à Terra como uma fagulha, um espírito enviado por Deus, e finalmente nos está sendo oferecido um vislumbre do mundo paradisíaco de nossa origem. Este mundo mais elevado, embora não seja visível para os nossos olhos, está povoado por uma miríade de seres que brilham com luz e amor – arcanjos poderosos, anjos, Elohim, seres cósmicos e mestres superiores, pequenos elementais (espíritos da natureza) e grandes seres dos elementos que são os mestres da terra, do ar, do fogo e da água.

O mundo dos mestres superiores só pode ser visto através dos olhos da alma, enquanto elevamos nossa consciência e nos concentramos em nossos corações. Estes grandes mestres se ofereceram para nos ensinar os passos necessários para encontrarmos o nosso caminho de volta ao coração de Deus. Eles ensinam as nossas almas, enquanto nossos corpos descansam à noite, ou durante os intervalos entre as encarnações. Durante o dia, estamos muito ocupados com as atividades necessárias da vida cotidiana – trabalhando, cuidando de nossa casa e de nossos filhos, estudando na escola ou na universidade. Apenas em raros momentos de silêncio e meditação nossas almas se elevam ao reino etéreo onde os mestres residem.

Um convite

Nossas almas receberam a oferta de um grande presente: serem ensinadas pessoalmente, nos retiros dos grandes mestres da sabedoria. Esses retiros, chamados de Universidades do Espírito, estão localizados no plano etéreo, um nível acima do físico, que vibra em uma frequência tão alta que nossos olhos são incapazes de vê-lo. Mesmo assim, o mundo etéreo é tão concreto e real aos olhos da alma como o mundo físico à nossa visão convencional.

Os mestres superiores, que são nossos professores, foram homens e mulheres como eu e você somos hoje. Eles caminharam pela Terra através das eras e, depois de terem dominado sua energia e seu ambiente, ascenderam de volta para Deus. Eles enfrentaram os mesmos problemas que nós enfrentamos hoje, e os superaram. Sim, Jesus foi apenas um dos muitos que demonstraram a ascensão.

Os mestres nos ofereceram a vantagem de suas conquistas para ajudar-nos a encurtar nossa jornada para a imortalidade. Todos os que desejam sinceramente seguir o caminho para a ascensão são convidados a frequentar essas Universidades do Espírito, especialmente aqueles que estão dispostos a seguir os preceitos que os mestres ensinam. Então, venha comigo esta noite. Vamos para a cama cedo, para que nossas almas possam viajar em seus corpos mais leves, para o Templo da Ascensão sobre Luxor, no Egito.

Embora as ruínas do templo físico ainda existam em Luxor, visitaremos o retiro espiritual, superposto sobre as ruínas físicas. A chama da Ascensão está concentrada aqui, já que Serapis Bey a trouxe para este lugar antes de Atlântida afundar.

Nossas almas estão convidadas a vir, em seus corpos mais leves, para experimentar a primeira lição que o Mestre Superior Serapis Bey, o mestre do Templo da Ascensão, vai nos ensinar. Ele será o nosso professor, esta noite e por algum tempo no futuro.

A primeira aula

Nós nos encontramos em uma linda sala, com chamas douradas e brilhantes nas paredes. Sentimos a pulsação do fogo branco da chama da ascensão, em outra sala onde não nos qualificamos ainda para entrar. Percebemos que existem muitas outras salas neste complexo, que são usadas para iniciações específicas que levam à ascensão. Outras salas de aula como a nossa são reservadas para instruções mais avançadas.

Uma porta se abre, e nosso professor entra. Serapis Bey está vestido com um robe de linho branco que brilha com uma luz tão ofuscante que até mesmo os olhos de nossa alma têm dificuldade de ver. Um grande topázio amarelo prende seu turbante.

Serapis Bey examina a sala com um sorriso quente de acolhida e começa a falar.

– Sejam bem-vindos, devotos do meu coração! É importante que vocês venham buscar auxílio em nosso retiro etéreo em Luxor, enquanto se esforçam para atingir sua ascensão, tanto em nível interior quanto exterior. Deste modo, vocês podem aplicar o que aprenderam "fora do corpo" às suas tarefas cotidianas, e aos seus relacionamentos familiares.

– De vez em quando, eu vou designar tutores para trabalharem com vocês e ajudá-los a corrigir cada passo que possam vir a errar no Caminho. Muitos outros mestres superiores concordaram em me ajudar a ensinar suas almas. Vocês gostarão de conhecê-los, tenho certeza.

– E agora, vamos começar com a pergunta que todos vocês trazem em seus corações neste momento.

Enquanto nos sentamos a seus pés, a pergunta que nos fazemos é: Qual é o propósito da vida? Serapis Bey sabe a resposta.

"É preparar-se para a ascensão. O futuro é o que você constrói, assim como o presente é o que você faz. Se você não gostar dele, Deus providenciou um modo de mudá-lo, e este modo é a aceitação das correntes da chama da ascensão"[3].

Esta simples verdade, falada pelo Mestre Superior Serapis Bey, talvez seja o conceito mais importante que jamais ouviremos no Templo da Ascensão, em Luxor. Mais perguntas nos vêm à mente, mas no momento esta resposta é suficiente para a nossa meditação.

Reencarnação

Vamos refletir sobre o que o mestre quis dizer quando afirmou: "O presente é o que você faz".

Serapis Bey está nos ensinando a doutrina da reencarnação, uma verdade fundamental para a nossa compreensão do caminho para a ascensão. A reencarnação nos ensina que o que fizemos em nossas vidas passadas afeta a nossa vida presente. Explica as aparentes desigualdades da vida; por que algumas almas nascem paraplégicas ou cegas, por que algumas possuem grande criatividade e talentos especiais desde muito cedo, por que algumas lutam a vida inteira somente para sobreviver, e por que fatos extremamente dolorosos ocorrem na vida de alguns, enquanto apenas coisas boas e felizes preenchem a vida de outros.

Percebemos, enquanto refletimos sobre sua afirmação "O futuro é o que você constrói", que isso significa que muitos de nós devemos modificar nossos hábitos e nosso estilo de vida. Porque, para ter o futuro que gostaríamos, precisamos ter o corpo físico mais purificado possível. Precisamos de uma dieta saudável, de exercício, de repouso suficiente, e de momentos de silêncio para a meditação e as preces todos os dias, além de um desejo sincero de mudar nossa vida.

A sua próxima frase, "Se você não gostar dele, Deus providenciou um modo de **mudá-lo**, e este modo é a aceitação das correntes da chama da ascensão", nos mostra que precisamos realmente descobrir o que é a ascensão.

3. Serapis Bey, *Dossier on the Ascension: The Story of the Soul's Acceleration in to Higher Consciousness on the Path of Initiation*, registrado por Mark L. Prophet (Livingston, Mont.: Summit University Press, 1978), p. 89; Mark L. Prophet e Elizabeth Clare Prophet, *Lords of the Seven Rays: Mirror of Consciousness* (Livingston, Mont.: Summit University Press, 1986), p. 175.

Mas o nosso mestre diz que esta primeira lição é suficiente por esta noite. Ele quer que meditemos sobre o ensinamento que ele nos ofereceu, e que apliquemos seus ensinamentos em nossas vidas cotidianas, antes de voltarmos para a sala de aula.

Quando acordamos no dia seguinte, a maioria de nós não consegue se lembrar dos momentos que passamos no retiro do mestre, ou da lição que aprendemos. Entretanto, nossas almas sabem e se lembram, porque é a alma que o mestre está ensinando.

Enquanto prosseguimos com nossas vidas cotidianas, desempenhando as mesmas tarefas mundanas como sempre, algo nos parece diferente. Sentimo-nos mais pacíficos, como se tivéssemos sido aliviados do estresse que antes sentíamos.

Enquanto estas novas ideias giram em nossas mentes, descobrimos que, para assimilar completamente os ensinamentos do mestre, precisamos deixar de lado quaisquer ideias preconcebidas, quaisquer doutrinas ou dogmas, preocupações, ansiedades, medos ou perguntas que possamos ter. Precisamos deixar que nossa alma fale conosco, para que possamos atingir o estado de felicidade que conhecemos antes de nos prendermos à teia complicada da vida na Terra. Nossa alma sabe, desde o começo, que o seu propósito maior é ascender de volta ao lar, para Deus.

Se embarcarmos sinceramente nesta busca pela imortalidade, a viagem pode facilmente se tornar algo que nos consome totalmente. Mas existe um perigo que precisamos evitar. Como El Morya, outro de nossos mestres superiores, nos diz, "A sua espiritualidade é expressa pela sua praticidade".

O plano não é nos tornarmos ermitões ou reclusos, preocupados apenas com nossa ascensão e nos concentrando em nossa vida espiritual, excluindo nossas outras responsabilidades. Os mestres nos ensinam o equilíbrio de evitar o fanatismo e a indulgência, como fez Gautama Buda.

Para absorver completamente os ensinamentos dos mestres, precisamos ser alunos aplicados, totalmente integrados ao mundo de hoje, e ao mesmo tempo um tanto afastados dele. Assim como Jesus ensinou a seus discípulos a estarem no mundo, mas não serem dele, esta também é a nossa missão.

Quando Serapis Bey entrou pela primeira vez na sala, apareceu como uma chama de fogo branco, representando o grande espírito da disciplina da lei. Na conclusão da aula, depois de estabelecer sua presença entre nós, o vimos desaparecer como uma chama cor-de-rosa, rodopiante.

A sombra delicada desta chama rósea de amor, aparecendo depois do fogo branco da chama da ascensão que ele traz, mostra a gentileza e a intensidade do amor de Serapis Bey.

Se você quiser ampliar seus estudos antes de prosseguir para o Capítulo 2, encontrará alguns exercícios na página 234.

2

O que é a Ascensão?

Finalmente, o esperado momento em que nossas almas podem assistir à segunda aula no Templo da Ascensão chegou! O mestre nos avisou para sermos pacientes, e nos disse que não podemos assimilar todos os passos para a imortalidade de uma só vez. Mas estamos animados, porque agora sabemos que a libertação está próxima.

Serapis Bey é o nosso instrutor para estes passos iniciais da ascensão. E ele deveria mesmo ser, porque ele é o Mestre do Templo da Ascensão, em Luxor, Egito.

Enquanto o mestre sobe até o púlpito, ele nos diz com um sorriso:

– Esta noite, tenho certeza de que vocês desejam que eu responda a pergunta que me fizeram da última vez em que nos encontramos: "O que é a ascensão?".

– Não posso lhes dar uma resposta simples, mas vou apresentar algumas ideias para vocês meditarem a respeito. Eu as intercalarei, de vez em quando, com outras instruções. Prestem muita atenção, para não perderem nenhuma das chaves para a sua ascensão.

As chaves para a ascensão

Serapis Bey nos explica que a ascensão até a luz é o nosso retorno vitorioso para casa, para Deus. Desde o começo, este tem sido o objetivo de toda a vida na Terra.

A ascensão é uma espiral ascendente, que afeta todo o ser; mas as correntes da ascensão não podem ferir ninguém. Através da chama da ascensão, nos tornamos um só com o nosso Ser Superior, e então com Deus, o Pai, a nossa própria presença do EU SOU. Somos, então, preenchidos com a luz do sol espiritual, e não podemos mais nos manter presos à força gravitacional da Terra.

Na medida em que o poder ilimitado de Deus surge através de nosso ser, não temos mais a necessidade de um corpo físico. Teremos transcendido as limitações do tempo e do espaço.

Quando dizemos "Deus, nosso Pai", nós entendemos que vemos Deus como a força superior Pai-Mãe, que é tanto masculina como feminina.

Como a linguagem neutra, em termos de gênero, pode ser complicada e ocasionalmente confusa, vamos utilizar o pronome "ele" para nos referirmos ao Deus Pai-Mãe, e em geral a todos os indivíduos. Não pretendemos, de forma alguma, excluir as mulheres ou o aspecto feminino da Divindade.

E já que estamos falando disso, também usaremos o pronome "ela" para nos referirmos à alma, esteja ela habitando um corpo masculino ou o feminino, que é o complemento feminino do Espírito masculino.

Mesmo se você estiver habitando o corpo de um homem desta vez, a sua alma é feminina, e tanto homens como mulheres possuem características e traços masculinos e femininos.

A Presença do EU SOU

Antes de prosseguirmos, eu gostaria de explicar o termo Presença do EU SOU. Usaremos este termo para nos referirmos a Deus durante nossas aulas, e eu quero me certificar de que você compreenda o verdadeiro significado dele. A Presença do EU SOU é a presença individualizada de Deus, concentrada em cada alma individual. É a identidade divina do indivíduo.

EU SOU é o nome de Deus, dado a Moisés no Velho Testamento. Quando lhe pediram para que falasse aos israelitas, Moisés perguntou a Deus que nome deveria usar. Deus disse: "EU SOU O QUE SOU. Portanto, tu deves dizer para os filhos de Israel, EU SOU foi enviado a vocês... Este é o meu nome para sempre, e este é o meu memorial para todas as gerações"[4].

4. Êxodo 3:14, 15.

Quando nós dizemos "EU SOU", queremos dizer "Deus está em mim". Devemos ter cuidado para completar a frase apenas com pensamentos positivos, porque estamos colocando o poder do nome de Deus nestes pensamentos.

Dossiê sobre a Ascensão

Serapis Bey nos diz que escreveu o *Dossiê sobre a Ascensão*, um livro para os que a buscam nos dias de hoje. Ele nos diz que incluiu no livro muitas das instruções que dá para as almas em seu retiro etéreo, quando estão separadas de seus corpos físicos. O livro também inclui uma boa parte do treinamento que ele está nos dando individualmente.

Serapis Bey nos oferece estas palavras do *Dossiê*:

"Vocês não devem esperar, meus preciosos, que o Céu desça sobre vocês como um grande pássaro do paraíso, e que os eleve imediatamente para a luz. A cada dia, vocês tecem um fio de luz até o coração de sua Presença, através de sua atenção. Cada fio fortalece a âncora além do véu, e isso os leva a um estado de consciência, no qual Deus pode usá-los como instrumentos mais eficientes para o bem.

"Que todos entendam, portanto, que a ascensão é obtida por boas obras e devoção a Deus, pelos serviços prestados aos homens, seus irmãos, por serviços prestados à luz, por atos oferecidos por e em benefício da humanidade, por ações de cura para com os que necessitam, e pelas muitas avenidas da Irmandade, assim como pelo estudo direto do processo mecânico envolvido no ritual final da própria ascensão"[5].

Então, Serapis Bey nos fornece outra chave importante do Dossiê: "Não existe necessidade de se ter um senso de batalha, mas apenas um senso de aceitação"[6]. Saint Germain, outro mestre superior que nos ensinará à medida que progredimos com as aulas, também disse mais de uma vez que "é o senso de batalha que faz a batalha".

Serapis Bey gostaria que meditássemos sobre este conceito.

---

5. *Dossier on the Ascension*, p. 166-67.
6. Ibid., p. 62.

O senso de batalha

Boa parte do senso de batalha em nossas vidas pode ser tirada de nós se formos simples, puros, e aceitarmos nossa ascensão como um presente de Deus. Poderíamos simplesmente dizer "Obrigado, Pai. Quero minha ascensão. Eu a quero na ordem divina, de acordo com as direções divinas e o desejo de Deus, quando ela significar o maior benefício para o planeta".

Frequentemente afastamos o bem que vem a nós dizendo "Não sou digno". Uma criança, entretanto, aceita um presente avidamente, com alegria e contentamento. A ascensão nos foi oferecida como um presente de Deus. E ela nos pertence, para aceitarmos com a mesma alegria de uma criança; sem questionar por que esse presente nos foi dado, ou se somos dignos dele.

Saint Germain nos fez a promessa de que, se aplicarmos a lei, podemos ascender ainda nesta vida. Se precisarmos de outra encarnação para cumprir nosso plano divino ou nosso carma, podemos fazer nossa ascensão na próxima vida.

Você deve acreditar que pode ascender. Você precisa pedir pela ascensão. Você tem que trabalhar por ela, e deve aceitá-la como uma realidade, aqui e agora, sujeita a quando os Senhores do Carma e o seu Eu Superior quiserem que você ascenda. A ascensão é o cumprimento da lei de Deus para todos os homens.

Os Senhores do Carma

Os Senhores do Carma são um corpo de oito seres superiores, de grande merecimento, que formam o Quadro Cármico. Eles distribuem justiça a este sistema de mundos, adjudicando o carma, perdão e julgamento para todos os que vivem nesta Terra.

Todas as almas comparecem diante do Quadro Cármico antes de cada encarnação na Terra, para receberem sua missão e a bagagem cármica daquela existência. Depois de cada encarnação, a alma comparece novamente diante do Quadro Cármico, para uma análise de seu desempenho.

Estes mestres determinam quais almas irão reencarnar, quando nascerão novamente, e em que parte do planeta elas irão viver. Os Senhores do Carma designam almas a famílias e comunidades, levando em consideração o peso do carma que deve ser equilibrado.

O Quadro Cármico, juntamente com a Presença do EU SOU da pessoa e do Eu Crístico, determina quando a alma conquistou o direito de se libertar da roda do carma e do ciclo do renascimento.

O registro completo de todas as nossas vidas passadas, e de nossos atos bons e maus, deve ser levado em consideração. E quando tivermos equilibrado pelo menos 51% de toda a energia que nos foi concedida com a pureza e harmonia de nosso Eu Divino, podemos receber o grande presente da ascensão.

Enquanto refletimos sobre esta informação, o mestre nos diz que discutiremos o assunto do carma em profundidade, em uma sessão futura.

De vez em quando, Serapis Bey convida outros mestres, além de Saint Germain, para entrar no retiro e ensinar. Um desses mestres é Lord Lanto, que já alcançou grandes realizações na esfera da sabedoria.

Lanto nos fala brevemente:

– Cada dia é uma oportunidade para a alma conquistar um elemento de seu aprendizado eterno. Você não passa, de um momento para o outro, de humano a divino; mas, passo a passo, você escala os degraus dourados da sabedoria[7].

A ascensão é um presente de Deus

O homem é um espírito inflamado, que desce à forma física para aprender as condições e passar pelas dificuldades da vida cotidiana de seu próprio eu mais inferior. Quando ele supera, com sucesso, as vontades humanas, o ego humano e o intelecto humano e os substitui pelos componentes divinos, pode então ascender de volta ao coração do Pai – vitorioso sobre o tempo e o espaço.

A ascensão é o presente de Deus. Ela nos é dada muito mais por Sua graça do que por nossos feitos, embora ambos sejam necessários.

Pertencer a qualquer igreja específica não garante, em si, a nossa ascensão. Devotos de todas as raças e religiões receberam o presente da ascensão quando certos requisitos (que discutiremos mais tarde) foram alcançados.

A chama da ascensão é a chama da esperança. Temos esperança porque trazemos dentro de nós a memória divina da ascensão de Jesus Cristo. Nossas almas lembram que Maria, a Mãe de Jesus, e outros desconhecidos também seguiram os passos de Jesus, como os verdadeiros heróis e heroínas do mundo.

A ascensão de Jesus é a matriz da ascensão de qualquer outra alma. Sua vida deveria ser um exemplo para nós, e devemos ascender como Ele fez. Os mistérios da criação de Deus são muitos, e Jesus revelou para nós um dos maiores mistérios da vida.

---

7. Mark L. Prophet, *Understanding Yourself: Opening the Doors to the Superconscious Mind* (Livingston, Mont.: Summit University Press, 1985), p. 95-6.

A ascensão é o desejo de Deus para cada um de nós, portanto todo o Céu está pronto para ajudar homem, mulher e criança que buscam expressar sua verdadeira identidade como filho ou filha de Deus. Toda forma de vida deve receber de braços abertos a oportunidade que temos de seguir os passos do Mestre. Jesus foi um dos muitos que nos mostraram o caminho.

Uma das lições que aprendemos nesta segunda noite é que existem muito mais seres superiores do que homens e mulheres vivendo na Terra neste momento. Descobrimos que a Bíblia registra apenas alguns dos muitos que ascenderam para a luz.

Os seres superiores

Os homens ascenderam de todas as profissões e de todas as principais religiões do mundo. Enoque, o sétimo de Adão, "caminhou com Deus, e não o era, porque Deus o tomou"[8]. Elijah ascendeu ao paraíso em uma "carruagem de fogo"[9]. Gautama Buda alcançou o Paranirvana ao fim de uma longa vida ensinando a seus discípulos.

Maria, a Mãe de Jesus, ascendeu aos céus no século I d.C. Padmasambhava, o mestre tibetano do século IX, subiu ao paraíso ao fim de sua vida. Também sabemos que Melquisedeque, John, o Amado, e Santa Teresa de Lisieux ascenderam. Mas estes são apenas alguns dos muitos santos e hostes do paraíso que ascenderam. Os filhos e filhas de Deus, em todo o cosmos, têm seguido o caminho da ascensão desde a criação, porque este é o caminho da evolução espiritual.

A diferença na faixa vibratória entre o mundo humano e o reino dos mestres superiores torna impossível para muitos ver as grandes hostes do paraíso; mas existem grandes números de seres que ascenderam, que querem ajudar a Terra e esperam por nossas preces.

O problema é que a nossa visão, vibrando ao nível da Terra, não pode enxergar os reinos etéreos e o mundo do paraíso, porque nossa visão normal vibra apenas do espectro infravermelho ao ultravioleta. Mas existem alguns encarnados que têm uma visão clarividente, e, portanto, podem ver a beleza dos reinos superiores.

8. Gênesis 5:24.
9. 2 Reis 2:11.

A lei dos oitavos

Pela lei dos oitavos, os mestres ascensos, anjos e seres cósmicos não podem entrar em nossas vidas sem serem invocados por nós. Nós pedimos a Deus o livre-arbítrio. Ele nos concedeu o livre-arbítrio, e nos afastamos de nossa perfeição, determinados a viver nossas próprias vidas. Levamos muitos, muitos séculos para perceber que talvez tenhamos feito uma grande bagunça. Agora é hora de arrumar tudo e voltar ao Pai.

Frequentemente criamos mais carma em uma existência específica do que somos capazes de equilibrar. É possível perder uma parte do nosso bom carma em razão de explosões de raiva e outras emoções negativas. Esta certamente é uma boa razão para manter a vigília sobre nossos pensamentos, nossas ações e nossas emoções todos os dias.

O reino dos céus é infinito, e aqueles que ascendem são logo designados para outras tarefas a serviço da luz. Nunca tema que a chama da ascensão apague a sua identidade. Em vez disso, ela lhe oferece uma gloriosa nova vida. A principal diferença entre a vida na Terra e a vida no Céu é que no Céu o indivíduo tem tempo infinito e energia infinita a seu dispor.

A turma inteira aplaude enquanto percebemos as possibilidades que se abrem para nós. Cada um pensa consigo mesmo: "Imagine que bênção seria ter todo o tempo de que preciso para realizar minhas tarefas espirituais, e nunca me cansar novamente!"

Todos nós nos endireitamos em nossas cadeiras e ouvimos atentamente, certos agora de que encontramos o Caminho pelo qual temos procurado durante séculos.

O último inimigo a ser superado é a morte

Serapis Bey fala a uma turma interessada, que ouve atentamente cada palavra sua. Ele diz que o último inimigo a ser superado é a morte. A morte é o absoluto oposto da espiral da ascensão. É a vida que é realidade, e não a morte.

Jesus provou conclusivamente que não existe morte. Usando a chama da ressurreição e depois as correntes da ascensão, Ele provou que a vida é o estado natural, e a morte, o estado não natural de ser.

Lembre-se de que Jesus disse: "Não deixem que seus corações se perturbem: vocês acreditam em Deus, acreditem também em Mim. Na casa do Meu Pai, há muitas moradas; se não fosse assim, Eu lhes diria: 'Vou lhes preparar um lugar'. E se Eu partir para lhes preparar um lugar, voltarei e os receberei em Mim, de forma que, onde Eu estiver, vocês também estarão"[10].

Jesus esperava que seguíssemos Seus passos quando disse: "Aquele que acredita em Mim e nas obras que realizo, as fará também; e fará obras maiores do que estas, porque irei ao Meu Pai"[11]. A nossa missão, dada diretamente pelo Mestre, é conquistar as limitações de nossos corpos físicos e ascender de volta ao Pai, como Ele fez; vitoriosos sobre o tempo e o espaço.

Jesus queria que seguíssemos Seu exemplo – que fizéssemos o que Ele fez, e que não acreditássemos que Ele era o único capaz de ascender para Deus.

Percebemos, então, na conclusão da palestra da noite, que, quando chegamos ao retiro em Luxor como candidatos para a ascensão, estamos nos dirigindo ao grand finale *de nossa viagem de centenas de milhares de anos nesta Terra. Nossas almas se regozijam, porque somos dignos de receber esta promessa de imortalidade, e todos fazemos nossos votos silenciosos de tornar esta a nossa encarnação final na Terra, se este for o desejo de Deus para nós.*

Se você quiser ampliar seus estudos antes de prosseguir para o Capítulo 3, encontrará alguns exercícios na página 235.

10. João 14:1-3.
11. João 14:12.

3

Os Mestres, Oriente e Ocidente

Nós nos reunimos um pouco mais cedo esta noite, procurando uma oportunidade de discutir os ensinamentos dos mestres entre o grupo; todos parecem ter uma pergunta cuja resposta ainda não está muito clara, e estamos determinados a tirar esta dúvida com o mestre na primeira oportunidade.

Uma sensação imediata de expectativa enche a sala quando Serapis Bey entra e toma seu lugar no púlpito. Com um sorriso, ele diz:

– Acho que talvez seja necessário fazermos um pouco de revisão, antes de prosseguirmos com nosso assunto desta noite. Percebo que há algumas perguntas em suas mentes. Quem gostaria de ser o primeiro?

Esta é exatamente a oportunidade que esperávamos. Uma jovem mulher se levanta e diz:

– Amado Serapis Bey, você mencionou o termo mestre superior várias vezes, e alguns de nós ainda não tem uma ideia clara do que um mestre superior realmente é. Você poderia, por favor, explicar melhor e talvez nos contar um pouco mais a respeito dos vários mestres de que nos falou?

O mestre diz:

– Esta é uma excelente pergunta, e estou feliz por você tê-la feito. Sintam-se livres para fazer quaisquer perguntas que lhes venham à mente, sobre qualquer ponto do ensinamento que vocês acharem que não está bem claro.

Mestres superiores

Serapis Bey nos diz que ser um mestre superior é a oportunidade que a alma recebeu quando foi criada. Os mestres ascensos são simplesmente pessoas que caminharam sobre a Terra, como fazemos agora, e que voltaram para a consciência de Deus. Eles são os santos "vestidos em robes brancos"[12] mencionados na Revelação. Eles enfrentaram os mesmos problemas e obstáculos, as mesmas dores e alegrias que estamos experimentando hoje.

Mestres superiores são importantes para nós porque eles já provaram as leis cósmicas que ainda estamos no processo de provar. Eles sabem que podemos conseguir, porque eles mesmos conseguiram – frequentemente, em situações mais difíceis do que as que enfrentamos hoje. Nas eras mais escuras da história do mundo, os mestres *ascensos* eram proibidos de servir como professores dos mortais. Todos na Terra que ascendiam naqueles tempos tinham que prosseguir na fé, e ele só obteria sucesso expandindo a chama de amor que queimava em seu coração.

Um mestre é alguém que aprendeu a dominar as energias do eu – as energias que fluem e correm através do homem e da mulher. Um mestre é alguém que domina o seu ambiente, o seu mundo. E esse domínio – alcançando um determinado nível e trazendo a alma em congruência com o seu próprio Eu Superior e sua própria Consciência de Deus – o leva até a reunião com Deus que chamamos de ascensão na luz.

Os mestres ascensos conquistaram a vitória sobre o pecado, a doença, a morte, e sobre cada conflito. Eles conseguiram o equilíbrio entre o que se chama, no Oriente, de carma, e no Ocidente, de pecado. Eles equilibraram toda a energia que lhes foi dada em todas as suas encarnações, e retornaram para o coração da presença EU SOU, e agora fazem parte dos santos ascensos no Céu.

Como espíritos vivos de Deus, que ensinam os filhos de Deus na Terra, os mestres apontam o caminho e nos dizem:

– EU SOU o caminho. Este é o caminho, e vocês o conhecem.

Eles nos mostram que o caminho pode ser percorrido, e que, ao provar as leis de Deus, nós também podemos alcançar a imortalidade. Nada daquilo por que lutamos e nada daquilo que somos se perde no momento da morte, pois a ascensão é a prova de que a morte, o último inimigo, pode ser superada.

---

12. Revelações 7:9.

Estamos animados em ouvir que cada um de nós pode se tornar um mestre superior! Com um sorriso, Serapis Bey nos diz:

– Antes de aprendermos sobre mestres específicos, eu gostaria de lhes dar uma explicação sobre um termo que usamos com frequência: "A Grande Irmandade Branca".

A Grande Irmandade Branca

A Grande Irmandade Branca é uma ordem de seres ascensos que serve a este sistema de mundos. Ela é uma união de mestres superiores que se formaram não apenas neste como também em outros planetas deste sistema solar, e em outros sistemas na galáxia.

Quem, então, são os membros da Grande Irmandade Branca? Eles são os santos e os sábios de todas as eras. Eles são do Ocidente e do Oriente. Eles são as grandes luzes espirituais, os artistas e os heróis desconhecidos; pessoas de todas as profissões. Eles não têm uma religião em particular ou uma crença específica, exceto o amor, a obediência e o sacrifício. Eles percorreram todos os caminhos que levam de volta para a Fonte e para o Um.

A palavra "branca" não se refere à raça, mas à luz branca do Cristo, a aura que rodeia esses santos e sábios "vestidos de branco", que vieram de todas as nações e de todos os tempos, para serem contados entre os imortais.

– Agora, eu gostaria de apresentar vocês a dois mestres superiores – diz Serapis Bey. – Saint Germain e El Morya. Estes dois mestres ascensos estão bem qualificados para lhes ensinar o caminho da superação. Suas vidas na Terra foram ainda mais desafiadoras do que as de vocês são hoje (ainda que vocês acreditem que o presente está cheio de obstáculos). Vocês verão, em breve, que muitas das vidas desses mestres são conhecidas suas, tanto através da história secular como da história da Igreja.

Serapis Bey nos avisa que pode usar alguns termos que não nos são familiares. Ele sugere que tomemos notas deles. Durante o período dedicado a perguntas e respostas, ele nos explicará tudo com alegria. Ele também sugere que seria interessante termos um caderno em que anotar todo o vocabulário espiritual ou esotérico que seja novo para nós. Deste modo, ao fim do curso, teremos um glossário de termos sobre os mestres ascensos[13].

13. Veja o glossário no fim do livro, p. 245-252.

Ele começa nos dizendo que nossas almas conhecem El Morya através das eras, embora seu nome nos pareça novo neste momento. Muitos de nós estivemos com ele em várias de suas encarnações através da história, porque as almas têm uma tendência de reencarnar em grupos.

Alguns dos alunos estavam se perguntando por que todos na sala de aula lhes pareciam familiares! E ali estava a resposta. Nosso grupo está reunido novamente, no Templo da Ascensão, sentado aos pés do mestre ascenso Serapis Bey, aprendendo sobre El Morya!

El Morya

O mestre ascenso El Morya ocupa o cargo de Senhor do Primeiro Raio da Vontade de Deus. Seu retiro, o Templo da Boa Vontade, está localizado no reino etéreo nos sopés do Himalaia, acima da cidade de Darjeeling, na Índia. Ele preside o templo como Chefe do Conselho de Darjeeling da Grande Irmandade Branca. A sua nota de assinatura está contida na melodia da primeira marcha *Pompa e Circunstância*, de Edward Elgar – que conhecemos como "The Land of Hope and Glory" [A Terra da Esperança e da Glória].

Os Irmãos do Coração de Diamante, que servem neste retiro, prestam assistência aos empreendimentos humanos, organizando, desenvolvendo e implementando a vontade de Deus como o alicerce de todos os movimentos bem-sucedidos. A mente divina de El Morya, que brilha como um diamante, é o coração de todo empreendimento.

A fé, o poder, a alegria, a constância, a força, a proteção, a perfeição, o amor pela vontade de Deus e o desejo de obedecer à vontade de nosso Pai são as qualidades do primeiro raio.

El Morya dá aulas em seu Templo da Boa Vontade para chefes de Estado, líderes e organizadores, aqueles que estão cooperando com os mestres em seus esforços para ajudar na estabilização dos governos e economias das nações.

Em 1958, El Morya fundou o Farol do Pico, como um meio de disseminar os ensinamentos dos mestres ascensos aos portadores da luz em todo o mundo. Ele treinou e patrocinou Mark e Elizabeth Prophet como mensageiros, através dos quais os mestres poderiam ditar seus ensinamentos.

A devoção de El Morya ao desejo de Deus pode ser vista no decorrer de suas muitas vidas de serviços prestados à Humanidade, tanto no governo como na Igreja. Uma de suas primeiras encarnações foi como Melquior, um dos três reis magos que assistiram ao nascimento de Jesus. No século VI, ele encarnou como Arthur, Rei dos Britânicos, que fundou a ordem dos Cavaleiros da Távola Redonda.

No século XII, El Morya foi Thomas Becket, que serviu como Chanceler da Inglaterra e mais tarde como Arcebispo de Canterbury, no reinado de Henrique II. No fim do século XV, ele encarnou como Sir Thomas More, que escreveu *Utopia*. Nesta vida, ele foi novamente o Chanceler da Inglaterra, sob Henrique VIII. Tanto em sua encarnação como Thomas Becket como em sua vida como Sir Thomas More, ele foi martirizado, porque se recusou a comprometer sua integridade para agradar o rei.

Como Akbar, o Grande, no século dezesseis, El Morya fundou o Império Mogul, na Índia, e foi o maior de seus governantes. No século XIX, ele foi conhecido e amado como o poeta irlandês Thomas Moore; entre suas baladas, a mais lembrada é "Believe me, if all those endearing young charms".

Sua encarnação final, na Índia, na segunda metade do século XIX, foi como o príncipe Rajput El Morya Khan. Em 1875, trabalhando em conjunto com Kuthumi e Djwal Kul (outros homens sábios), Serapis Bey e outros mestres, ele tentou ensinar ao Ocidente a realidade do mundo invisível, patrocinando "A Sociedade Teosófica".

Desde sua ascensão, em meados de 1898, El Morya tem trabalhado incansavelmente com Saint Germain pela causa da liberdade mundial e individual.

Saint Germain

Assim como Jesus foi o Mestre da Revelação da era de Peixes pelos últimos dois mil anos, agora Saint Germain é o Mestre da Liberdade na Terra, pelo próximo período de dois milênios conhecido como a era de Aquário. Jesus e Saint Germain trabalham juntos para levar a liberdade verdadeira a todos. Não existe competição entre eles, nem o nosso reconhecimento de Saint Germain como o mestre da era de Aquário ignora, de qualquer maneira, o grande sacrifício de Jesus e seu serviço para o mundo.

É importante que dediquemos a Jesus todo o amor e respeito, como nosso Salvador. Ele é, agora, um mestre ascenso, e trabalha com outros mestres da Irmandade para continuar a nos trazer seus ensinamentos de verdade no século XX, e de uma forma que as pessoas de hoje possam compreender e aceitar.

Ele ainda é o nosso Jesus, a quem amamos e adoramos dois mil anos atrás, e ele está tão próximo de nós hoje como quando vivia na Galileia. Podemos dedicar todo o nosso amor e nossa gratidão a Jesus por seu ministério Galileu, e ainda assim aceitar Saint Germain como o Senhor do Sétimo Raio, da liberdade, do ritual, do perdão e da transmutação, hoje.

De fato, o próprio Jesus previu a vinda de Saint Germain nesta era, no décimo capítulo da Revelação. Lá, Saint Germain é citado como o "sétimo anjo", que irá terminar os mistérios de Deus. Saint Germain escolheu revelar-se a nós através de um nome que significa, simplesmente, "irmão santo", do latim *Sanctus Germanus*.

Há mais de setenta mil anos, Saint Germain era o imperador-rei em uma era dourada, de uma grande civilização, que existia onde o Deserto do Saara está localizado agora. Sob seu reinado iluminado, aquela civilização inteira conheceu um tempo de paz, de abundância e de conquistas na educação, nas artes e nas ciências.

Entretanto, uma parte daquela população se tornou, pouco a pouco, mais interessada na gratificação dos sentidos do que em cumprir o plano divino para aquela era dourada. Isso acabou fazendo que eles perdessem seus poderes divinos, e Saint Germain foi chamado pelo Quadro Cármico, que lhe pediu que abdicasse daquela liderança.

Sua vida como Samuel, o profeta da tribo de Levi e sacerdote do templo (século XI a.C.), está registrada no Primeiro Livro de Samuel. Séculos mais tarde, quando ele ofuscou os primeiros patriotas americanos e ajudou a escrever a Constituição e desenhar o destino dos Estados Unidos, tornou-se conhecido como o "Tio Sam".

Como José, pai de Jesus, ele foi escolhido para ser o protetor de Jesus e de Maria. São José ainda é considerado o padroeiro dos pais e das famílias. No século I, Saint Germain foi Santo Albano, o primeiro dos mártires cristãos da Grã-Bretanha. No século V, ele era conhecido como Proclus, um filósofo grego, professor de metafísica e o altamente honrado sucessor de Platão como diretor da Academia, em Atenas.

A história de sua encarnação como Merlin, o mago, está registrada nos contos folclóricos de quase todas as nações europeias. De acordo com a versão de Malory, em *Le Morte D'Arthur*, Merlin era altamente reverenciado como conselheiro do rei, às vezes se disfarçando para enviar uma mensagem ou aviso importante, ou realizar uma iniciação.

Como Roger Bacon, no século XIII, Saint Germain foi um proeminente filósofo e cientista experimental inglês. Mais tarde, ele se tornou um monge franciscano. Produziu uma vasta enciclopédia das ciências conhecidas, incluindo sua compreensão singular da alquimia e dos estudos experimentais; muitos desses trabalhos foram escritos em um código secreto.

Sua existência como Cristóvão Colombo é conhecida de todos. Não estamos, entretanto, tão familiarizados com a vida de Francis Bacon, outra das principais encarnações de Saint Germain. Bacon foi Chanceler da Inglaterra, estadista, escritor, o "pai da ciência indutiva". Seus numerosos trabalhos filosóficos, incluindo *Novus Organum* e *New Atlantis*, formam partes integrais de um grande e abrangente plano para a restauração da sabedoria e de uma era dourada da cultura. Pesquisas recentes revelaram que Francis Bacon é o autor verdadeiro das peças de Shakespeare. Ele também organizou a tradução da versão do Rei James para a Bíblia.

Francis Bacon patrocinou o início da sociedade Rosa Cruz, a Ordem Rosa Cruz, e foi fundamental para a fundação da Ordem Maçônica. Este mestre muito amado teve muitas outras encarnações, sempre a serviço da chama da liberdade.

Saint Germain obteve sua ascensão em primeiro de maio de 1684, depois de ter tomado, como ele próprio comentou uma vez, "dois milhões de decisões acertadas" durante milhares de anos de serviços dedicados à Terra e a sua evolução. Depois de sua ascensão, e em circunstâncias especiais, ele apareceu na Europa, nos séculos XVIII e XIX, como Le Comte de Saint Germain, o "Homem Maravilhoso da Europa". Ele trabalhou nos bastidores para construir uma Europa unida e impedir os horrores da Revolução Francesa. Quando seu trabalho se mostrou malsucedido, ele voltou suas atenções para a nova nação da América e tornou-se o patrocinador dos Estados Unidos em nível bastante profundo.

Com um brilho no olhar, Serapis Bey nos pergunta:

– Agora, vocês sentem que conhecem estes mestres um pouco melhor? Vocês estiveram com eles em algumas de suas vidas? Suspeito que seja esse o caso.

Neste momento, um mestre alto entra na sala e pergunta educadamente se pode falar com os alunos. Serapis Bey assente e se afasta para o lado.

Esse ser da luz se dirige a nós com um sorriso, dizendo:

– Agora, meus queridos, existe mais um mestre ascenso sobre quem vocês precisam ouvir esta noite, e sei que ele é humilde demais para falar de si mesmo. Falo do Mestre Superior Serapis Bey.

– Serapis Bey é um ser de muito amor. Ele é um disciplinador, não há dúvidas quanto a isso, pois incorpora o raio branco da disciplina e do detalhe. Entretanto,

sua capacidade de amar é tão grande que em vez de seguir adiante, para o serviço cósmico, Serapis Bey decidiu permanecer trabalhando pela evolução da Terra, ensinando-nos sobre a ascensão. Sem ele, muitos de nós iríamos simplesmente dar de ombros e dizer: "Obrigado, mas vou esperar por outra encarnação". Chamamos a técnica de Serapis Bey de "puxa-empurra", porque ele está descendo para puxar vocês para cima, e vocês estão subindo para alcançá-lo.

– Infelizmente, as pessoas comuns não sabem sobre a ascensão, ou que têm a oportunidade de ascender. Elas sabem que Jesus ascendeu, mas provavelmente não imaginam que devem seguir o exemplo Dele e atingir sua própria ascensão para a luz.

O mestre alto nos pergunta se gostaríamos de ouvir um pouco sobre algumas das encarnações de Serapis Bey antes dele se tornar Mestre do Templo da Ascensão. Todos nós aplaudimos entusiasticamente, e nos acomodamos melhor, esperando ansiosos pelas informações.

Serapis Bey

O serviço à vida que Serapis Bey escolheu é preparar discípulos para o ritual da ascensão. Os indivíduos são admitidos em seu retiro apenas depois de passar com sucesso por algumas iniciações. Estas são realizadas por outros membros da hierarquia superior, que atuam como patrocinadores e professores dos iniciados não ascensos.

Como vocês sabem, Serapis Bey é um mestre superior que reside aqui, no Templo da Ascensão, na oitava etérica sobre Luxor, no Egito. Ele instrui as suas almas enquanto os seus corpos estão adormecidos durante a noite, e entre encarnações. Ele é o Senhor do Quarto Raio da Pureza e da Ascensão.

Em Atlântida, Serapis Bey foi um sacerdote no Templo da Ascensão. Ele carregou a chama da ascensão pelo Rio Nilo até Luxor, pouco antes de Atlântida afundar. Na maioria das vezes, suas principais encarnações aconteceram no Egito, protegendo e alimentando a chama da ascensão para toda a humanidade.

No século XIV a.C., Serapis Bey foi Amenhotep III, que construiu o templo em Karnak. E no século VI a.C., ele reencarnou como Fídias, o arquiteto e escultor ateniense que projetou o Partenon e supervisionou sua construção. Como Leônidas, Rei de Esparta, ele pagou com sua vida na Batalha das Termópilas, em 480 a.C., em vez de se render aos persas.

Por volta de 400 a.C., Serapis Bey aceitou sua própria vitória imortal, a ascensão para a luz. Serapis Bey tem legiões de serafins a seu comando. Eles são os belos, altos anjos que servem no Templo da Ascensão.

O mestre alto se dirige agora a Serapis Bey, dizendo:

– Posso continuar e explicar a estes alunos os seus métodos de disciplina?

Serapis Bey faz uma reverência e responde:

– Se você desejar, continue, por favor.

Ouvimos um tanto apreensivos, já que estamos um pouco incertos sobre quanta disciplina somos capazes de suportar.

Métodos de disciplina

O mestre alto nos explica que os métodos de disciplina de Serapis Bey são "feitos sob medida para cada candidato à ascensão". Depois de uma entrevista inicial com o próprio Serapis Bey ou com um dos Doze Adeptos que presidem sua escola de mistérios, os devotos que vêm ao retiro são organizados em grupos de cinco ou mais para realizarem projetos com outros iniciados, cujos padrões cármicos predizem uma grande fricção entre suas correntes vitais. Cada grupo deve trabalhar em conjunto até que se torne harmônico – individualmente e como uma unidade coerente de hierarquia – aprendendo, enquanto isso, que aquelas características de suas personalidades que são mais ofensivas aos outros são o oposto extremo dos piores defeitos deles, e que o que um critica no outro pode acabar sendo a raiz de sua própria infelicidade.

Além desse tipo de dinâmica de grupo, os indivíduos são colocados em situações (tanto no retiro quanto em suas atividades cotidianas) que lhes proporcionam os maiores desafios, de acordo com seus padrões cármicos em constante mudança. Neste curso, um aluno não pode simplesmente abandonar uma crise, uma circunstância ou um indivíduo de que não gosta. Ele deve permanecer ali, enfrentar e superar sua própria mente carnal e sua energia mal qualificada, disciplinando sua consciência na arte de não reação à criação humana do outro, ao mesmo tempo em que aprende a não se deixar dominar ou influenciar por sua própria criação humana[14].

Serapis Bey ensina artistas, músicos, escultores, arquitetos, planejadores – aqueles que servem no quarto raio, bem como os discípulos mais dedicados de cada raio – a expressar pureza, harmonia, ritmo, equilíbrio e perfeição em todos os seus esforços. Ele esclarece os rigores do caminho superior para a iluminação, o caminho da luz branca, através do trabalho, do autossacrifício e da submissão a Deus.

---

14. Prophet, *Lords of the Seven Rays*, p. 165-6.

Ele tem grandes conhecimentos em geometria e projetos divinos, e assiste seus discípulos para atingir a autodisciplina necessária para a ascensão. Ele os treina para retratar seu Eu Superior, ou Eu Crístico, para o serviço e a iluminação no mundo das formas. Ele também mostra ao aspirante como disciplinar aqueles momentos de espirais negativas, que se colocam no caminho da chama da ascensão.

A chama da ascensão é uma intensa chama branca, com um brilho cristalino. O lírio da Páscoa é o símbolo da chama e seu foco no reino natural. O diamante branco é seu foco no reino mineral. A melodia da chama é "A Marcha Triunfal", da ópera *Aïda*, de Giuseppe Verdi, e o tema do retiro é "Liebesträume", de Franz Liszt. A melodia de "Celeste Aïda" contém a assinatura do próprio Serapis Bey.

O mestre que é nosso convidado esta noite faz uma reverência graciosa para cada um de nós e diz:

– Obrigado pela sua atenção. Agora, vou devolver o púlpito a Serapis Bey. Acho que ele gostaria de lhes contar mais sobre o Templo da Ascensão e o Retiro. Que Deus abençoe a todos.

Serapis Bey lhe agradece por sua ajuda esta noite, mas recusa educadamente incluir mais instruções sobre o Retiro da Ascensão durante esta sessão, preferindo esperar até termos recebido mais ensinamentos sobre as iniciações da ascensão.

– Entretanto – diz o mestre –, antes de concluir nossa aula esta noite, eu gostaria que vocês aprendessem um pouco sobre os outros mestres que servem à chama da ascensão.

Os mestres da ascensão

Os maiores de todos os seres que servem ao quarto raio da Pureza e à ascensão são Elohim Purity e Astrea. Em seguida, vêm os arcanjos Gabriel e Hope; Hope é a *archeia*, ou chama gêmea, de Gabriel. Todos os anjos do quarto raio, assim como as legiões da pureza – inclusive a Deusa da Pureza, a Deusa da Luz e a Rainha da Luz –, estão prontos e dispostos a ensiná-los e ajudá-los a fazerem sua ascensão. Mas, pela lei cósmica, eles não podem entrar no seu mundo sem serem convidados.

(O termo Deusa é um nome que esses grandes seres conquistaram por causa de sua total identificação com a luz e a chama da pureza. Por favor, entendam que estes não são os antigos deuses e deusas pagãos. Essas mestras são seres superiores de grande estatura e iluminação.)

De especial importância em sua dedicação à chama da ascensão são os serafins, e seu capitão é o magnífico ser Justinius. Os serafins são uma ordem de anjos dedicada a concentrar a chama, ou consciência, da pureza no Grande Sol Central, e por todo o cosmos. Eles servem à chama da ascensão e ao Templo da Ascensão, e são dedicados a esse serviço vinte e quatro horas por dia. Esses seres angélicos são impressionantes em sua altura, pois estão acostumados com as dimensões de outros mundos. Eles são espíritos flamejantes de fogo vivo, que possuem a habilidade de penetrar diferentes matérias. Milhões de serafins fazem suas rondas cíclicas pela galáxia uma vez a cada vinte e quatro horas.

Podemos chamar os serafins para que permaneçam conosco enquanto vasculham a Terra. Eles são capazes de penetrar nossas formas e deixar em nossas auras seu resíduo de pureza cósmica. Esse resíduo se assemelha à cinza sagrada nas mãos de um homem santo, e é, na verdade, uma cinza branca, resultado da chama do Grande Sol Central.

Serapis Bey comentou sobre os serafins em seu *Dossiê sobre a Ascensão*: "Não conheço nenhum poder mais corajosamente capaz de ajudar alguém a atingir sua própria ascensão do que os esforços de transmutação para a pureza do Cristo Cósmico, feitos pelas hostes de serafins.

"Em nosso retiro em Luxor, as meditações sobre os serafins são uma parte muito importante de nossa instrução espiritual. O próprio Jesus passou um bom tempo em comunhão com as hostes de serafins. Isso lhe permitiu desenvolver seu poder superior, por meio do qual ele podia afastar os demônios e ter o domínio do mundo exterior das formas."

Justinius, capitão das hostes de serafins

Neste ponto, Justinius, o líder dos serafins, entra em nossa sala de palestras, irradiando luz e amor. Serapis Bey lhe dá as boas-vindas e diz:

– Por favor, tome a palavra e explique o serviço dos serafins.

Justinius concorda, e todos nós nos endireitamos nas cadeiras, enquanto ele começa a falar.

– Se vocês pudessem penetrar nas ilustrações de Gustav Doré, de cenas angélicas em todo o cosmos, vocês veriam que nem mesmo a sugestão do pincel de um artista sobre a infinita multitude de hostes celestiais é capaz de mostrar como o universo está repleto de seres de luz, de querubins e serafins.

Nós, os serafins, viemos para torná-los puros e limpos; para torná-los inteiros. Nós viemos para ensinar as almas. E assim vimos, passando pelo microcosmo, e nossa chama queima as causas das doenças, dos venenos, das toxinas que têm lhes contaminado por tantos anos, na comida, na água, no tabaco e no álcool que as pessoas consomem.

Quem, digam-me, mantém suas almas vivas e em evolução nestes templos corpóreos, senão os anjos que vêm para ensinar, vêm para elevar? Eu lhes digo, a humanidade foi poupada diversas vezes da peste final, e de todas as formas de caos, perturbação, desequilíbrio e insanidade, pela presença dos anjos.

Agora, escutem-me! Quando atravessamos suas formas, como espíritos de fogo vivo, deixamos um cartão de visitas da nossa identidade, um foco de fogo que tinge a sua aura com a cor do Sol Central, pintando-a como um halo. E por algum tempo, então, existe um brilho, uma essência, uma sensação de bem-estar, um calor interior.

Justinius sugere, então, que nos concentremos em aprender a sentir a presença das legiões de anjos que atravessam nossas formas corpóreas e nossas auras. Ele nos lembra de "não nos esquecermos de tratar bem os estranhos, pois assim muitas vezes tratamos bem os anjos, sem saber"[15]*.*

Serapis Bey agradece a Justinius, que faz uma reverência para nós e se retira. E então, Serapis Bey continua sua aula.

– Percebo que não defini algumas das palavras usadas nesta sessão, tais como Elohim, quarto raio, chama violeta, quatro corpos inferiores, hierarquia, entre outras. Por favor, anotem essas palavras em seus cadernos, e eu as explicarei em outra ocasião. Por enquanto, está ficando tarde, e já está na hora de encerrarmos por hoje. Deus os abençoe em suas meditações e na comunhão com estas hostes celestiais.

Estamos, de certa forma, aliviados, porque, embora tenhamos sido abençoados com tantas informações transcendentais, mal podemos esperar para chegar em casa e digerir o que aprendemos. Precisamos de algum tempo para meditar e processar tudo isso. Queremos ter cuidado para não perdermos uma única gota daqueles belos ensinamentos. E certamente queremos tempo para examinar nossas anotações e conhecermos melhor El Morya, Saint Germain, Justinius e seus serafins.

Se você desejar aprofundar mais os seus estudos antes de prosseguir para o Capítulo 4, encontrará exercícios na p. 237.

15. Hebreus 13:2.

4

A Ascensão é uma Iniciação

Enquanto o mestre se aproxima da plataforma para nos ministrar a aula seguinte, olhamos em volta e vemos que esta noite estamos sentados em um amplo anfiteatro. Fileiras e mais fileiras de arquibancadas formam um semicírculo às nossas costas, ou assim nos parece. Elas estão repletas de jovens almas que foram convidadas a comparecer às próximas palestras sobre as iniciações da ascensão. O Mestre Serapis Bey começa a falar imediatamente:

– A ascensão é uma iniciação; na verdade, a iniciação final no caminho que leva para casa, para Deus. Nas próximas aulas, discutiremos os passos para a ascensão, mas, por enquanto, lembrem-se do que eu disse: "Nós ascendemos diariamente. As iniciações não podem ser feitas todas de uma só vez. Elas são feitas através da espiral, não apenas de uma existência, mas de várias".

Nós percebemos que já devemos ter passado por muitas iniciações, ou não estaríamos presentes nesta série de palestras no Templo da Ascensão. Ainda assim, devemos ter fracassado em algumas, o que significa que devemos passar novamente por elas. Podemos até mesmo tê-las recusado, quando elas nos foram oferecidas pela primeira vez.

Serapis Bey é um mestre de palavras diretas, que nos dá todas as informações de que precisamos. Ele continua a nos instruir, usando o Dossiê sobre a Ascensão*:*

– Vocês não podem produzir as mudanças de consciência necessárias, que os adequarão à sua faixa cósmica, a menos que exista a disposição, da parte de vocês,

de renunciar aos laços que os prendem às tolices humanas. Se vocês estão dispostos a esperar um milhão de anos pela iluminação, vão procurar outro mestre. Pois Serapis Bey é impaciente e deseja a perfeição.

– Os homens precisam de coragem e determinação. Não há dúvidas de que eles são mimados e cheios de ilusões. Palavras diretas e pensamentos diretos ajudarão muito a desobstruir o caminho, e não afastarão um indivíduo da cidadela da esperança, mas o colocarão dentro dela. Meu lema é "as disciplinas da vida devem ser inflexíveis. De outro modo, não pode haver disciplina".

A ascensão deve ser desejada, e deve ser desejada ordenadamente. A ascensão não deve ser desejada como um mecanismo de fuga das responsabilidades, ou dos deveres do mundo. Ela deve ser desejada como a culminação de uma existência de serviços ao desejo de Deus. Os homens devem estar dispostos, durante suas encarnações finais no planeta – o momento de sua fuga da roda dos séculos –, a dedicar o melhor serviço possível à luz, e ajudar a entrada no Reino.

A rota de fuga, para todos os homens, é o caminho da ascensão, e esse é o presente de Deus para cada um, quer os homens o percebam, quer não[16]*.*

Nós nos sentamos em silêncio, enquanto assimilamos as palavras de Serapis Bey e continuamos a refletir sobre suas implicações.

A iniciação da ascensão

Serapis Bey enfatizou que a imortalidade tem um preço alto, e exige a totalidade do homem, mesmo dos mais pequeninos. Os homens não podem construir corpos imortais a partir de substâncias mortais. Eles não podem construir, a partir de sentimentos mortais, sentimentos divinos que abraçam o mundo e criam a grande Pirâmide da Vida.

Nenhum de nossos professores nos ensinou, na escola, sobre o caminho para a ascensão, nem nos disse que a ascensão é o maior presente de Deus para nós. E mesmo assim, eu acredito que sempre tive uma consciência, no fundo da alma, desse fato, porque sempre soube que deveria existir algo mais na vida do que a nossa existência cotidiana.

Agora que estou consciente do presente da ascensão, estou determinada a dedicar a minha vida a contar para o máximo de pessoas possível sobre essa grande revelação de graça. Em conversas informais com alunos, descobri que

16. *Dossier on the Ascension*, p. 43, 99, 132, 164-5.

a maior parte deles se sente exatamente assim. Prepare-se, mundo, pois aqui vamos nós!

Entretanto, temos milhões de maneiras de explicar nossas ações quando não queremos passar por uma iniciação. Reclamamos o direito de construir nosso próprio caminho, realizando boas ações neste planeta e justificando nossos atos dizendo que estamos fazendo isso em nome de Deus. Mas realmente precisamos dos representantes de Deus, dos mestres superiores e de seu mensageiro, o guru encarnado, para nos ajudar a subir de forma rápida e segura pela Pirâmide da Ascensão. El Morya nos disse que "o caminho está pavimentado com os ossos esbranquiçados dos alpinistas solitários".

Podemos ter passado por muitas existências, recusando uma iniciação que vinha diretamente de um mestre, talvez sem mesmo reconhecê-la. Podemos ter nos desviado em muitas direções e nos envolvido em outros caminhos – o mundo psíquico, sondagens sobre discos voadores ou clarividência. Muitos se tornam benfeitores e justificam suas existências com esse fato.

Todas essas coisas são caminhos paralelos para almas que podem ter sido escolhidas para recusar as iniciações básicas que provavelmente envolviam a renúncia ao orgulho e ao ego. E, assim, racionalizamos nosso próprio caminho, enquanto nos tornamos fervorosamente envolvidos neste ou naquele empreendimento.

Subindo a Pirâmide de Ascensão

Vamos observar um conceito de ascensão que Serapis Bey nos deu para meditar – o conceito de subir a Pirâmide da Ascensão.

Estamos tentando deixar pegadas nas areias do tempo para que outros possam segui-las, porque todos nós estamos subindo a Pirâmide da Ascensão. Pirâmides são feitas de degraus e, embora tudo o que possamos ver quando olhamos para uma pirâmide seja um triângulo equilátero, na verdade ela é constituída de grandes blocos de pedra que formam degraus separados.

No México e em Yucatán, podemos passar dias subindo as ruínas das pirâmides, e cada degrau nos aproxima mais do topo. Mas a pirâmide que estamos escalando hoje não é feita de pedra; é a pirâmide de nossa ascensão. Nossos pensamentos, nossos sentimentos, nossas ações são todos degraus que estamos subindo para alcançar o topo dessa pirâmide. Porque não ascendemos de uma vez; ascendemos diariamente.

Vistas a distância, as pirâmides em Yucatán e a Grande Pirâmide de Gizé, no Egito, parecem ser triângulos simétricos, suaves. É apenas ao examiná-los de perto que notamos que alguns dos degraus estão quebrados, desgastados, ou até mesmo faltando. Podemos meditar sobre como nossas vidas são paralelos desses triângulos, com sua beleza e seus pontos ásperos.

Nossas vidas nem sempre formam uma espiral ascendente constante, porque nem sempre progredimos de forma estável enquanto subimos a pirâmide. Às vezes, precisamos parar para recuperar o fôlego, ou podemos até mesmo tropeçar e escorregar, caindo um ou dois degraus.

O fluxo e refluxo da vida

Às vezes, estamos no refluxo da vida, quando sentimos que não estamos progredindo, quando sentimos que todo o mundo está unido contra nós, e que não temos nenhum valor. Esses são momentos em que precisamos repousar em segurança nos braços de Deus, sabendo que somos filhos ou filhas de Deus, e que ele é o nosso Pai verdadeiro. É hora de descansar, e de derramar nosso amor por Ele.

A vida é cíclica. Pense nas ondas do oceano. Uma onda nunca vai sem voltar. Você já viu a água do mar ir, ir e ir e jamais voltar? Quando você se sentir desencorajado, pense no oceano. Da mesma forma que a maré muda, a sua vida também pode mudar. Envie todo o seu amor para Deus, e fique totalmente certo de que, pelas leis da vida, o que você oferece deve voltar para você, multiplicado dez vezes ou mais. Saiba que no próximo fluxo, na próxima virada da maré, você estará um pouco mais elevado do que estava antes.

Quando cometemos erros, é importante que nos levantemos e sigamos em frente, sem perder tempo criticando a nós mesmos por nossas falhas. El Morya nos ensina: "Não ignorem o fato de que vocês precisam, necessariamente, cometer alguns erros. Não permaneçam no chão quando caírem ou tropeçarem. Levantem-se imediatamente, e sigam seu caminho". Ele nos encoraja, lembrando-nos de que "a trilha ascendente compensa todas as inconveniências". E Saint Germain também nos alerta para que levantemos a cada vez que cairmos.

Devemos analisar a nós mesmos, mas não com um espírito de autocondenação ou humilhação. Pois, pela graça de Deus, estaremos um degrau acima na pirâmide da próxima vez. Também podemos clamar a Ele por perdão, dizendo: "Pai, aqui estou: não fiz tudo o que tinha planejado, mas, amado Saint Germain, em nome da minha presença EU SOU, peço outra chance. Por favor, transforme as falhas de hoje e todos os meus erros do passado, pela misericórdia de sua chama violeta, e eu poderei seguir em frente mais uma vez, como filho ou filha de Deus".

Neste momento, percebemos uma interrupção no fundo da sala. Alguém levantou a mão.

– Por favor, desculpe-me, amado mestre, mas não posso conter minha curiosidade por mais tempo. O que é a chama violeta? Como posso usá-la para transformar meus erros do passado? Isso me parece exatamente a resposta que venho procurando.

Serapis Bey sorri com o entusiasmo do aluno e percebe que muitos de nós também estamos ansiosos pelo mesmo ensinamento. Mas ele responde:

– Vamos fazer uma pequena pausa agora, e chamarei o mestre ascenso Saint Germain para se juntar a nós. Eu tinha planejado uma aula inteira sobre a chama violeta, mas talvez Saint Germain concorde em nos dar uma pequena introdução sobre esse grande presente para o mundo.

Durante nossa pausa, lembramos uns aos outros o que aprendemos sobre Saint Germain em aulas anteriores. Chamando-nos à ordem, Serapis Bey anuncia:

– Eu gostaria de lhes apresentar o mestre ascenso Saint Germain, Senhor do Sétimo Raio, e Mestre de Aquário.

Saint Germain entra, vestido com um luminoso robe violeta. Todos nós podemos sentir a pulsação de seu coração púrpura, iluminado.

A chama violeta nos retiros

Saint Germain nos conta que a chama violeta é a chama da Era de Aquário, e é a cor da própria liberdade.

A chama violeta sempre foi usada nos retiros etéreos da Grande Irmandade Branca. Ali, os mestres recebem apenas os noviços mais merecedores, para instruções sobre o caminho da iniciação. Assim, a chama violeta era reservada para poucos privilegiados, até que chegou o momento, neste século, em que Saint Germain compareceu diante dos Senhores do Carma e recebeu permissão para torná-la disponível para todos.

Não é mais necessário passar uma vida inteira viajando, às vezes correndo grande perigo físico, até as escolas místicas da Irmandade, localizadas em pontos inacessíveis do Himalaia ou na Índia, China ou Egito. Agora, no conforto de nosso próprio lar ou santuário, podemos invocar esse aspecto do fogo sagrado do Espírito Santo, e receber dele grandes benefícios de cura e de liberdade.

Durante a antiga revelação oculta, muitas das verdades da Irmandade eram mantidas longe dos olhos do mundo. Estamos vivendo em uma época em que a revelação foi dada a Saint Germain, para que ele dissemine esse conhecimento livremente a todos os que querem recebê-lo e usá-lo para sua própria liberdade e a liberdade do planeta.

Serapis Bey se volta para Saint Germain e lhe diz:

– Você pode, por favor, esclarecer-nos, amado Saint Germain?

Saint Germain assente e nos voltamos para ele, esperando ansiosamente por suas palavras.

– A revelação da chama violeta é uma revelação de luz, que permitirá que tudo o que não está certo na Terra seja corrigido pela lei da liberdade e pelo batismo do fogo sagrado. Entendam, então, que é o movimento do grande Deus Eu dentro de cada um de vocês que é a sua salvação nesta era. Todos os problemas da economia, da ecologia e dos governos podem ser resolvidos se vocês dedicarem apenas dez minutos, todos os dias, a mergulhar dentro de si mesmos e encontrar o seu Deus Eu; a meditar e usar a ciência da Palavra falada, pela qual vocês entoam o mantra dos livres: ***EU SOU um ser de fogo violeta! EU SOU a pureza que Deus deseja!*** *Esse é o meu mantra, que dou a vocês como sua iniciação na Era de Aquário. Quando vocês usam o nome de Deus para reclamar o EU SOU como o ser e a presença de Deus em vocês, então podem reclamar tudo o que se segue. Portanto, vocês podem tomar o mantra de Jesus Cristo: "EU SOU o caminho, a verdade e a vida"[17] e podem participar da vida gloriosa que ele viveu.*[18]

A chama violeta de Saint Germain

Saint Germain está nos oferecendo o seu mantra da Era de Aquário, para nosso próprio uso. Podemos permitir que este mantra ecoe por nossas mentes sempre que tivermos alguns minutos – quando estamos esperando pela luz verde no trânsito, quando aguardamos na sala de espera do médico, por um compromisso, ou que alguém atenda ao telefone.

EU SOU um ser de fogo violeta! EU SOU a pureza que Deus deseja!

---

17. João 14:6.

18. Mark L. Prophet e Elizabeth Clare Prophet, *The Science of the Spoken Word* (1974; reimpressão, Livingston, Mont.: Summit University Press, 1991), p. 3-4.

Se você quiser ter o benefício dessa energia miraculosa, só precisa chamar, porque o chamado *exige* a resposta. Aceite esse presente da chama violeta com fé; e se você não a vir de fato, não deixe que isso o preocupe. Muitas pessoas não veem. Tente apenas imaginar como seria a sensação da chama penetrando seus poros, descendo como um raio de Deus, de sua presença EU SOU, descendo por um fio de cristal. Veja-a descer até a chama tripla em seu coração. Veja esse raio violeta descer à Terra e se espalhar como uma linda chama. Veja a chama violeta saindo da terra. Não a veja apenas vindo de cima, onde o seu Corpo Superior se encontra. Veja-a também embaixo, onde seus problemas estão. Se você não a puder ver, apenas sinta-a. Se você não a puder sentir, use sua imaginação.

Saint Germain sugere que, para ajudar em nossa visualização, podemos comprar um pedaço de cetim ou veludo violeta, e colocá-lo em nosso altar, de modo que possamos ver fisicamente a cor violeta. No espectro, a cor violeta se estende desde o roxo profundo, incluindo boa parte do azul do desejo de Deus, até chegar a um rosa pálido, que é a chama da misericórdia que contém o amor de Deus. Observe a chama violeta se modificando, passando de roxo profundo a lavanda, e de lavanda a rosa.

Você pode querer visualizar o que quer que esteja errado no seu mundo, girando como se estivesse em uma grande centrífuga, e então ver tudo de que você gostaria de se livrar desaparecendo como fumaça. Essa bela, flamejante, musical chama de misericórdia e transmutação é verdadeiramente o vinho do perdão, o vinho do Espírito Santo.

O modo de nos livrarmos de problemas psicológicos, obstáculos, depressão ou lembranças ruins do passado é nos visualizarmos de pé em uma esfera de luz violeta, sentindo a chama violeta atravessando nossa consciência, nossa mente, nossos sentimentos, nossas emoções. Não há necessidade de passar por hipnose ou regressão, pois, quando clamamos por essa ação do Espírito Santo, todos os nossos medos, ódios, ressentimentos e rebeliões se dissolvem na chama, e nossa consciência é restaurada na claridade da mente do Cristo.

Lembre-se sempre de que a exposição às chamas divinas nunca pode ferir ou alterar qualquer parte do seu ser que já seja perfeita. Da mesma forma que aqueles que são sábios buscam purgar seus corpos e suas emoções de substâncias indesejadas, é essencial que eles purifiquem sua consciência inteira, clamando a ação à abençoada chama violeta, que se concentra no poder de perdão e transmutação de Deus.

Saint Germain nos garante que tudo o que os mestres exigem de nós é que elevemos nossos corações e nossas mentes nessas invocações. Apenas com dedicação e preces, o Céu pode descer à Terra, e Saint Germain nos diz solenemente que a libertação não virá, a menos que seja invocada! Deus não pode agir se não for através de nós.

A chama da transmutação deve ser invocada diariamente se quisermos dissolver com eficiência nossos antigos registros de erros. É importante que não deixemos um dia sequer passar sem invocarmos a chama, para que ela seja reancorada em nosso mundo; pois se não for invocada uma vez a cada vinte e quatro anos, a chama tem uma tendência de subir novamente a seu lar, nas oitavas da luz.

Serapis Bey diz que gostaria de nos dar uma instrução importante, que incluiu em seu Dossiê sobre a Ascensão:

– Para ascender, vocês devem abandonar seu passado a Deus, sabendo que Ele possui o poder, por Sua chama e identidade, de transformar tudo o que vocês construíram por más intenções e confusão na beleza do projeto original. Tenham a disposição, em nome de Deus Todo-Poderoso, de mudar o seu mundo[19]*!*

Entregue o seu passado a Deus

Nem sempre é possível esquecermos o passado, mas é de nosso interesse entregá-lo a Deus, pois Ele tem a habilidade de transformá-lo.

Parece que muitas pessoas se agarram desesperadamente ao passado, dizendo: "Bem, tal e tal coisa não aconteceram, e tal e tal coisa aconteceram, e isso me fez ser como sou hoje". Mas lembre-se, como o mestre disse, para ascender você precisa entregar o seu passado a Deus.

Todas as vezes que incidentes dolorosos lhe vierem à mente, atire-os de volta na chama. E logo aquela lembrança não será mais tão vívida. Ela se tornará mais e mais fraca, e um dia você poderá apagá-la completamente de sua consciência.

Saint Germain liberou a música da chama da liberdade há um século, na Europa, quando as valsas no tempo em três quartos de Johann Strauss eram ouvidas. Então, coloque uma gravação do "Danúbio Azul", da "Valsa do Imperador" ou dos "Contos das Florestas de Viena", e, como diz El Morya, "deixe que

19. *Dossier on the Ascension*, p. 90.

sua casa seja uma casa de luz! Deixe sua aura se encher do fogo alegre da liberdade! Estenda o tapete violeta e veja como os mestres virão doutriná-lo e levá-lo pelo caminho da correção, em Seu nome".

Saint Germain, depois de terminar suas observações da noite, prepara-se para sair. Mas primeiro ele nos lança um desafio!

Vocês nunca saberão a menos que façam uma TENTATIVA! Vocês podem conseguir se fizerem uma TENTATIVA! E tentativa se soletra com letras maiúsculas: usem um T, um N, um V maiúsculos. Vocês podem conseguir se TENTAREM.

– Aqui está a fórmula sagrada: Theos = Deus; Norma = Lei; Você = Ser. Theos + Norma + Você = a lei de Deus, como princípio ativo dentro do seu ser"[20].

Depois que Saint Germain sai, um jovem declara que irá imprimir um pequeno cartão dizendo "Posso conseguir se fizer uma TENTATIVA", e que vai colocá-lo sobre a tela de seu computador. Uma senhora ao lado do rapaz sorri ao ouvir o plano, porque tem um cartão igualzinho no espelho do banheiro, onde pode vê-lo facilmente. Ambos concordam que o próximo passo é aceitar a ajuda que Saint Germain está oferecendo tão generosamente.

Se você desejar ampliar seus estudos antes de prosseguir para o Capítulo 5, encontrará exercícios na p. 237.

20. Saint Germain, *Saint Germain on Alchemy: Formulas For Self-Transformation*, registrado por Mark L. Prophet e Elizabeth Clare Prophet (Livingston, Mont.: Summit University Press, 1993), p. 99.

5

Requerimentos para a Ascensão

O ritual da ascensão é o objetivo de cada corrente de vida que compreende sua razão para existir, Serapis Bey nos diz. Essa iniciação pode vir e virá para todos – até mesmo para uma criança, quando ela estiver pronta.

– Existem vários requerimentos. Vou fazer uma lista, citando cada um, e depois os discutiremos com mais detalhes. Para fazer sua ascensão, vocês precisam:

Equilibrar sua chama tripla
Alinhar seus quatro corpos inferiores
Alcançar equilíbrio no comando de todos os sete raios
Alcançar o domínio das condições externas
Cumprir seu plano divino
Transmutar seu cinto eletrônico
Elevar o sagrado, da base da espinha até a coroa
Equilibrar 51% do seu carma

– Eu gostaria de convidar Saint Germain para assumir a turma agora, e explicar o primeiro requerimento, de equilibrar a chama tripla.

Equilibrar a chama tripla

Saint Germain se levanta e começa a nos falar.

– Obrigado por esta oportunidade. O estudo da chama tripla é algo muito caro ao meu coração. Essa é a chama do Cristo, que está ancorada na câmara secreta do coração, e contém três plumas, a trindade sagrada: azul para o poder de Deus, amarelo para a sabedoria de Deus e rosa para o amor de Deus.

Dentro do coração existe uma câmara central, cercada por um campo de força de tal luz e proteção que a chamamos de "intervalo cósmico". É uma câmara separada da matéria, e nenhum exame jamais poderia descobri-la. Ela ocupa, simultaneamente, não apenas a terceira e quarta dimensões, mas também outras dimensões desconhecidas do homem.

Cada reconhecimento feito diariamente à chama dentro do seu coração irá amplificar o poder e a iluminação do amor dentro do seu ser. É o seu foco pessoal do fogo sagrado. É o seu ponto de contato com o Divino; uma faísca de fogo do coração do próprio Criador. É a sua oportunidade de se tornar o Cristo; é o potencial da sua Divindade, esperando para explodir dentro de sua humanidade.

O equilíbrio da chama tripla cria um padrão de ascensão para todos. O desequilíbrio – quando ocorre em um dos aspectos da chama tripla, fazendo que fique desproporcional em relação aos outros – impede a conquista de objetivos cotidianos, bem como o objetivo individual do domínio da prática da cristandade. Com o aumento da sabedoria, as plumas do poder e do amor também devem aumentar, pela sua devoção à boa vontade, ou esse ganho em sabedoria não será permanente. Da mesma forma, com cada aumento de poder, deve vir a conquista da sabedoria e do amor, em complementação perfeita. Portanto, o amor é atualizado somente através de uma equivalência de poder e sabedoria[21].

Como equilibrar a chama tripla

Reconhecendo que o equilíbrio é a chave dourada para a cristandade, quero enfatizar para vocês que, caso queiram desenvolver a chama dentro de seus corações, vocês não podem se tornar indivíduos desequilibrados, que se dedicam às suas conquistas intelectuais ao ponto de se recolherem a uma torre de

---

21. Mark L. Prophet e Elizabeth Clare Prophet, *Climb the Highest Mountain*, 2nd ed. (Livingston, Mont.: Summit University Press, 1986), p. 285, 286-87; *Saint Germain on Alchemy*, p. 304, 305.

marfim e ignorarem suas responsabilidades com sua cidade, seu país e os muitos desvalidos que precisam do seu amor e da sua atenção. A mesma coisa se aplica se vocês forem pessoas doces e afetuosas, mas que se recusam a assumir responsabilidades ou a tomar o caminho do aprendizado. Aqueles que chamamos pessoas de raio azul, em cuja aura a pluma azul é dominante, devem se lembrar de equilibrar o poder com a iluminação e o amor. El Morya nos diz que o verdadeiro homem do raio azul obtém seu poder mergulhando fundo no reservatório de amor dentro de seu coração.

O progresso vem, portanto, da sintonia entre esses três aspectos de Deus, em perfeito equilíbrio. A chama tripla de cada indivíduo é diferente, assim como cada Corpo Causal é diferente. É a mesma chama tripla; mas seu poder, sua energia, sua identidade, seu tamanho, e se está ou não equilibrada, dependem da individualização da chama.

A cada vez que você passa em um teste, você está equilibrando e aumentando a sua chama tripla. E, assim, cada teste ultrapassado com sucesso dá a você maior compreensão da consciência do Cristo, o que deve ser aplicado na próxima iniciação.

Na conclusão dessa instrução, Saint Germain pede um minuto para relatar um incidente que ocorreu logo que os transplantes de coração se tornaram possíveis. Uma de suas alunas era uma iniciante nos ensinamentos, e estava um tanto perturbada com as possíveis consequências de um transplante de coração, se um dia precisasse de um. Ela telefonou para Mark Prophet, seu guru, e lhe perguntou de quem seria a chama que ela possuiria então: dela própria, ou de seu doador? Estava muito preocupada com aquilo.

Mark garantiu a ela que sua chama tripla permaneceria segura e intacta dentro da câmara secreta de seu coração, um lugar espiritual, separado de seu coração físico. Ele lhe disse que, se algum dia ela precisasse de um transplante para salvar sua vida, seguisse adiante e fizesse a operação; sua chama tripla ainda seria a sua.

Saint Germain diz que está relatando esse incidente no caso de alguém na classe ter uma dúvida semelhante.

Saint Germain se volta para Serapis Bey e diz:

– Obrigado por me permitir falar com seus alunos. Talvez você queira assumir agora e discutir o restante dos requerimentos para a ascensão.

Serapis Bey explica que o próximo tópico será o alinhamento dos quatro corpos inferiores.

Alinhar os quatro corpos inferiores

Os quatro corpos inferiores devem estar alinhados para funcionar como cálices para a luz de Deus. Esses corpos podem ser descritos como quatro bainhas – etérea, mental, emocional e física – cercando a alma e vibrando em diferentes frequências.

O corpo etéreo, ou corpo da memória, é o veículo para a alma, e traz a impressão da imagem perfeita a ser retratada no mundo da forma. Como único corpo permanente, ele é carregado de uma existência para a outra, enquanto os corpos mental, emocional e físico sofrem o processo de desintegração após a morte.

O corpo etéreo superior é projetado para ancorar, no homem, a perfeição da Presença de Deus e a impressão divina de sua individualidade. O corpo etéreo inferior contém a mente subconsciente, e armazena todas as suas experiências – todos os pensamentos, sentimentos, palavras e emoções expressados através dos outros três corpos.

O corpo mental foi projetado para conter a mente de Deus, mas hoje temos a construção de muitos conceitos falsos, por causa do bombardeamento da mídia – cinema, televisão e livros –, e infelizmente é mais fácil, às vezes, para a nossa mente mundana substituir a mente de Cristo. Com frequência, baixamos nossos padrões sem perceber, por causa da influência da sociedade sobre nós, através do que permitimos que entre em nossas vidas.

O corpo emocional é o nosso corpo de sentimentos, às vezes chamado de corpo dos desejos ou corpo astral. Frequentemente, nossos sentimentos, desejos e emoções são mais turbulentos que pacíficos. As influências lunares também podem afetar esse corpo, especialmente durante o período da lua cheia.

Entretanto, podemos e devemos assumir o comando de nossas emoções, se a ascensão for o nosso objetivo. A ordem simples de Jesus: "Calma, fiquem em silêncio"[22] pode nos fazer recuperar o controle de nossas emoções imediatamente, se estivermos constantemente de guarda, e conscientes de qualquer agitação.

Frequentemente, nossas preocupações se concentram em nosso corpo físico, e o mau uso dos outros corpos, mesmo em existências passadas, pode resultar nas doenças que aparecem em nosso corpo físico hoje. Como os budistas dizem, temos sorte por possuir um corpo, e é de nosso interesse cuidar bem de nós

22. Marcos 4:39.

mesmos e consumir comidas saudáveis, fazer exercícios, jejuar ocasionalmente, descansar de modo apropriado, e assim por diante.

Muitas almas estão esperando, às portas do nascimento, implorando pela chance de receber um corpo físico. Milhões de almas que receberam um foram abortadas, e assim perderam sua oportunidade desta vez. O aborto é um grande crime, que já impediu que muitas almas cumprissem seu plano divino, e nossos corações doem por aqueles bebês abortados, muitos dos quais são velhas almas, destinadas a desempenhar um importante papel na Era de Aquário.

Nossos quatro corpos inferiores são, na verdade, quatro campos de energia, quatro revestimentos interpenetráveis de consciência, cada um vibrando em sua própria dimensão. Esses corpos rodeiam a alma, e são seus veículos de expressão no mundo da forma. Eles devem funcionar como uma unidade integrada, algo parecido com rodas dentro de rodas.

O modo mais fácil para visualizarmos isso é pensar neles como peneiras interpenetráveis. Quando os "buracos" estão alinhados, os seus quatro corpos estão em sincronia, e assim a luz pode fluir através dos chacras sem obstrução. Entretanto, a maioria de nós não possui essa sincronia, e estamos fora de alinhamento com o nosso Eu Real, ou Eu Cristão. Assim, o requerimento para a ascensão é que nossos quatro corpos estejam alinhados e funcionando como receptáculos para a luz de Deus.

Além dos quatro corpos inferiores, temos três corpos superiores, pois o homem é um ser de sete partes. Os três corpos superiores são:

> A Presença EU SOU, também conhecida como a Presença de Deus, é Deus individualizado para cada um de nós.
>
> O Corpo Causal, os anéis de luz que rodeiam a Presença EU SOU, contém o "tesouro no céu" do homem[23].
>
> O Eu Cristão, o Mediador entre Deus e o homem, é chamado, às vezes, de Corpo Mental Superior. Ele eclipsa todos os quatro corpos inferiores.

Domínio de todos os sete raios

O próximo requerimento para a ascensão é alcançar o equilíbrio do domínio de todos os sete raios. Você pode ter vivido várias existências consecutivas no

23. Marcos 10:21.

mesmo raio, mas, no momento em que estiver pronto para sua ascensão, terá vivido muitas, muitas vezes em todos os sete raios, e deve ter desenvolvido uma aura em arco-íris.

– *E agora* – diz Serapis Bey–, *muitos de vocês estão esperando que eu explique os raios. Eu lhes dei algumas pistas quando me referi a El Morya como um homem do primeiro raio, e Saint Germain como um mestre do sétimo raio. Vamos esperar um momento e pensar sobre os raios coloridos que descem do centro do sol.*

*O primeiro raio é **azul**, e é o da vontade de Deus.*
*O segundo raio é **amarelo**, e personifica a sabedoria e a iluminação.*
*O terceiro raio é **rosa**, e é o do amor divino.*
*O quarto raio é **branco**, e é o da pureza e da ascensão.*
*O quinto raio é **verde**, e é o da verdade, da ciência e da cura.*
*O sexto raio, **roxo** e **dourado com pontos em rubi**, é o do ministério e do serviço.*
*E o sétimo raio, o **violeta**, é o da misericórdia, da liberdade e da transmutação.*

Embora você possua, indubitavelmente, o domínio de um ou mais desses raios, precisa do equilíbrio de todos os sete para sua ascensão. Enquanto progride em sua compreensão dos ensinamentos dos mestres ascensos, frequentemente começa a sentir uma afinidade com um dos raios, e uma proximidade especial com o mestre que é o seu guru.

Domínio das condições externas

O próximo requerimento para a ascensão é que o candidato alcance o domínio sobre todas as condições externas. Tal domínio significa que o discípulo é capaz de se elevar sobre os sofrimentos do pecado, da doença e da morte, e manter a harmonia através de todos os testes e obstáculos que enfrenta.

Nós deveríamos compreender, com isso, que não precisamos estar no pico da saúde para ascender. De fato, dificilmente esse é o caso. Mas as pessoas que estão passando pelas dificuldades de uma doença terminal podem ter se elevado acima de sua dor e, ao mesmo tempo, podem estar louvando a Deus. Dessa forma, estão alcançando o domínio sobre o pecado, a doença e a morte.

Cumprir o seu plano divino

O cumprimento do plano divino de alguém é um requerimento a mais para a ascensão. Um dos motivos pelos quais uma alma pode precisar reencarnar é se seu plano divino exigir que ela volte à Terra para uma missão especial que apenas ela pode desempenhar. Qualquer decisão desse tipo seria tomada em concordância com seu Sagrado Eu Cristão, e com o Quadro Cármico.

Transmutar o cinto eletrônico

O próximo requerimento é a transmutação do cinto eletrônico, ou do resíduo do nosso carma. Chamado de subconsciente ou mente inconsciente por psicólogos, esse "cinto" está posicionado na aura da pessoa, em torno da parte inferior da matéria. Ele se estende da cintura até sob os pés, na forma de um tipo de grande tambor, e contém os registros dos nossos pensamentos e sentimentos negativos.

Esse tambor de energia negativa pode ser visto claramente por aqueles que têm uma visão clarividente. Está repleto de um material rígido, denso, que se acumulou por milhares de anos. Nós devemos transmutá-lo pela chama violeta, e pelo nosso serviço para o mundo. E quando o fazemos, a substância purificada resultante pode ser elevada e armazenada em nosso Corpo Causal.

Está na hora de transcender nossos ciclos, e de não mais repetir aquelas espirais negativas uma vez após a outra. Com uma invocação ao fogo da ascensão, podemos deixar aquela chama saltar e se arquear, de espiral em espiral, consumindo os resíduos no contato. E então, nossa alma, envelopada pela chama, não precisa mais continuar naquele estado de consciência. Serapis Bey nos diz: "Transcenda!".

Elevar a luz da base da espinha até a coroa

A elevação da luz da base da espinha até a coroa (o alto da cabeça), chamada de elevação da Kundalini no Oriente, é outro requerimento para a ascensão. Isso envolve elevar a energia que está dormente no chacra da base da espinha, pelo altar espiral, e através dos chacras até a coroa. Esse é um processo muito importante, que pode ser perigoso se a luz se elevar antes de os chacras serem purificados pela chama violeta.

Os mestres não recomendam a prática da ioga Kundalini para elevar essa energia prematuramente. Sérias consequências físicas podem acontecer, até mesmo a insanidade, se o "céu sofrer uma violência"[24]. A prática de dar a chama violeta diariamente permitirá que a energia Kundalini se eleve, gentilmente e de forma segura.

Equilibrar 51% do seu carma

Em eras anteriores, precisávamos equilibrar 100% de nosso carma antes de podermos retornar ao coração de Deus. Cada requisito tinha que ser cumprido[25]; cada erg (unidade de medida de energia, física) de energia mal utilizada em nossas encarnações passadas tinha que ser purificado, antes de podermos ascender. A perfeição era uma exigência da lei.

Agora, graças à misericórdia de Deus e aos Senhores do Carma, a velha lei foi deixada de lado, e aqueles que equilibraram apenas 51% de seus débitos para com a vida podem receber o presente da ascensão. Eles podem, então, equilibrar os 49% restantes no reino superior, através do serviço para a Terra e sua evolução.

Recebemos incrementos de luz todos os dias, e toda a natureza deve se ajustar a esse influxo. Frequentemente, nossos corpos físicos passam por ajustes difíceis à nova luz que nos foi dada. Como nossos corpos não podem conter escuridão e luz ao mesmo tempo, às vezes o processo de expulsar a escuridão é um tanto desconfortável. Isso pode explicar aqueles dias quando não nos sentimos bem e não temos qualquer doença identificável.

A exigência de uma ascensão por ano

Enquanto alguns de nós estivermos dispostos a nos submeter às disciplinas do mestre do Templo da Ascensão, o mundo continuará a ser um lugar de oportunidades para almas em evolução. E enquanto pelo menos uma ascensão ocorrer todos os anos, veremos progressos na evolução humana.

Quando a Terra estava atravessando a era das trevas, anos se passavam em que uma única alma era capaz de preencher os requisitos para a ascensão. E mesmo assim, por causa daquela única alma, Deus nos permitia manter nosso planeta como uma plataforma para a evolução, desde que uma alma ascendesse todos os anos.

---

24. Mateus 11:12.
25. Mateus 5:18.

Durante outros períodos de grande iluminação e progresso, muitas almas ascendiam todos os anos. As ciências, as invenções, a educação, os campos da medicina e da cura avançaram e foram impulsionados pela ação da ascensão daquelas almas. E assim, o progresso no planeta está em proporção direta com a evolução de almas individuais.

O processo da ascensão não é um acontecimento ilusório; está ocorrendo, de verdade, hoje. Houve épocas em que os mestres superiores não tinham permissão para entrar em contato com seres encarnados, como fazem no presente. Mas vivemos em uma era de iluminação, em que os mestres ascensos podem doutrinar aqueles que são receptivos. Os mestres profetizaram que haverá ascensões em massa do topo das montanhas, na era dourada de Aquário.

Enquanto concluímos esta sessão, Serapis Bey sorri e nos diz:

– E agora, meus amados, gostaram da lição desta noite? Espero que tenham tomado suas notas, porque vocês devem perceber que é necessário para os testes, como em qualquer universidade do mundo. Devo medir o quanto do material apresentado as suas almas absorveram e internalizaram. E, obviamente, sua ascensão para a luz será a prova de que vocês foram aprovados no curso!

– Lembrem-se sempre do que El Morya lhes disse: "A trilha ascendente compensa todas as inconveniências". Isso é mesmo verdade. Boa-noite, almas queridas do meu coração.

Se você desejar ampliar seus estudos antes de prosseguir para o Capítulo 6, encontrará exercícios na p. 238.

6

Mudanças Físicas para a Ascensão

Serapis Bey e Saint Germain nos dão as boas-vindas esta noite, e nos dizem que vão dividir a apresentação.

Serapis Bey diz:

– Eu senti que vocês estão ansiosos para saber exatamente que mudanças físicas ocorrerão quando ascenderem. Mas vocês são educados demais para interromper nossos ensinamentos. Estou feliz em ver que conseguiram controlar sua impaciência até agora.

Esta noite, temos um presente para vocês. Vamos lhes mostrar o processo da ascensão como ele acontece nos planos internos. E eu os descreverei usando as palavras do discípulo de Jesus, João, o Amado, que passou por sua ascensão no final de sua existência na Palestina.

João, o Amado, começa a nos falar:

– Como podemos explicar para vocês, que não experimentaram o influxo da grande corrente da espiral da ascensão, o que é essa energia? Devemos dizer que é como a divisão de dez mil átomos, com o próprio homem no centro? Devemos dizer que é como a explosão de mundos e sóis? Ou devemos dizer que é como o desabrochar de um lírio, ou de uma rosa?

Talvez a poesia da ascensão deva ser escrita por vocês mesmos, enquanto experimentam esse grande ritual – talvez no fim desta vida. Porque, como vocês aprenderam, as portas estão abertas para todos os que fizerem o chamado, oferecerem o serviço e se candidatarem ao teste.

Linha depois de linha, preceito depois de preceito, a vitória é conquistada. Vocês estão ascendendo diariamente. Estão ascendendo em espirais de seu próprio ser, de sua própria consciência. Vocês não são o que eram ontem, ou na semana passada. E se dedicam a uma devoção diária ao Altíssimo, estão anos-luz além de seu próprio ser anos atrás.

Neste ponto, Saint Germain toma o púlpito:

– Quando o dom da ascensão é dado a todos, pela sua própria presença EU SOU e pelo Quadro Cármico, a aparência da idade emana dele tão suavemente como um sorriso ergue os lábios. O magnetismo e a energia daquele ser se tornam o ilimitado poder de Deus, pulsando por todo o ser.

Os detritos do corpo físico; o cansaço do corpo material, exausto com as criações do ódio; o trabalho incessante do corpo mental – tudo desaparece, e é substituído com perfeita facilidade por seus contrapontos divinos. Os sentimentos experimentados são de amor, o amor de Deus e dos anjos. A mente é imbuída da Mente de Deus, que brilha como um diamante onipresente, onisciente e onipotente. O ser total é inspirado e aspirante[26]*!*

A ascensão

Serapis Bey irá agora nos doutrinar usando o *Dossiê sobre a Ascensão*:

– Embora a forma de um indivíduo possa mostrar sinais de idade antes de sua ascensão, tudo isso irá mudar, e a aparência física do indivíduo será transformada em um corpo glorificado. O indivíduo ascende então, não em um corpo terrestre, mas em um corpo espiritual glorificado, no qual a forma física se transforma no instante da total imersão na grande chama de Deus.

Assim, a consciência que o homem possui de seu corpo físico cessa, e ele alcança um estado de falta de gravidade. Essa ressurreição acontece enquanto a grande chama de Deus envolve a casca remanescente da criação humana e transmuta, em um padrão de redes cósmicas, todas as células do indivíduo – a estrutura óssea, as veias que transportam o sangue, e todos os processos corpóreos passam por uma grande metamorfose.

---

26. *Saint Germain on Alchemy*, p. 97.

O sangue nas veias se transforma em um líquido dourado; o chacra da garganta brilha com uma intensa luz branco-azulada; o olho espiritual no centro da testa se torna uma longa chama de Deus, elevando-se para o alto. As vestimentas do indivíduo são completamente consumidas, e ele parece estar vestido com um robe branco, o manto perfeito do Cristo. Às vezes, os longos cabelos do Corpo Mental Superior (o Eu Cristão) são de um dourado puro no indivíduo ascendente; e olhos de qualquer cor podem ser tornar um lindo azul elétrico, ou um violeta pálido.

Essas mudanças são permanentes. O indivíduo ascenso é capaz de levar seu corpo leve aonde desejar, pode viajar com seu corpo espiritual glorificado. Seres ascensos podem, e ocasionalmente o fazem, aparecer na Terra como mortais comuns, vestindo roupas físicas que se assemelham às das pessoas da Terra, e andam entre nós com propósitos cósmicos. Saint Germain fez isso depois de sua ascensão, quando ficou conhecido como o Homem Maravilhoso da Europa. Tal atividade depende de uma autorização recebida do Quadro Cármico[27].

Devemos enfatizar, entretanto, que seres ascensos geralmente não voltam à Terra, a não ser que exista uma necessidade especial para que eles o façam. Já vimos como em um instante, em um piscar de olhos, o ser em ascensão se modifica. Sua carne se torna transparente. Suas veias se enchem de uma luz róseo-dourada. Os próprios átomos de seu ser ficam mais leves.

A ascensão é uma ação de elevação, que afeta todo o corpo físico do homem. Nessa condição, sem peso, a forma do homem não pode mais ser ligada à Terra. Seu corpo se torna cada vez mais leve, e, como se fosse um balão de gás hélio, começa a subir para a atmosfera, enquanto a força da gravidade deixa de fazer efeito.

Através desse processo, o filho se torna um com o Pai. Ele não pode mais permanecer ligado à Terra, porque está cheio da luz do Sol, e não tem mais necessidade de um corpo. Como Jesus, ele "ascende pelo ar", onde uma nuvem de luz branca o recebe, longe da visão dos homens, e ele é novamente reunido com o Pai, com a presença EU SOU. Essa é a glória do processo de ascensão que Jesus demonstrou para nós.

Serapis Bey nos diz que discutiremos, no nosso próximo encontro, como alguns que conquistaram sua ascensão se oferecem, às vezes, para renunciar a essa bênção a fim de ajudar outros que ainda estão no processo de superação. No budismo, eles

---

27. *Dossier on the Ascension*, p. 176-77.

*são chamados de **bodhisattvas**. Nas montanhas do Himalaia, alguns mestres superiores, não ascensos, ofereceram-se para permanecer ajudando a evolução da Terra até que o último homem, a última mulher e a última criança sejam libertados pela ascensão. Isso, contudo, é um acontecimento raro, e no Ocidente somos encorajados a aceitar nossa ascensão quando ela nos é oferecida, tanto para o nosso benefício quanto para o do planeta.*

Lembrem-se de que fomos alertados sobre uma das exigências dos Senhores do Carma, que é que pelo menos um indivíduo ascenda todos os anos, para renovar a luz que é necessária para manter a estabilidade do planeta.

O retiro da ascensão

Uma última palavra, agora, sobre o Templo da Ascensão. Além do foco espiritual em Luxor, as ruínas de um grande templo permanecem ali. Os candidatos à ascensão devem vir a este Templo no fim de suas vidas para receberem a iniciação que os reunirá com sua Presença Divina.

Acompanhados por mestres ascensos e não ascensos, os candidatos são convidados pelo mestre do retiro a ficar de pé no centro da chama da ascensão. Naquele ponto, a música cósmica do indivíduo é tocada, a chama de Alfa é liberada do Alto, e a chama de Ômega se eleva.

Quando a música do indivíduo é tocada e a chama é liberada, os serafins no pátio externo soam as trombetas pela vitória da alma ascendente, com uma magnífica interpretação da "Marcha Triunfal" de *Aïda*. A disciplina, que é a assinatura do retiro, é sentida na interpretação precisa, majestosa da peça.

É a marcha da sua vitória! A cada vez que você ouvir aquelas trombetas, saberá que elas celebram o momento em que você subirá ao palco no centro do Templo da Ascensão. Com os serafins ao redor do palco, e todos os irmãos e irmãs do Templo da Ascensão ao seu redor, você ascenderá no Ritual da Ascensão – um mestre ascenso! Imortal!

Com uma bênção, os mestres se retiram, permitindo que meditemos sobre as verdades gloriosas que recebemos e a possibilidade presente de nossa própria ascensão.

Se você desejar ampliar seus estudos antes de prosseguir para o Capítulo 7, encontrará exercícios na p. 239.

7

EU SOU o Protetor do meu Irmão

Serapis Bey toma seu lugar no púlpito novamente e diz:

– Depois daquela experiência transcendental na noite passada, vamos voltar para nossas tarefas e continuar a subir a pirâmide da ascensão. Vocês se lembram de que interrompemos nossa escalada para discutir a chama violeta. Então, em frente!

Não é egoísmo ascender

Chega um momento na vida de cada iniciado em que ele deve responder à pergunta: "Eu sou o protetor do meu irmão?"[28]. A resposta é **sim**. Pois, embora seja verdade que o mestre quer que você ascenda, ele também quer que traga seu irmão com você.

Ele quer que você reze pelo resto do mundo e equilibre parte do seu carma através do serviço. E se você pode fazer um bem maior com outra encarnação, tenho certeza de que sua alma e seu Eu Cristão ficariam felizes ao dizer: "Tudo bem, vou voltar".

Nunca imagine que é egoísmo fazer sua ascensão. Por outro lado, não busque sua ascensão excluindo o serviço prestado aos seus irmãos. Muitos indivíduos

---

28. Gênesis 4:9.

estão tão envolvidos na batalha para conquistar sua ascensão que ignoram completamente suas responsabilidades para com seus irmãos e a hierarquia. E aqui devemos novamente responder à pergunta, se somos os protetores de nossos irmãos, com a mesma resposta: sim.

Não é egoísmo de nossa parte fazer nossa ascensão, porque, à medida que cada um de nós ascende, parte da luz liberada volta para a Terra. Cada ascenso eleva a Terra e toda a humanidade um pouco mais. Estamos todos em uma espiral; outros estão vindo atrás de nós, seguindo nossos passos, e enquanto subimos para o reino superior eles nos seguem e também ascendem.

Uma das exigências dos Senhores do Carma é que certo número de pessoas ascenda todos os anos, para renovar a quantidade de luz necessária para manter a evolução do planeta. Então, embora possamos pensar que por causa das condições do mundo poderíamos ajudar mais a Irmandade adiando nossa ascensão, os mestres precisam que muitos ascendam ao final da Era de Peixes.

Jesus, o Mestre da Era de Peixes, veio para nos dar o exemplo, e tivemos dois mil anos para nos tornarmos como Ele, ou aceitar a Cristandade como Ele fez. Para muitos de nós, esta deve ser a última encarnação, e nossa próxima missão será continuar o nosso serviço no reino superior.

A cada alma que ascende, um incremento de luz é ancorado na Terra; portanto, nossa ascensão pode beneficiar o corpo planetário, bem como a todos na Terra. A vitória de cada indivíduo contribui para a vitória de toda a raça humana.

Escalando os picos do Himalaia

Quando percebemos que alcançamos uma compreensão dada a poucos neste planeta, devemos também entender que, por causa desse conhecimento, seguramos uma lâmpada que ilumina milhões. E se deixamos a lâmpada cair, é como se fôssemos o líder de um grupo de alpinistas rumo aos picos do Himalaia, e se largássemos a corda que une a todos os alpinistas atrás de nós e que dependem de nós e daquela corda, todos vão cair.

Se realmente estivéssemos escalando aquela montanha, não estaríamos dispostos a soltar a corda. Não deixaríamos que qualquer espécie de letargia ou distração, ou qualquer prazer dos sentidos, desviasse-nos de nossa responsabilidade e fizesse que mil ou dez mil almas caíssem.

Mas quando vem a tentação, naquelas horas de dificuldade atravessadas por qualquer aspirante, ela nos dirá que não importa o que fazemos com a nossa vida; quem irá saber, quem irá se importar, e quem será afetado? A tentação sempre dirá que teremos outra chance de evoluir; não precisamos nos apressar com a nossa ascensão.

Você já ouviu aquelas vozes baixinhas que falam com você quando está cansado, quando tem um resfriado, quando você queria fazer qualquer coisa, menos apanhar seu livro de preces e fazer suas invocações pelo mundo? E então, naqueles momentos de depressão, quando as nuvens escuras se aproximam, nós nos esquecemos de que há um milhão de almas que se alimentam de nossas preces, de nossas meditações, de nossas invocações e de nosso amor.

Se Jesus, a Virgem Maria ou qualquer um dos mestres ascensos que se responsabilizam por nós se afastasse subitamente deste planeta, você teria a sensação de que alguém à sua frente largara a corda. E você se veria despencando no abismo de seus próprios pecados, de seu próprio carma.

Enquanto medito sobre as palavras do mestre sobre carma, penso como é triste que milhões de boas almas nem sequer saibam que têm um carma para equilibrar. Os ensinamentos sobre carma e reencarnação foram removidos da Igreja logo no início, por sucessivos concílios, e não são ensinados hoje em dia na maioria das igrejas. A nossa missão de hoje é devolver os ensinamentos verdadeiros de Jesus aos seus devotos.

Vimos anteriormente que sempre existem avatares no caminho, pouco adiante de nós, que carregam o carma do mundo (e talvez parte do nosso carma) até perceberem que somos fortes o suficiente para suportar aquele carma. Então, ele nos é devolvido, e talvez devamos carregar o carma de outros, para que eles também avancem e alcancem o domínio da prática da cristandade. É assim que a hierarquia funciona, e a hierarquia é uma conexão com a eternidade.

Outro aspecto que não discutimos ainda é que existem outros atrás de nós, que estão esperando que avancemos, que deixemos o lugar que ocupamos agora. Eles estão esperando que subamos, para que possam ocupar o degrau onde estávamos. Ao recusar nossa iniciação, estamos atrasando os outros.

Serapis Bey nos ensina que os mestres ascensos sabem que ocorrerão fracassos. Mas eles querem que compreendamos – hoje e sempre – que os fracassos são apenas uma queda momentânea, e não devem nos impedir de prosseguir.

El Morya nos disse muitas vezes: "Desde o começo, estamos vencendo". É com as nossas grandes vitórias que estamos preocupados, não com pequenas batalhas que são perdidas ou vencidas a cada hora de cada dia.

A vantagem de estarmos vivos hoje

Temos a vantagem distinta de estarmos vivos hoje, como os mestres nos dizem, porque podemos trabalhar o nosso carma rápida e satisfatoriamente. Apenas certa parte do carma pode ser equilibrada depois que ascendemos. Não importa quão bem conheçamos a lei, ou quanto tenhamos estudado de noite quando estávamos fora do corpo ou entre encarnações, ainda devemos voltar para este mundo, para provar o nosso domínio daquela lei.

É aqui que cometemos nossos erros, e é aqui que devemos corrigi-los. O mestre diz que somos, sem dúvida, afortunados em ter uma ação dupla: a vantagem dos ensinamentos dos mestres e um corpo no qual trabalhamos o nosso carma. Quando estamos nos retiros etéreos, entre nossas encarnações, não podemos equilibrar o carma que adquirimos com as pessoas na Terra. Tanto quanto possível, isso deve ser feito em interação com aqueles com quem o adquirimos, e por isso continuamos a voltar.

Precisamos transformar os erros desta vida com a chama violeta. E quando chegamos tão perto do fim do Caminho, tão perto do topo da pirâmide da ascensão, somos também responsáveis por toda a energia que utilizamos mal, desde a nossa primeira encarnação. Tudo volta agora, para ser redimido, e precisamos equilibrar pelo menos 51% de tudo.

Serapis Bey nos explicou a lei em termos bancários. Podemos pedir um empréstimo de mil dólares, que nos exigirá que paguemos apenas dez dólares por mês; mas, ao fim de três anos, o saldo inteiro deve ser pago de uma vez.

Quando não estamos fortes o suficiente para equilibrar todo o nosso carma sozinhos, a misericórdia divina o deixa de lado. Mas, agora, devemos pagar toda a nossa dívida, como uma nota promissória do banco. Agora é a hora de transmutar o nosso mau uso da energia de Deus, desde nossa primeira encarnação. E quando 51% da dívida é paga, e cumprimos todos os outros requisitos que aprendemos em nossas aulas anteriores, temos assegurado o prêmio da ascensão.

O nosso exemplo é importante

Você se lembra do pequeno ditado que ouvíamos quando crianças, "Aquilo que você faz fala tão alto que não consigo ouvir o que você diz"? Da mesma forma, fomos ensinados que quem dá um bom exemplo é mais importante para a hierarquia do que alguém que apenas sabe falar bem. Os mestres sentem que os iniciados devem ser exemplos para os outros, de modo que aqueles que entram em contato conosco possam ver que temos algo a oferecer.

Em vez de simplesmente lermos livros sobre os ensinamentos dos mestres ascensos, devemos vivê-los, até que nos tornemos o caminho e os outros possam ver a luz em nós. Então, eles irão desejar os ensinamentos dos mestres por causa do que viram em nós. Aqueles que são chamados para representar a hierarquia foram preparados por muitos séculos para essa existência.

Serapis Bey nos diz que há mais um conceito importante que devemos aprender antes de partirmos esta noite – o voto do bodhisattva.

O que é um bodhisattva?

Uma das várias definições da palavra bodhisattva, amplamente aceita, é de um ser de *bodhi*, ou sabedoria, que está se tornando um Buda. Outra definição, especialmente no Oriente, é que um bodhisattva é alguém que jura ajudar todos os seres sensíveis a atingir a iluminação.

Vemos um bodhisattva como alguém que conquistou sua ascensão, mas que renunciou à união final com Deus para trazer a iluminação e a compreensão divina a seus irmãos. Ele pode renunciar à recompensa da ascensão por milhares de anos, ou até que cada alma na Terra conquiste sua vitória.

Um bodhisattva pode também aceitar sua ascensão, como a conhecida bodhisattva do Oriente, Kuan Yin, fez, e continuar a servir à evolução da Terra de seu estado superior, em vez de realizar o serviço cósmico quando oferecido. No momento atual, essa é a escolha.

Kuan Yin é amada, tanto no Oriente quanto no Ocidente, como a Deusa da Misericórdia. Ela nos disse que uma pessoa no caminho da iniciação deve se tornar um malabarista – equilibrando seu próprio carma, transmutando sua energia mal utilizada das existências passadas e colocando-a na chama, ao mesmo tempo em que veste os robes da divindade.

O voto do bodhisattva

Neste momento, Serapis Bey acena para Kuan Yin no corredor e convida-a para falar aos alunos. Ele diz:

– Amada Kuan Yin, eu havia planejado que você falasse sobre misericórdia em uma sessão futura, já que esse é um assunto que você conhece tão bem. Mas, já que você está aqui, poderia dizer algumas palavras?

– Eu quero me certificar de que nem todos os nossos alunos decidam renunciar à ascensão para se tornar bodhisattvas. Nós precisamos de mestres ascensos e de bodhisattvas para manter a luz nesta Terra. Ou, pelo menos, eles podem aceitar a ascensão e ainda assim manter o voto de bodhisattva do estado superior, como você.

Kuan Yin enfatiza o fato de que o voto feito pelos bodhisattva para ficar com a humanidade é um chamado sagrado, mas ela nos alerta a respeito de fazê-lo, a menos que compreendamos totalmente o serviço dedicado deles. Ela diz:

– É uma ordem muito elevada e sagrada, e eu sugiro que vocês pensem muito e profundamente sobre esse chamado antes de responderem dizendo: "Quero fazer o mesmo". Pois quando milênios se passarem e os homens não forem tocados pela chama que vocês carregam, lembrem-se de que poderão desejar ter escolhido outro caminho, mais fácil ou mais recompensador.

– Enquanto os séculos passam, os milhares de anos e seus ciclos, e os mesmos indivíduos que vocês alimentaram com o poder da chama de seu coração continuam envolvidos com as mesmas coisas mundanas, vocês clamarão a Deus, dizendo: "Ó Senhor, quanto mais? Quanto mais essa geração desviada demorará até obter o conhecimento da divindade e conhecer o amor do fogo sagrado que conduzimos por tanto tempo?".

Serapis Bey agradece a Kuan Yin e a convida para voltar quando estiver no Templo da Ascensão.

– Agora – diz ele –, há mais um posto hierárquico sobre o qual vocês precisam aprender antes de encerrarmos por hoje, e esse é o mestre não ascenso.

Os mestres não ascensos

Percebemos que grandes santos e sábios (conhecidos como mestres não ascensos, porque mantiveram seus corpos) moram nos picos inacessíveis do Himalaia e mantêm o equilíbrio da luz no planeta. Eles raramente têm qualquer contato com a civilização nas grandes cidades.

Agora que os ensinamentos dos mestres ascensos se tornaram mais uma vez conhecidos dos devotos, outro tipo de mestre não ascenso se junta aos grandes que vivem no Himalaia e em outros locais de retiro. Hoje, as almas que equilibraram ao menos 51% de seu carma continuam a viver e trabalhar para equilibrar uma parcela ainda maior do carma enquanto podem.

Do ponto de vista do Mestre do Templo da Ascensão, a solução para os problemas do mundo seria ter mais professores que transmitissem os ensinamentos sobre a ascensão. Sempre que um candidato à ascensão caminha sobre a Terra, ele a abençoa, e a todos com quem entra em contato.

Assim, os mestres ascensos querem mestres não ascensos encarnados. Mas isso cabe a vocês decidir; a escolha é sua para determinarem: "Sim, serei um mestre não ascenso e ficarei aqui onde estou. Quero equilibrar meu carma, conquistar o domínio das minhas emoções e ser um exemplo para os outros".

A humanidade só pode responder aos exemplos mais altos que vê. Quando os homens veem a luz brilhando em seus rostos, quando sentem o amor daquele que percebeu a Presença de Deus, eles querem experimentar os ensinamentos da Grande Irmandade Branca por si mesmos. Pois, no começo, buscamos no exterior o que na verdade está em nosso interior.

Serapis Bey conclui a sessão desta noite dizendo:

– Lembrem-se, meus amados, de que a ascensão é o cumprimento do desejo de Deus para todos os homens. Boa-noite, candidatos à ascensão, e aqueles que aspiram a sê-lo!

Se você desejar ampliar seus estudos antes de prosseguir para o Capítulo 8, encontrará exercícios na p. 240.

8

Você é Digno de sua Ascensão

Serapis Bey disse que, se pudesse nos ensinar um ponto principal, seria ajudar-nos a perceber que somos dignos de nossa ascensão. Saint Germain nos fez uma promessa, de que, se nos aplicarmos, podemos ascender ainda nesta vida. Ou, se houver circunstâncias que exigem outra encarnação para cumprirmos nosso plano divino, poderemos fazer nossa ascensão na próxima existência.

Essa é a garantia feita a todos os que diligentemente buscam as leis e os ensinamentos dos mestres ascensos. Pois os mestres em nosso meio nos têm dado uma assistência sem paralelos na época presente.

A ascensão não é algo intangível e distante; é uma possibilidade presente e real. Mas nós temos que acreditar que podemos ascender; temos que pedir a nossa ascensão e aceitá-la como um presente de Deus quando ela nos é oferecida. A ascensão não apenas é uma realidade, mas também o propósito da vida. Devemos ascender de volta para Deus depois de sermos vitoriosos e superarmos os obstáculos deste mundo.

Mas muitos de nós frequentemente se envolvem em atividades que são o exato oposto da chama da pureza e da dignidade que deveriam estar cultivando. E é aí que nos deparamos com um sério desafio no Caminho, que causa muitos problemas: a autocondenação.

A autocondenação é insidiosa e tem raízes profundas. Não podemos simplesmente dizer a nós mesmos para parar de nos condenar, porque parar com essa vibração é difícil; de fato, é uma das iniciações mais difíceis no caminho para a ascensão.

Autocondenação

Certo alvoroço acontece na sala de aula quando Serapis Bey acompanha a linda Deusa da Pureza até o púlpito. Ela assente quando Serapis Bey lhe pede para nos ensinar sobre o tema da autocondenação. Ela começa a falar:

– Meus queridos, com muita frequência os indivíduos persistem, ano após ano, em uma atitude de autocondenação. O caminho para limpar os registros cármicos não é dar início a essa questionável atitude, de rever os erros da sua existência ou existências passadas enquanto fragmentos de lembranças voltam à sua consciência. Em vez disso, é o desejo de Deus que você analise as grandes possibilidades, cheias de esperança, do futuro.

– Sempre existe a questão da consciência daqueles que tendem a repetir os mesmos erros vez após outra; que talvez Deus se canse do número de vezes que eles repetem aquele erro. Devo dizer a vocês que os olhos de Deus são puros demais para ver a iniquidade, e que o Senhor não sofre com as depredações dos homens contra suas próprias almas. Mas o sofrimento e a dor são causados pelo próprio indivíduo que comete o erro.

– A recompensa por esse tipo de erro não é uma recompensa; é a dor, o sofrimento mental e a crítica do próprio eu, que frequentemente escurecem o coração e a mente com o conceito da impureza. Eu venho hoje, portanto, determinada a erradicar esses padrões da mente e da consciência dos homens.

– Embora a pureza de Deus não esteja à venda, é um presente dado de graça por Seu coração a todos os que anseiam por ela. A pureza, meus preciosos, é uma qualidade natural de Deus. É uma qualidade que inunda o universo e é responsável pelas lindas e puras cores do arco-íris. Ela é responsável pela cor clara da água, quando corre sem estar contaminada pela discórdia mortal e pelo lixo.

– Tantos indivíduos falam com Deus e, em suas preces, dizem: "Senhor, eu não sou digno". Eu chamo sua atenção agora para como eles estão usando o poder do EU SOU para falar de indignidade quando com uma simples mudança de palavras poderia dizer corretamente apesar do que lhes parece em sua consciência: "Senhor, eu sou digno da sua pureza".

– Enquanto a Deusa da Pureza termina de falar, lembramos a nós mesmos que, juntamente com sua oferta para nós, vem a responsabilidade de "ir e não pecar mais"[29].

– A escolha é nossa. Podemos ficar deprimidos e pensar em que terríveis pecadores somos ou podemos perceber que recebemos a promessa de nossa ascensão. Podemos ter um futuro de absoluta glória se estivermos dispostos a começar a trabalhar por esse objetivo.

Exija a sua pureza

Serapis Bey nos doutrina que, até exigirmos ser inseridos na realidade dos fatos, não podemos viver aquela realidade. Portanto, se você acha que ainda existem algumas áreas em sua vida que não retratam exatamente a pureza que você gostaria de ter, exija essa pureza! Diga "Senhor, eu sou digno!". Porque o que você está realmente dizendo, ao usar o nome EU SOU, é que o Deus em você é digno dessa pureza.

Você pode querer criar o hábito, sempre que tiver um momento livre no seu dia, de exigir sua vitória. Deixe que este mantra ecoe por sua consciência: "Eu exijo a minha vitória agora! Eu exijo a minha vitória agora! Eu exijo a minha vitória agora!". Ou, se você preferir: "Eu exijo a minha pureza agora! Eu exijo a minha pureza agora! Eu exijo a minha pureza agora!".

Você pode fazer isso com qualquer qualidade divina que queira desenvolver em si mesmo. E, ao exigi-la, você está dizendo que, pela graça de Deus, será aquela qualidade divina em ação.

EU SOU digno de sua pureza

A Deusa da Pureza nos ofereceu esta prece, que podemos tornar pessoal:

"Senhor, EU SOU digno de sua pureza. Eu desejo a sua pureza invadindo o meu ser como uma grande explosão cósmica, para remover da tela da minha mente, de meus pensamentos e sentimentos, qualquer resquício da ação vibratória humana, e tudo o que é impuro em substância, pensamento ou sentimento. Substitua tudo isso, agora, com a imensidão da Mente de Cristo e da Mente de Deus, o poder manifesto do Espírito da Ressurreição e da chama da ascensão, para que eu possa entrar no mais sagrado do meu ser e encontrar o poder da

29. João 8:11.

transmutação agindo, para me libertar para sempre de toda a discórdia que tenha se manifestado em meu mundo."

Ao fim da prece, ela continua seus ensinamentos:

– Eu quero, portanto, que vocês compreendam que, ao mesmo tempo em que devem resistir ao mal, devem entender a necessidade de afirmar o poder do bem e da pureza de Deus, em vez de se envolver em atividades de mera resistência. Eu não estou dizendo que nunca haverá um momento em que vocês deverão se esquecer completamente da resistência, pois a afirmação e o alerta do Mestre, "Resista ao demônio e ele se afastará de você"[30], são muito eficientes.

Simplesmente, vocês não devem passar todo o seu tempo lutando ou golpeando o ar e se esquecer de estabelecer os padrões de pureza que são tão essenciais para que avancem na escala do progresso. Vejam, meus amados, que quando vocês continuam a lutar em uma guerra contra alguma força, podem resistir a essa força e talvez impedir que ela invada o seu mundo. Mas isso não significa necessariamente que vocês sejam capazes, lutando nessa guerra, de estabelecer padrões de progresso que são tão essenciais para a sua futura conquista do poder da pureza.

Vocês podem, a qualquer momento, invocar o poder da pureza com uma simples palavra, dizendo: "Eu sou a pureza em ação aqui. Eu sou a pureza de Deus, estabelecida para sempre, e a corrente de luz que vem do coração do próprio Deus e que incorpora toda a Sua pureza está fluindo através de mim, estabelecendo em mim o poder da pureza cósmica invencível, que nunca pode ser requalificada pelo humano".

Serapis Bey agradece à Deusa da Pureza por suas instruções.

– Com a sua permissão, eu gostaria de usar as palavras da sua palestra, combinando-as com a sua prece por pureza, de forma que os alunos possam tê-las à mão para repetir várias vezes e transmutar aquela sensação de impureza que pode aparecer de vez em quando.

Ela consente graciosamente, e adiciona outro pequeno mantra pela pureza que podemos memorizar facilmente e recitar ao longo do dia. Em seguida, ela nos diz que a podemos chamar sempre que precisarmos de sua assistência para ter mais pureza em nossas vidas.

---

30. Tiago 4:7.

Prece por pureza

Em nome da minha amada presença EU SOU e do meu Eu Cristão, do amado Jesus Cristo e do Espírito Santo, eu invoco a chama da pureza de Deus.

Senhor, EU SOU digno de Sua pureza. Eu quero que a Sua pureza me invada, como uma grande explosão cósmica, para remover da tela da minha mente, dos meus pensamentos e dos meus sentimentos todo resquício de ação vibratória humana, e tudo o que é impuro em substância, pensamento ou sentimento.

Substitua tudo isso agora mesmo, com a imensidão da Mente de Cristo e da Mente de Deus, o poder manifesto do Espírito da Ressurreição e da chama da ascensão, para que eu possa entrar no mais sagrado do meu ser e encontrar o poder da transmutação agindo, para me libertar para sempre de toda a discórdia que tenha se manifestado em meu mundo.

EU SOU a pureza em ação aqui, EU SOU a pureza de Deus, estabelecida para sempre, e a corrente de luz que vem do coração do próprio Deus e que incorpora toda a Sua pureza está fluindo através de mim, estabelecendo em mim o poder da pureza cósmica invencível, que nunca pode ser requalificada pelo humano.

Aqui estou. Leve-me, Deus da Pureza. Assimile-me e use-me nas matrizes de libertação para a humanidade na Terra. Não deixe que eu invoque a pureza somente para mim mesmo, mas deixe-me invocar a pureza também para todas as partes da vida. Não deixe que eu invoque a pureza apenas para a minha família, mas também para toda a família de Deus sob o céu.

Eu Lhe agradeço e aceito esse manifesto aqui e agora, com toda força, como a pureza e autoridade de Suas palavras, ditas através de mim para produzir a instantânea manifestação de Sua pureza cósmica em meus quatro corpos inferiores, intensificando-se a cada hora e acelerando esses corpos até que eles alcancem a frequência da chama da ascensão.

EU SOU Puro.
Pela vontade de Deus nas alturas,
aceito agora, enquanto me aproximo.
Como a neve que cai com o brilho das estrelas,
a sua pureza abençoada traz
o presente do amor para mim.

EU SOU puro, puro, puro
pela palavra do próprio Deus.
EU SOU puro, puro, puro,
ó espada de fogo.
EU SOU puro, puro, puro,
a verdade é adorada.
Desça sobre mim e me torne inteiro,
Eucaristia abençoada, invada a minha alma.
EU SOU a sua lei, EU SOU a sua luz,
molde-me em sua forma, tão brilhante!
Amado! EU SOU! Amado! EU SOU!
Amado! EU SOU![31]

Um lembrete

Não nos esqueçamos dessas informações, pois os mestres nos alertam para que, embora possamos acreditar nos ensinamentos da Deusa da Pureza e aceitar o fato de que somos dignos, de que somos filhos e filhas de Deus, às vezes podemos nos encontrar afirmando: "Não sou bom. Não sou digno, afinal de contas".

Quando você diz "Não sou bom", está condenando a faísca de Deus, a presença EU SOU, dentro de si. Você é uma fagulha do espírito de Deus; você contém uma porção do Deus Todo-Poderoso dentro da câmara secreta de seu coração. E quando você diz "Não sou digno", está dizendo "O Deus em mim não é digno". E Saint Germain nos diz que isso é mais perigoso do que condenar nossos vizinhos.

Neste momento, o Mestre Meru, um ser poderoso de grande elevação, entra na sala. Ele e sua adorável chama gêmea, a Mestra Meru, são os mestres do Templo da Iluminação, um centro etéreo no Monte Meru, perto do Lago Titicaca, nas montanhas dos Andes, na América do Sul. Em seu retiro, eles mantêm o foco do raio feminino para a Terra. O foco do raio masculino está no Himalaia. O Mestre Meru tem dado grandes ensinamentos sobre a autocondenação e sobre como superá-la. Serapis Bey convidou-o para falar conosco hoje.

31. Veja *Prayers, Meditations and Dynamic Decrees for the Coming Revolution in Higher Consciousness* (Livingston, Mont.: The Summit Lighthouse, 1984).

Superando a autocondenação

O Mestre Meru começa a sua aula:

– A maior parte da Humanidade, neste momento, está sobrecarregada com uma sensação de condenação que sufoca a criatividade, sufoca a beleza da mente de Deus; o potencial da ciência da luz, da música das esferas, da cultura de uma era dourada.

– As pessoas caminham pelas ruas sentindo-se indignas da própria vida. O Deus em você é digno de ser adorado! O Deus em você é digno de ser alegre, de ser protegido! Se você estiver sobrecarregado com essa sensação da condenação do pecado, então eu lhe pergunto, qual é a sua consciência sobre Deus? O que você pensa de Deus? O pecado é tão real que nunca consegue se libertar de suas amarras? Deus está consciente de tudo isso? Eu lhe digo que não. E se ele não está consciente disso, por que você deveria dar a isso uma fração de sua atenção consciente?

– Eu lhe digo: "Ó, precioso filho do sol, não se sinta sobrecarregado com uma sensação de culpa, porque não existe condenação em Deus". Mas os demônios e as almas caídas se colocam à sua frente, para condená-lo, noite e dia. E eles sussurram aqui, sussurram ali, e lhe dizem que pessoa horrível você é, que pecador miserável você é, e que não existe esperança de salvação.

– Você interrompe todo o progresso quando pensa em si mesmo como pecador. Por acaso o Criador perdeu seu poder de perdoar, de transmutar, de dissolver o pecado? Não. Nosso Deus é um Deus de misericórdia, e um fogo que a tudo consome. Prove-O, portanto, como Ele lhe instruiu a fazer. Prove Suas leis.

– Como você faz isso? Você simplesmente diz: "Em nome de Jesus Cristo, eu atiro tudo o que é menos do que o Cristo na chama. Ó Deus, consuma tudo, eu Lhe peço. Ouça o meu pedido e me atenda. Eu aceito tudo o que for feito nesta hora, por Seu poder total, em cumprimento da promessa do Criador".

– Alguns se sentam no lugar dos desdenhosos. Você desdenha de si mesmo. Você condena a si mesmo porque acha que não é o que deveria ser; que não fez esforços suficientes. Talvez você tenha se esquecido de rezar esta manhã, ou não tenha tido tempo. Você vai viver se condenando o dia inteiro? Ou, se por uma indiscrição, cometeu um ato de pecado do qual se arrepende sinceramente, vai ficar sobrecarregado com sua própria autocondenação durante todos os dias de sua vida, pensando que é inaceitável para Deus?

Finalmente, o resultado final da autocondenação é a revolta contra a Divindade, pois o homem não consegue viver em autocondenação, e assim deve atacar o que imagina que seja um Deus furioso que o está condenando. Portanto, só pode encontrar a liberdade ao negar Deus completamente. Mas quem criou esse Deus de condenação, senão o próprio homem, em sua insatisfação consigo mesmo?

Lidando com a autocondenação

Enquanto dedicamos algum tempo para meditar sobre a nossa propensão para a autocondenação, nós nos lembramos do que lemos em Habacuque: "Você tem olhos puros demais para olhar para o mal, e não pode enxergar a iniquidade"[32]. Então, percebemos que é por isso que temos o Mediador, o Eu Cristão, que vê tanto a perfeição da nossa presença EU SOU como os problemas que continuam a existir em nosso mundo. Ele não nos condena, porque está consciente de que ainda estamos em um estado de superação. Assim, não é Deus quem nos condena; nós condenamos a nós mesmos. Parece ser ainda mais difícil perdoarmos a nós mesmos do que aos outros!

Quando dizemos que jamais nos condenaremos novamente, é a melhor hora para que essa vibração retorne para nós. Devemos ser testados repetidamente, para nos certificarmos de que finalmente eliminamos a autocondenação de nosso mundo.

Porque não é quando o céu está azul e os passarinhos estão cantando e a luz dos mestres está em seu coração que o seu teste acontece. O seu teste acontece quando você está cansado, quando ficou acordado a noite inteira com um filho doente, quando tem uma gripe, quando está com um problema no trabalho que não consegue resolver, quando seu balanço financeiro não fecha, ou quando seu companheiro de quarto insiste em fazer barulho quando você está terminando um trabalho importante. Esse é o momento em que você precisa aguentar firme e se lembrar: "Isto é um teste!".

É nesse momento que a sua autocondenação pode voltar, e tudo o que você precisa fazer é dizer "Mestre Meru, ajude-me. Sinto muito por ter voltado a esta vibração, mas ajude-me. Ajude-me a me elevar". A cada vez que você se lembrar de parar e pedir ajuda, vai estar um passo mais perto do topo da pirâmide de sua ascensão.

---

32. Habacuque 1:13.

Então, só porque você jurou hoje parar com a autocondenação, não pense que nunca mais vai cair nessa armadilha. E se você reforça a espiral negativa, ela o puxa para baixo, ao invés de elevá-lo. Kuthumi nos disse uma vez: "Você não pode impedir um pássaro de pousar na sua cabeça, mas não precisa deixá-lo construir um ninho sobre ela".

Essas palavras de Kuthumi sempre me fazem rir. E embora a maioria de nós não tenha a elevação, neste momento, para deter completamente a espiral negativa de nossos pensamentos, não precisamos reforçá-la. Temos mantras simples ao nosso alcance, como:

"Ó Deus, ajude-me."
"Sou um filho da luz."
"Deus é a minha vitória, vitória, vitória."
"Afaste-se de mim, Satã."[33]
"Sou capaz de todas as coisas, através de Cristo, que me fortalece."[34]

Esses são alguns dos recursos que temos ao alcance das mãos e que irão imediatamente espantar aquele pássaro antes que ele construa seu ninho.

Serapis Bey agradece ao Mestre Meru por suas instruções e então se volta para a classe: "Meus queridos, eu sinto uma vibração de ansiedade na sala esta noite. Vocês têm se concentrado tanto nos ensinamentos do Mestre Meru, talvez pensando que são culpados por se condenarem de vez em quando. Vamos relaxar e desfrutar da radiação da chama violeta, enquanto repetimos juntos o mantra de Saint Germain: "EU SOU um ser da chama violeta! EU SOU a pureza que Deus deseja!".

Agora, vamos examinar a autocondenação por outro ângulo.

Efeitos da autocondenação

Muitos de nós se sentem constantemente cansados, e ouço as pessoas dizerem: "Não consigo fazer nada. Acabei de chegar do trabalho e estou absolutamente exausto".

Bem, em primeiro lugar, o mestre Saint Germain nos disse: "Você tem acesso a toda a energia do mundo, se me chamar".

33. Mateus 16:23
34. Filipenses 4:13.

Nossa própria e individualizada Presença EU SOU despeja constantemente a luz do nosso Corpo Causal sobre nós. E Saint Germain diz: "Se você não tiver esta fé, me chame, e eu lhe darei minha energia".

Você pode estar cansado simplesmente por causa da autocondenação. Você pode, na verdade, estar praticando bruxaria e magia negra contra si mesmo. E Morya diz: "Pare! Levante-se! Perceba que você é um filho de Deus, uma faísca do fogo imortal de Deus. Você foi feito para ser imortal, e não esse pedaço de argila com o qual se identifica tanto".

Muitas pessoas sofrem até mesmo de doenças ou restrições que são o resultado direto de sua condenação de si mesmas. El Morya diz: "Meus preciosos, levantem-se e libertem-se, e o Cristo lhes dará Sua luz. Vocês devem se libertar dessa sensação de pecado se quiserem avançar um passo no Caminho. Vocês interrompem todo o progresso quando pensam em si mesmos como pecadores".

Há mais um ponto vital que devemos levar em consideração antes de abandonar o tema da autocondenação. Vocês sabiam que perdoar é esquecer? Se vocês estão constantemente remoendo, em suas mentes, suas supostas imperfeições, e o quanto estão longe da marca que estabeleceram para si mesmos, vocês ainda não se perdoaram, porque não esqueceram.

Serapis Bey toma a palavra e diz: "Eu gostaria de encerrar com este pensamento: 'Tão simples e puros são os atributos do reino, que o homem os ignora e os deixa passar. As bênçãos de Deus estão por toda a parte'".

O Mestre Meru nos deu um lindo mantra, que vocês podem usar para afirmar seu valor como filhos ou filhas de Deus. Vocês podem querer personalizá-lo, modificando-o para "Eu sou um Filho da Luz", e repeti-lo para si mesmos várias e várias vezes, até realmente aceitarem o fato de que são filhos da luz.

Você é um Filho da Luz.
Você é um Filho da Luz.
Você foi criado na Divina Imagem.
Você é um filho do infinito.
Você mora entre os véus do Tempo.
Você é um filho do Altíssimo!

Se você desejar se aprofundar em seus estudos antes de prosseguir para o Capítulo 9, encontrará exercícios na p. 240.

9

A Chama Violeta para o Perdão

Quando Serapis Bey entra na sala de aula e observa os alunos, ele diz:
– Ah, estou vendo em suas auras que vocês lutaram bravamente nessa última semana para erradicar a autocondenação de seus mundos. Mas lembrem-se, amados: Saint Germain nos ensina que "é a sensação da luta que faz a luta".

A chama violeta

Existe uma saída! E essa é através da misericórdia da chama violeta. Em vez de ameaçar moinhos de vento, por assim dizer, às vezes é necessário que nos afastemos do problema, invocando a chama violeta para ver quão rápida e facilmente a resolução e o perdão podem vir.

A chama violeta é uma "borracha cósmica". Ela nos oferece um meio de encurtar os nossos dias de carma, para que possamos tomar mais rapidamente o caminho para a ascensão. Está escrito em Marcos: "Para o bem do eleito, a quem Ele escolheu, Ele encurtou os dias"[35].

Verdadeiramente, o dom da chama violeta é a misericórdia e a graça de Deus para nós, nesta era. É a chama do perdão que invocamos através da prece

35. Marcos 13:20.

e colocamos em prática através do serviço. Assim, podemos transmutar nosso carma de séculos passados e preparar nossas almas para a ascensão. Essa chama violeta, que tudo consome, é a combinação da chama azul do poder com a chama rosa do amor, que então se tornam o solvente universal da misericórdia, da transmutação e do perdão.

O mestre El Morya fala sobre a chama violeta

Serapis Bey diz:

– Tenho uma surpresa para vocês esta noite. Tenho usado, várias vezes, citações dos ensinamentos de El Morya, mas agora eu gostaria que vocês o conhecessem pessoalmente. El Morya é o Senhor do Primeiro Raio e o Mestre do Retiro da Vontade de Deus, em Darjeeling, na Índia. Ele já escreveu vários livros sobre a chama violeta, um aspecto da misericórdia de Deus que ele acredita ser essencial para cada alma que percorre o Caminho.

Neste momento, um mestre com mais de dois metros de altura entra rapidamente na sala. Ele veste um longo robe branco e um turbante brilhante. Quase podemos sentir a chama azul emanando dele enquanto ele nos cumprimenta.

– Boa-noite, alunos da vontade de Deus. Enquanto vocês me ouvem falar ou leem minhas palavras, podem começar a experimentar a ação maravilhosa da chama violeta correndo por suas veias, penetrando nas camadas do templo físico, a corrente sanguínea, o sistema nervoso, o cérebro, pressionando os chacras, invadindo o corpo etéreo, passando pelas páginas do livro escrito sobre as suas encarnações na Terra.

Linha a linha, letra a letra, a chama, inteligente, luminosa, dirigida pela mente de Deus, liberta as energias, elétron por elétron, de todo o mau uso que fizemos do fogo sagrado no passado. E assim, nem um ponto ou vírgula da lei do carma deve ser ignorado, até que tudo seja liberto pela chama violeta.

A chama violeta vem daquele aspecto da luz branca que chamamos de sétimo raio. Ela é, sem dúvida, o aspecto do sétimo raio do Espírito Santo. Assim como a luz do sol que passa através de um prisma é refratada no arco-íris de sete cores, através da consciência do Espírito Santo a luz do Cristo é refratada para o uso da humanidade nos planos da matéria.

Agora, vamos examinar o que acontece quando a chama violeta é aplicada nas condições recalcitrantes da consciência humana. Quando, em um ato de livre-arbítrio, você faz o chamado à chama violeta e renuncia àquelas condições indesejadas, atirando-as ao fogo, a chama imediatamente começa o trabalho de quebrar as partículas das substâncias.

Estas são parte do acúmulo de massa de centenas, às vezes milhares, de encarnações, quando por ignorância você se permitiu registrar, através da sua consciência, através da sua atenção, de pensamentos e sentimentos, de palavras e ações, todas as condições degradantes das quais a raça humana é herdeira[36].

Ele para de falar, permitindo que assimilemos suas palavras.

O aspecto do sétimo raio do Espírito Santo

Enquanto meditamos sobre esses conceitos, vemos que, quando invocamos o perdão, a chama violeta queima como fogos de artifício violeta, cor-de-rosa e roxo em nossa aura e dissolve as condições desagradáveis em nosso mundo. E enquanto continuamos a invocá-lo, a chama se intensifica até que grandes esferas de energia se desprendem de nosso coração e inundam o mundo.

Podemos visualizar uma pessoa amada, uma criança, um inimigo, uma figura política, uma cidade inteira, o governo, toda a nação ou mesmo o planeta, tornando-se o recipiente de ondas e mais ondas desse vinho do perdão.

Você pode estar se perguntando: por que eu nunca ouvi falar da chama violeta antes? Porque nem tudo o que foi transmitido por Jesus Cristo aos seus discípulos foi registrado ou preservado para nosso uso. Muitos dos mistérios mais profundos, inclusive o conhecimento sobre a chama violeta, a Presença EU SOU e a ciência da invocação através da Palavra falada foram ensinados em particular por Jesus para seus apóstolos, para as mulheres santas e para aqueles mais próximos dele, durante seu ministério na Galileia.

Jesus não transmitiu todos os seus ensinamentos para as multidões que se reuniam para ouvi-lo pregar. Além disso, muitos dos ensinamentos de Jesus foram apagados da Bíblia, ou seu significado foi alterado por sucessivos concílios da Igreja.

João Batista falou desse fogo sagrado quando disse: "Um homem mais poderoso do que eu virá, cujos sapatos eu não sou digno de desamarrar; ele irá batizá-los com o Espírito Santo e com fogo"[37]. Foi isso que Jesus transmitiu

---

36. El Morya, *The Chela and the Path: Keys to the Soul Mastery in the Aquarian Age*, registrado por Elizabeth Clare Prophet (Livingston, Mont.: Summit University Press,1976), p. 46,47-48.
37. Lucas 3:16.

com seus ensinamentos, com seu perdão dos pecados. Foi a invocação do fogo, de forma que os pecados fossem perdoados, e o carma, dissolvido. Assim, os mancos puderam andar, os surdos puderam ouvir, e os cegos puderam ver.

Uma invocação à chama violeta

El Morya nos explicou como invocar a chama violeta:

– Se vocês quiserem ter o benefício dessa energia miraculosa, não precisam fazer nada além de chamar. Pois o chamado exige uma resposta. Mas esse chamado é um chamado muito especial. Não é uma exigência da consciência humana, mas o comando de seu Eu Real, ou Eu em crístico, o seu ser verdadeiro, o mediador entre a Presença EU SOU e a alma. Assim, vocês declaram:

"Em nome do Eu Cristão e em nome do Deus vivo, chamo as energias do fogo sagrado do altar dentro do meu coração. Em nome do EU SOU QUE EU SOU, invoco a chama violeta, para arder desde o centro da chama tripla, do núcleo branco da minha própria Presença EU SOU, multiplicada pelo impulso do abençoado mestre ascenso Saint Germain. Eu chamo essa luz para que penetre na minha alma e ative suas lembranças de liberdade e a impressão original de seu destino.

Eu chamo a chama violeta transformadora para que atravesse meus quatro corpos inferiores e a consciência da minha alma, para transmutar a causa e o centro de tudo o que for menor do que a perfeição do Cristo, tudo o que não estiver em concordância com a vontade de Deus para a minha corrente de vida. E aceito o que for feito nesta hora com todas as minhas forças."[38]

El Morya continua seus ensinamentos

El Morya continua a nos instruir sobre a chama violeta:

– Quando a chama violeta é invocada, ela perde sua substância densa, atravessa a escuridão e a transforma em luz. E a cada vez que uma medida de energia é libertada, uma medida de um homem ascende ao plano da consciência de Deus.

Quando vocês começam a usar a chama violeta, começam a experimentar sentimentos de alegria, leveza, esperança e da novidade da vida, como se nuvens de depressão fossem dissolvidas pelo sol de seu próprio ser.

---

38. *The Chela and the Path,* p. 46-47.

Lorde Zadkiel, Arcanjo do Sétimo Raio, certificou-se de que os noviços da nova era entendessem a alegria da chama, e a chamou de chama violeta cantante. De fato, essa presença flamejante faz que os átomos e moléculas de seu ser "cantem", enquanto voltam à sua frequência normal e são colocados em "sintonia" com a nota que é a assinatura da sua corrente de vida, a sua própria Presença EU SOU.

A chama violeta perdoa enquanto liberta, consome enquanto transforma, apaga os registros dos carmas passados (e, assim, equilibra os seus débitos com a vida), equaliza o fluxo de energia entre vocês e outras correntes de vida, e os impulsiona para os braços do Deus vivo.

Dia a dia, vocês estão ascendendo, subindo mais e mais nos planos da consciência do seu Eu Cristão, enquanto usam a ação esfoliante da chama violeta e sentem como as próprias paredes de seu corpo mental são estruturadas.

Vocês podem pensar nas ações do seu corpo de desejos como se imergissem as suas emoções em uma solução química de líquido roxo, que dissolve a sujeira que se acumulou por décadas sobre a estrutura de seu corpo de sentimentos.

Todos os dias, e de todos os modos, a chama violeta se expande e renova as células do seu corpo, as células da sua mente e o glóbulo da sua alma, polindo a joia da consciência até que ela brilhe sob a luz do sol[39].

El Morya conclui suas instruções com um "obrigado" cortês e uma reverência graciosa, e deixa a sala rapidamente. Mas alguns de nós pensamos ver um brilho em seus olhos, quando ele passa por nós.

Serapis Bey se levanta e diz:

– Eu suspeito que alguns de vocês ainda possam ter dificuldades em visualizar a chama violeta, mesmo depois de terem sido instruídos por Saint Germain e El Morya. Alguém gostaria de vir ao púlpito e compartilhar com a classe um método de visualização que funcione para vocês?

Uma jovem mulher caminha até a frente da sala e começa a falar com os colegas.

– O modo mais fácil para eu visualizar a transmutação acontecendo é simplesmente deixar a minha imaginação correr livre, ver a chama violeta penetrar em cada átomo e célula de meu corpo, minha mente, minhas emoções e até mesmo órgãos do meu corpo físico.

---

39. Ibid., p. 48-50.

– Eu tenho problemas de coração, e tenho praticado visualizar meu coração rodeado e penetrado pela misericórdia da chama violeta. E pela graça de Deus, estou me sentindo muito melhor.

– Os mestres nos ensinaram a usar o pensamento como forma de cura. Com os olhos da minha mente, eu visualizo chamas brancas, azuis e verdes, formando uma luz ovoide envolvendo cada órgão em que tenho problemas. E então, certifico-me de rodear todo o órgão com uma chama violeta, bela, cantante, faiscante. Eu tenho uma pintura feita por um artista, mostrando o pensamento como forma de cura, pendurada na parede do meu quarto, para me lembrar de fazer o chamado de cura para a chama violeta.

Serapis Bey agradece à jovem e nos pede para continuarmos nosso estudo sobre a chama violeta.

A chama violeta vista na meditação

Todos os que percorreram o caminho da ascensão tomaram conhecimento da chama violeta. Muitos santos, enquanto se ajoelhavam diante dos altares das grandes catedrais do mundo, foram subitamente transportados, no auge de sua meditação e comunhão com Deus, e viram ardendo sobre o altar aquela linda chama violeta, flamejante, pulsante, cantando. A mesma experiência aconteceu com muitos iogues e homens santos em suas cavernas no Himalaia, com freiras e monges em suas celas, e com devotos de todas as crenças e culturas no mundo.

Isso foi uma revelação particular para eles, a qual veio do mais profundo de sua devoção. E através dessa revelação eles conquistaram sua ascensão e não permaneceram aqui, para ensinar esses conhecimentos ao mundo. Muitos devotos, mesmo sem saber, têm sucesso em invocar a chama violeta através do poder da intercessão. Eles realizam essas atividades do fogo sagrado de Deus, que no Ocidente são usualmente chamadas de ação do Espírito Santo, e no Oriente estão relacionadas com a destruição de tudo o que é irreal pelo Lorde Shiva.

Ao fim desses ensinamentos, uma aluna levanta a mão, hesitante.

– Amado Serapis Bey, eu estaria interrompendo se relatasse um incidente que experimentei e que se relaciona diretamente com essas lições?

Serapis Bey dá seu consentimento, e ela começa a falar:

– Eu gostaria de lhes contar um incidente que aconteceu com uma mulher antes de ela ouvir sobre a chama violeta. A jovem disse que havia viajado rumo a Ásia para pesquisar padrões que poderia usar em seus tecidos. Além de suas pesquisas, planejava visitar monastérios e fazer um retiro espiritual.

Um dia, em meditação profunda em um monastério budista, ela realmente viu a chama violeta pulsando no altar. Esse acontecimento tocou sua vida tão profundamente que ela passou os anos seguintes viajando, perguntando aos monges e a qualquer pessoa que encontrasse se já tinham ouvido falar da chama violeta. Descrevia sua meditação para eles, mas ninguém podia lhe dar uma resposta.

Finalmente, quando estava pronta para voltar para casa em Singapura, viu um dos pôsteres anunciando uma palestra sobre a chama violeta, com alunos de Elizabeth Clare Prophet, e informando as datas da próxima sessão da Summit University, em Santa Barbara. Ela se juntou ao nosso grupo assim que voltou para casa.

Serapis Bey agradece à aluna e continua sua aula sobre a chama violeta.

– O próximo tópico que eu gostaria de examinar esta noite – diz Serapis Bey – é o perdão: um conceito muito ligado ao da chama violeta, que temos discutido.

Perdão

Podemos levar existências de meditação para chegarmos a uma posição em que possamos ver a chama violeta, mas Saint Germain amou tanto este mundo que lhe foi confiada a transmissão dessas instruções para nós, para que possamos tê-las em forma impressa.

Entretanto, essa revelação teve um preço alto para ele. Ele ofereceu aos Senhores do Carma a força da chama violeta mantida dentro do chacra de seu coração e dentro de seu Corpo Causal como um presente de luz e de energia para a humanidade, que pode experimentá-lo com a alquimia da autotransformação através do fogo sagrado.

Saint Germain nos diz que o processo da ascensão é um processo de completo perdão. Com essa finalidade, ele nos ofereceu a chama violeta da transmutação, que nos foi dada em misericórdia por Deus e pelo Quadro Cármico.

A iniciação do perdão é uma das mais difíceis do Caminho. Parece tão simples, e é tão difícil, porque é necessário perdoarmos a nós mesmos, assim como aos outros. Perdoarmos a nós mesmos é a parte mais dura.

Nós já vimos como a autocondenação bloqueia nossa capacidade de perdoar a nós mesmos. E Kuan Yin, a Mestra da Misericórdia, nos diz que "No perdão, existe uma oportunidade renovável de cumprir a lei. E sem o perdão, pouco progresso pode ser feito". Portanto, ao voltarmos ao caminho com Deus, precisamos do perdão.

Precisamos ser capazes de confessar a Deus e dizer a Ele tudo o que fizemos que não está em conformidade com a Sua lei. Até que Lhe contemos tudo e Lhe peçamos perdão, continuamos com uma sensação de culpa, de medo e de vergonha, e acima de tudo, uma sensação de separação de Deus. Hoje, isso pode ser visto manifestado em todos os tipos de doenças mentais e emocionais, personalidades múltiplas, ódio do pai e da mãe, ódio dos filhos, e muitos outros problemas dos quais a sociedade moderna se tornou presa. O caminho de volta para o guru, o Cristo interno, é encontrado através do perdão.

O perdão não é algo que precisamos invocar apenas para nós mesmos. Precisamos invocá-lo para todas as partes da vida – para todos os que nos feriram, e todos aos quais ferimos. Saint Germain nos ensina que, quando invocamos o perdão, devemos ter um amor intenso em nossos corações. Precisamos deixar que os outros saibam que os perdoamos, e que queremos que eles nos perdoem. E precisamos dizer humildemente: "Eu errei, e peço a você e a Deus que me perdoem".

Às vezes, podemos ficar deprimidos, infelizes e até mesmo ressentidos por causa de algum acontecimento ou pessoa em nossas vidas que não conseguimos perdoar e esquecer. Quando isso ocorre, se pudermos perceber que talvez essa depressão ou ressentimento seja o resultado do carma voltando para ser redimido, passaremos a chama violeta por esses registros e prosseguiremos com nossas vidas.

Vocês sabem que às vezes podemos estar pagando o preço por algo que fizemos a uma pessoa em uma vida anterior. Claro que não nos lembramos do nosso passado, e assim sentimos que somos a parte prejudicada. Mas Portia, a chama gêmea de Saint Germain, disse-nos que "não existe injustiça em nenhuma parte do universo".

Infelizmente, não podemos nos lembrar do acontecimento que causou o que hoje vemos como uma injustiça. Mas, presumindo que não tenha sido uma injustiça, deveríamos agora levar a sério o nosso uso da chama violeta, até que sejamos capazes de perdoar o que quer ou quem quer que esteja nos perturbando.

Métodos de transmutação

Quando invocamos a chama do perdão, vamos perceber que o nosso próprio Eu Cristão pode ser nosso psiquiatra, nosso psicólogo, nosso ministro, nosso padre, nosso rabino, nosso amigo – aquele a quem procuramos diariamente para desabafar.

Mark Prophet costumava dizer que os nativos americanos faziam um círculo ao redor da fogueira, à noite, para discutir os acontecimentos do dia. Tudo o que acontecera, de que eles não haviam gostado, era atirado nas chamas. O mesmo princípio é ensinado em todas as religiões do mundo. Se atirarmos nossos problemas na fogueira à noite, poderemos dormir em paz. Boa parte da nossa insônia é o resultado de não liberarmos nosso carma diário, de não aliviarmos nosso peso diário, e, portanto, não estamos em paz conosco e com Deus. Para termos uma paz interior verdadeira, cada um de nós deve encontrar seu próprio meio de desabafar.

Aqui está outra forma de pensamento que vocês podem usar, além do círculo dos nativos americanos ao redor do fogo. Juntem todos os seus problemas. Visualizem tudo o que os está incomodando. Coloquem tudo em uma velha mochila. Fechem os zíperes. Coloquem a mochila nas costas. Andem até um píer e joguem a mochila no oceano.

Preocupar-se agora não os ajudará nem um pouco. Vocês já se livraram de suas preocupações e não podem apanhá-las de volta nem se incomodar com elas novamente amanhã, porque elas submergiram até o fundo do oceano.

Vocês têm, agora, um novo dia à sua frente – uma nova oportunidade! Então, façam o que for preciso para limpar a sua mente antes de ir dormir. Entreguem suas preocupações a Deus, e não as retomem novamente pela manhã.

Para invocar o perdão, El Morya nos deu um mantra que é uma ajuda poderosa para a transmutação:

EU SOU o perdão em ação aqui,
afastando toda a dúvida e todo o medo,
libertando os homens para sempre
nas asas da vitória cósmica.
EU SOU o chamado com força total
pelo perdão em todos os momentos,
para toda a vida, em todo lugar,
e inundo a tudo com graça.

As cartas do Quadro Cármico

Se vocês ainda estão sofrendo com a culpa e não conseguem se livrar dela, há mais um método que posso sugerir. Escrevam uma carta para o Quadro Cármico.

Como aprendemos no capítulo 2, o Quadro Cármico é formado por oito mestres ascensos, cada um representando um dos sete raios, e o oitavo raio da integração. Os Senhores do Carma distribuem a justiça por esse sistema de mundos, atribuindo carma, concedendo a misericórdia e fazendo julgamentos para todas as correntes de vida.

Para que vocês se livrem da culpa e do remorso, vocês podem realmente escrever uma carta de confissão e enviá-la a Deus ou ao Quadro Cármico. Escrevam essa carta à tinta e à mão; não a digitem. Vocês podem começar dizendo: "Eu lamento sinceramente as minhas transgressões e as estou submetendo à misericórdia da chama violeta". E, então, façam uma lista em sua carta.

Certifiquem-se de incluir suas esperanças, seus planos e até mesmo suas cargas em sua carta, não apenas suas confissões. Escrevam uma carta para Deus e abram seu coração para Ele, pedindo-Lhe que ajuste seus planos de acordo com Sua vontade. Em seguida, queimem a carta em segurança em sua lareira ou em um recipiente de metal e aceitem o perdão de Deus. Enquanto os anjos levam a fumaça até os Senhores do Carma, a sua petição é examinada.

Isso pode ser uma grande libertação para as pessoas que estão sofrendo com uma sensação de culpa. Criem o hábito de escrever com frequência aos mestres ascensos. Aprendam a se sentir confortáveis falando com eles.

A misericórdia da lei

E agora, Serapis Bey nos diz:

– Por favor, recebam novamente a Mestra Ascensa, Senhora Kuan Yin, nossa Mestra da Misericórdia. Vocês devem se lembrar do que ela lhes falou brevemente quando estávamos discutindo a chama violeta.

Kuan Yin sorri para a turma enquanto começa a nos ensinar sobre a misericórdia.

– A misericórdia da lei é como uma rua de mão dupla. É o sinal que você envia a Deus, e o sinal com o qual Ele responde. A forma de pensamento de uma rua de mão dupla significa uma relação de dar e receber com Deus. Se você espera a misericórdia de Deus, deve oferecer misericórdia a todas as partes da vida. O cumprimento da lei da misericórdia deve ser para a libertação final de todas as almas. Assim, da mesma forma que perdoamos a vida, ela nos perdoa.

A ação da misericórdia e do perdão significa afastar o carma por algum tempo para dar a alguém a oportunidade de encontrar Deus, de encontrar o Espírito Santo e de aceitar Cristo como seu salvador. Mas, quando alguém já encontrou o

Cristo e está concentrado na chama, a misericórdia da lei considera que o ciclo completo deve ser cumprido pelo indivíduo, e o carma que foi afastado, o peso daquele pecado, devem agora ser equilibrados.

Kuan Yin faz uma pausa aqui, dando-nos um pouco de tempo para pensar.

Perdoar e esquecer

A lei do perdão também é conhecida como a lei da contenção, pela qual nossos erros e nossas dívidas com a vida são deixados de lado temporariamente, até que a alma tenha recebido conhecimento suficiente sobre a lei e se tornado forte o suficiente para pagar o preço total pelos erros do passado.

Frequentemente, as pessoas sentem uma sensação de injustiça quando os problemas continuam a acontecer em suas vidas, enquanto seus vizinhos parecem capazes de atravessar a vida intocados. A resposta para essa aparente desigualdade é que, quando alguém coloca os pés firmemente no caminho para a ascensão, a alma pede a oportunidade de equilibrar rapidamente seus últimos débitos cármicos. O vizinho que parece levar uma vida tão encantada pode ainda não ter começado o caminho da iniciação e estar experimentando um retorno muito mais lento do carma. Como diz o ditado, "você recebe aquilo pelo que paga", e o preço da ascensão é alto.

Repetidas vezes ouvimos o ditado "deixe o passado no passado. Perdoe e esqueça!". Kuan Yin nos disse frequentemente que, para realmente perdoar, precisamos apagar completamente qualquer registro do acontecimento. Ela nos disse que, se podemos recuperar a lembrança de algo que nos magoou há muito tempo, não perdoamos de fato a pessoa que nos fez mal.

Ela nos disse que, em vez de perdoar, "vocês endureceram seus corações. Armazenaram registros, como um esquilo armazena nozes. No fundo de seu subconsciente, no fundo do plano etéreo, guardam o registro daquela mágoa. Vocês não a atiraram na chama. Vocês não estão dispostos a deixar tudo para trás e deixar Deus livre para se expressar através daqueles que os magoaram e daqueles a quem vocês feriram".

Então, podemos ver como o treinamento na lei do perdão é necessário, pois existe uma diferença entre o perdão dos pecados e sua transmutação. Por exemplo, alguém pode roubar a sua bolsa e mais tarde lhe dizer que sente muito pelo que fez. Você pode perdoar essa pessoa, mas a questão não está encerrada, carmicamente falando, até que ela lhe devolva a bolsa com cada centavo intacto, ou que faça a restituição necessária.

O perdão não é o equilíbrio do carma; é o esquecimento do carma, pelo qual você recebe a liberdade de consertar as coisas sem aquela carga pesada do pecado. Se você tentou sinceramente e ainda não consegue perdoar alguém ou alguma coisa que lhe aconteceu, pode precisar de algumas sessões com um terapeuta profissional. Pode haver algumas cicatrizes resultantes de vidas passadas, das quais você está completamente inconsciente. O trabalho com a criança interior pode eliminar esses bloqueios que o estão impedindo de evoluir.

Já aconteceram milagres nas vidas de algumas pessoas apenas com poucas consultas com um psicólogo qualificado. Não hesite em aceitar esse método de cura se você não conseguir resolver as situações na sua vida que o estão incomodando. Uma palavra de cautela, entretanto. Os mestres ascensos não aprovam o hipnotismo, porque por esse método você deixa sua consciência aberta para o controle de outra pessoa.

Kuan Yin volta para nos perguntar se podemos ser como criança, e fingir que hoje é Natal.

Ela nos diz:

– Vocês fariam algo por mim, enquanto lhes trago a onda da misericórdia? Vocês poderiam escrever sua lista de Natal, como se fosse uma carta ao Papai Noel, mas escrever para mim, listar todos os que vocês se lembram de não terem perdoado, ou que não lhes perdoaram e me entregar essa lista? Entreguem-me também a chama do seu coração, com a autoridade de inundar a vida, especialmente aqueles que vocês citaram, com um incremento de misericórdia do meu templo (localizado na oitava etérea sobre Pequim) e do meu altar.

E então, para começar o seu Ano Novo, perdoem a si mesmos por todos os seus erros, todas as infrações da Grande Lei. Vocês verdadeiramente perdoarão, o que significa esquecer o passado e deixá-lo para trás?

E então, Kuan Yin resume todos os seus ensinamentos sobre misericórdia e perdão quando diz muito simplesmente: "Nossos corações precisam derreter, pois precisamos perdoar para sermos perdoados".

Enquanto assentimos, nós nos lembramos de que Serapis Bey afirmara o mesmo princípio antes, de um modo levemente diferente. Ele nos disse: "Para ascender, vocês devem entregar o seu passado para Deus".

Se você desejar aprofundar seus estudos antes de prosseguir para o Capítulo 10, encontrará exercícios na p. 242.

10

Carma

Serapis Bey pede que as pessoas que ainda têm questões não respondidas ou que gostariam de fazer um comentário levantem as mãos. Imediatamente, duas mãos se levantam ao mesmo tempo. Um homem jovem diz que ainda gostaria de uma explicação sobre o carma, e uma mulher que está na ponta do lado direito diz que também gostaria dessa explicação. Serapis Bey responde que ele havia escolhido carma para ser o tópico da aula daquela noite. Embora tenha o hábito de abordar esse tema de tempos em tempos, sente que agora é o momento certo para explorar o assunto com profundidade.

Como criamos o carma

Cada um de nós é uma fagulha do espírito de Deus que veio a encarnar para ajudar o mundo. Nós viemos voluntariamente, especialmente aqueles de nós que já tiveram condições angelicais, dizendo:

– Oh, se ao menos eu tivesse um corpo, poderia ajudar essas pessoas na Terra.

Bem, recebemos nossos corpos, mas, em vez de sermos úteis como queríamos ser, acabamos emaranhados nos problemas da Terra, no carma do mundo. Estamos aqui há tempo suficiente, tempo *mais do que suficiente* para equilibrar os últimos vestígios desse carma e ascender novamente ao coração de Deus.

Temos que entender que há tanto carma bom quanto ruim – carma pode ser positivo ou negativo. Geralmente associamos o carma do mundo com negatividade, mas todas as obras boas de todas as nossas muitas encarnações estão armazenadas em nosso Corpo Causal.

Pouco progresso é alcançado em outros planos no sentido de equilibrar o carma, pois é no mundo físico que criamos nosso carma e é aqui que temos de equilibrá-lo. Consequentemente, não deixe ninguém pensar que vai viver para sempre nesses quatro corpos inferiores. Eles não são nada mais que veículos de consciência que são emprestados a nós por Deus, já que toda a energia de Deus é emprestada a nós para que possamos provar que dominamos o livre-arbítrio.

A passagem da Bíblia que melhor descreve isso tudo é Gálatas 6:7: "Aquilo que o homem semear, isso também ceifará". Ninguém pode vencer essa lei. Pois como Serapis Bey já vos contou: "O homem não pode criar corpos imortais a partir de substância mortal; ele não pode criar ideias imortais a partir de pensamento mortal, nem criar sentimentos divinos que englobem o mundo e criem a Grande Pirâmide da Vida a partir de sentimentos mortais"[40].

Procrastinação

El Morya advertiu que "procrastinação é uma doença que é a morte do *chela* (discípulo)". E o próprio Serapis Bey disse: "Há uma tendência entre os homens que é encorajada por seus irmãos das sombras e filhos de Belial que às vezes se travestem de anjos de luz para postergar a salvação do espírito para um amanhã distante ou para o pós-vida".

"A ascensão tem que ser desejada não como um mecanismo para escapar das responsabilidades ou dos deveres mundanos. Tem que ser desejada como culminação de toda uma vida de serviço dentro da vontade de Deus."[41]

Mas os mestres advertiram que o fim nunca justifica os meios. Eles não concordam com o princípio "Deixa-nos fazer o mal que o bem pode vir"[42]. Os meios – o modo como fazemos algo – são, em cada pequena parte, tão importantes quanto o resultado aos olhos da Irmandade.

---

40. *Introduction to Dossier on the Ascension.*
41. *Dossier on the Ascension*, p. 109, 164-65.
42. Aos Romanos 3:8.

O carma nunca é uma punição

Nosso carma não se destina a nos abalar; ele deve ensinar o que fizemos de errado para que não venhamos a repetir o erro.

A Deusa da Pureza disse certa vez:

– A lei do carma, abençoados, não se destina a agir como uma surra, para abalar nossos espíritos humanos. A lei do carma serve para instruir e fazer que os seres humanos se aproximem do trono da graça sem medo, com a clareza da mente e do ser que renderá a eles a habilidade de receber a ação vibratória de Deus Todo-Poderoso.

Carma nunca serve para punição, mas, como ele machuca, nós o experimentamos muitas vezes como um tipo de castigo. Ainda que Deus, em sua enorme capacidade de perdoar e amar, em vez de nos condenar a punições eternas por nossos erros, permita-nos estar no ponto-final de nossos feitos para que possamos aprender com eles e nunca repeti-los.

Assim, vamos orar com urgência e fé para que entendamos que todas as coisas vêm a nós para nossa educação, seja como carma que volta ou como as assim chamadas injustiças da vida.

Não existe injustiça

Portia, a Mestra da Justiça e Oportunidade, diz enfaticamente:

– Não há injustiça em nenhum lugar do universo!

O veredito é por completo uma ação da lei. O que pode parecer injusto para nós, hoje, só pode ser nossa justa retribuição por ter feito exatamente a mesma coisa a alguém em uma vida passada. Claro, nós não nos lembramos do incidente que está acontecendo ante nossos olhos hoje.

Entretanto, como nós nos desviamos do caminho em nossa permanência na Terra, Deus tem o direito de nos testar para ganhar nosso retorno ao Seu coração. Elizabeth Clare Prophet deu uma palestra na qual disse:

"Deus tem o direito de testar a coragem daquele que estaria com ele no céu. E, consequentemente, você pode ter um fardo sobre si neste momento que não é de modo algum causado por carma, e sim uma oportunidade de ganhar maestria, testemunhar a glória de Deus e o uso de seu poderoso nome, EU SOU O QUE SOU. Já que esse poderoso nome contém em si o poder de cura e Deus quer que você saiba disso."

E nós nos alegramos em nossos corações, mesmo na mais extrema situação dizendo:

– Não há injustiça em nenhum lugar do universo!

A paciência de Jó

Antes de deixarmos o assunto dos testes, olhemos para o Livro de Jó no Antigo Testamento. Jó era um servo de Deus bom e justo a quem Satanás queria testar. Ele queria que Jó blasfemasse o nome de Deus como resultado de um problema que recairia sobre ele. Deus permitiu o teste, mas estipulou que Satanás não poderia matar Jó.

E sabemos como a história se desenrolou. Todo tipo de coisas terríveis recaíram sobre Jó e, ainda assim, ele se recusou a blasfemar a Deus. No fim, tudo que ele perdeu foi dado de volta a ele em quantidade muitas vezes maior. Talvez precisemos verdadeiramente ter a paciência de Jó quando nossos problemas parecem nos consumir.

Paulo também sofreu muito quando foi atirado na prisão pelos romanos. Enquanto ainda estava na prisão, usou a oportunidade para comungar com Deus, para escrever cartas ao seu rebanho e foi retirado da prisão por um anjo. Alguns dos grandes livros do Novo Testamento são nossos legados vindos do encarceramento de Paulo. Não apenas ele como muitos dos grandes mártires e heróis da história foram presos.

Não é uma questão de estar atrás das grades aquela que conta. É se somos prisioneiros de nossos próprios egos, luxúria, inveja, ressentimento, ódio e autocomiseração. O que interessa aos mestres é como reagimos ante as situações. O Buda Maitreya usa frequentemente os eventos da vida cotidiana como iniciações para nos testar. Mais uma vez temos que nos lembrar do ensinamento de Portia de que "não há injustiça em nenhum lugar do universo".

Preparação para testes

De acordo com a lei de Deus, não podemos receber um teste para o qual não tenhamos sido preparados. A parte difícil, entretanto, é que fomos preparados nos recôncavos mais interiores e frequentemente não nos lembramos conscientemente dessa preparação quando o teste chega. Precisamos aprender a conhecer a lei e estudar os ensinamentos dos mestres ascendidos. Precisamos também aplicar a consciência de Cristo e discernir o certo do errado, já que falhar em assim fazê-lo pode ocasionar que não passemos em um teste na hora de nossa iniciação. Serapis Bey diz:

– Ser ignorante é compreensível, mas não saber que é ignorante é uma tragédia de grandes dimensões.

E na Bíblia lemos: "Adquira sabedoria: e assim fazendo, adquira entendimento"[43].

Ame a Deus

A resposta aos nossos problemas é amar a Deus tanto que não precisemos satisfazer todos os nossos desejos humanos. Não temos sempre que aplacar a mente carnal e dar a ela o que deseja, para que tenhamos um momento de paz. Nem temos que empenhar nossas energias na solução de cada imperfeição que apresentamos.

Lorde Lanto nos advertiu:

"Estou plenamente ciente do fato de que todos esses assuntos parecem simples quando vistos superficialmente. Frequentemente, indivíduos que leem nossas instruções ficam tão tocados pela simplicidade delas que gritam: "Eu já sabia disso!". Mas então acrescentam: "Não é o que você sabe que conta, mas o que você faz!"[44]

A queda diária do carma

Elizabeth Clare Prophet ensina que o melhor jeito que ela tem de explicar a descida do carma é que cada dia nosso carma desce até nós em uma pequena sacola de papel marrom. Se podemos levantar cedo e fazer nossas preces e autorizações rapidamente antes de ir trabalhar – ou o quer que esteja em nosso cronograma –, podemos nos livrar de uma grande porcentagem do carma do dia.

Entretanto, uma porção do carma do dia que é enviado ao nosso caminho pode ser de ações que datam lá de nossas vidas em Lemúria e Atlântida. Se não passarmos por isso, esse carma fica lá em cima de nós o dia todo e se acumula em nosso cinto eletrônico.

---

43. Provérbios 4:7.
44. Prophet, *Understanding Yourself*, p. 92.

Sem ficarmos muito preocupados com isso, podemos aceitar que cada dia teremos certa quantidade de carma retornando a nós porque pedimos e nos posicionamos no caminho da ascensão. Nosso carma também está retornando a nós mais rapidamente do que para aquelas pessoas que não estão no Caminho. Nós, pela graça de Deus e pela misericórdia da chama violeta, podemos transmutá-lo diariamente se quisermos.

A liberdade dos laços do carma pode acontecer apenas quando a lei de causa e efeito for totalmente exaurida. Jesus revelou essa lei quando disse:

"Céus e terras devem se extinguir, mas minhas palavras não se acabarão"[45]. E "nada insignificante, nenhum título ou sábio passará da lei, até que tudo seja cumprido"[46].

Pela graça e misericórdias divinas, cada um de nós recebe de volta o mesmo que resolveu não assumir de seu carma, escondendo-o de seus próprios olhos. Misericordiosamente, temos um véu de esquecimento colocado sobre nossos olhos no nascimento, assim, não nos lembramos das coisas que fizemos em vidas passadas quando não conhecíamos a lei e não percebíamos o que estávamos fazendo.

Imaginando que seu carma é luz

É melhor pensar que o carma de uma pessoa é luz em vez de considerá-lo algo pesado, duro demais, pois, quando alguém pensa que seu carma é pesado, logo fica preocupado ou deprimido por causa dele e torna-se letárgico, quase sem vontade de liquidar o débito cármico, sentindo que o carma é algo poderoso demais para ser enfrentado.

Se sentirmos que temos um carma pesado, podemos dizer:

– Para que serve toda esta luta? Eu não consigo continuar. Tem tanta coisa acontecendo contra mim que não vale a pena nem tentar.

Quando as pessoas acreditam que seus carmas são leves e começam a liberá-lo rapidamente no fogo sagrado, uma enorme sensação de alegria invade seus seres. A alegria tem a habilidade de nos fazer relaxar e pode nos libertar dos problemas que talvez tenhamos carregado por séculos.

Algumas pessoas podem dar de ombros e dizer:

---

45. Marcos 13:31.
46. Mateus 5:18.

– Bem, é só o meu carma.

E, com isso, parar de tentar. Apenas aceitam o carma como um peso extra sem perceber que Deus nos oferece sua misericórdia e graça para nos ajudar a vencê-lo. Infelizmente, o carma está lá – é um fato. Podemos escolher ignorá-lo, pois nós o criamos anteriormente.

Entretanto, há outra resposta para esse problema: não podemos apenas passar dia após dia fazendo pouco esforço para equilibrar nosso carma, acreditando que tudo acabará bem no final, como num passe de mágica. Lembrem-se, foi-nos dito que a ascensão não é um processo automático. Temos que trabalhar para que a ascensão aconteça!

O conhecimento da chama violeta nos foi dado para transmutar nosso carma – toda a energia desqualificada em nosso cinto eletrônico. E isso não acontece por nosso mérito, mas pelo amor e também pela graça de Deus. É o presente Dele para cada um de nós!

Nós temos escolha. Quando percebemos que cometemos uma injustiça e que por justiça cósmica aquela injustiça retornará para nós, vamos vivenciar esse carma para sempre? Vamos multiplicá-lo novamente e criar uma injustiça maior apenas porque ficamos ressentidos? Ou vamos pedir ao Senhor, clamar, invocar seu Espírito Santo, sua chama violeta e pedir que todas as vidas nas quais tenhamos errado, em qualquer lugar, em qualquer época, sejam abençoadas e libertadas de seu fardo?

Graça

Temos que incluir o conceito de graça em nossa discussão sobre carma. Há um caminho de saída e a maior parte dele é coberta pela graça de Deus! Tenho certeza de que nenhum de nós jamais poderia fazer isso sozinho. Tentamos e tentamos com a maior força que pudermos, e então a graça de Deus assume e nos carrega pelo resto do caminho para casa.

Uma música que pode ser que você tenha cantado na escola dominical é chamada "Graça Maravilhosa". Um dos versos diz: "Sua graça me trouxe a salvo tão distante e a graça me conduzirá até o lar". Quando você olha para trás, para todos os milhões de anos de encarnações, vê o quanto é sábia a atitude de apegar-se ao conceito da graça de Deus, pois ela pode sustentá-lo quando você tiver que atravessar dias difíceis. Foi-nos, enfim, oferecida liberdade e por Sua graça nós conseguiremos alcançá-la!

A Deusa da Pureza nos encoraja a prosseguir

Neste ponto, a Deusa da Pureza entra em cena e pede permissão a Serapis Bey para falar com os estudantes por um instante. Ela está usando um bonito vestido de uma substância brilhante e cristalina – branco com bordas de um tecido de um rosa-pálido.

– Meus queridos da Luz, gostaria de encorajá-los lembrando-os de um ditado deste planeta que diz que Roma não foi feita em um dia. Ainda assim, muitos de vocês sentem, quando estão lidando com assuntos espirituais, que, se não ultrapassam todas as suas aflições e falhas em um dado momento, simplesmente não estão vivendo.

– Preciosos, deixem-me dar a vocês o conforto de saber que nós que estamos nestes oitavos maiores de luz necessitamos de uma quantidade enorme de tempo para obter nossa libertação de todas as pressões da vida que nos cerca.

– Então vocês entendem que nós mesmos precisamos de tal quantidade de tempo para obter nossa liberdade e pureza, que somos capazes de entender e olhar vocês com compaixão, que o próprio Deus olha vocês com a compaixão de um Pai infinito? Ele espera a liberação da aceitação da pureza em seu ser, espera ver que vocês não temerão aceitar a pureza por si mesmos, que não temerão aceitar a pureza já!

A sala permaneceu totalmente estática enquanto a Deusa da Pureza terminava de falar. Já nos havia sido dito que os mestres ascendidos fizeram sua ascensão em tempos que foram com frequência mais difíceis que o presente. Ainda assim, mal podíamos imaginar que um ser maior, como a Deusa da Pureza, necessitasse de tempo para sua vitória. Isso deveria certamente colocar em outra perspectiva os nossos problemas cotidianos!

A Deusa da Pureza sai graciosamente da sala de aula e nossa instrução continua. Um dos estudantes tem uma pergunta sobre problemas de saúde.

– Estar doente está relacionado ao carma de alguma maneira? – pergunta ele.

Serapis Bey nos conta que a saúde pode estar relacionada ao carma, bem como a outros fatores.

A saúde relacionada ao carma

Problemas de saúde acometem os indivíduos por muitas razões; parte deles pode ser psicossomática. Parte é causada por autocondenação e parte por falta de proteção. Precisamos estar atentos aos nossos chamados para o Arcanjo Miguel, mas grande parte dos problemas de saúde está relacionada, e é parcialmente causada, por carma não transmutado. Saúde, tanto boa quanto ruim, pode ser o resultado dos usos passados e presentes da energia.

Kuthumi diz:

– Boa saúde encoraja o fluxo contínuo de energia. O inverso também é verdadeiro. Não podemos negar que há energias boas e ruins, mas nos deixe relembrá-lo de que energia por si não é nem boa nem ruim. É a qualificação que é feita da energia que determina sua manifestação inerente.

– Toda energia é Deus. Energia não pode ser nem criada, nem destruída, pois vem diretamente de Deus. Nós pegamos a energia pura Dele e a qualificamos ou desqualificamos através de nosso livre-arbítrio.

De novo Kuthumi, nosso psicólogo divino, deu esta explicação quando disse:

– Se considerar os fatos, (1) que Deus é energia sem limites, (2) que foi dada ao homem uma quantidade limitada da energia de Deus e (3) que a energia que foi dada compreende o conteúdo do espírito, você estará no caminho certo em suas investigações do Eu[47].

O cordão de cristal

Certa vez, tivemos acesso a muito mais luz do que temos hoje. Nosso cordão de cristal, que é nossa conexão com a energia de Deus, é agora muito fino. Nós costumávamos ser banhados com um gigante tubo de luz como fora Matusalém no Antigo Testamento. Ele viveu novecentos anos, como também o fizeram muitos outros naquele tempo, pois seus cordões de cristal eram muito maiores.

A humanidade desqualificou energia em Lemúria e Atlântida através de experimentos e abuso do fogo sagrado. A energia foi desqualificada pela mistura entre as vidas animais e humanas e muitas outras atividades não aprovadas por Deus.

Em sua misericórdia, Deus então limitou a quantidade de energia de luz que recebemos a cada dia para que tivéssemos menos para desqualificar. Assim, com menos energia, pudemos fazer menos dano e qualquer dano que fizéssemos não voltaria sobre nós tão rapidamente.

47. Prophet, *Understanding Yourself*, p. 45-46.

O carma do mundo

Outro aspecto do carma que ainda não discutimos é o carma do mundo. Serapis Bey falou sobre isso antes, mostrando que alguns precisam se levantar para desafiar o carma do mundo. Ele disse: "A pequena criança amadurecendo para tornar-se o mestre não pode tomar para si a cruz do carma do mundo porque ela está muito ocupada carregando sua própria cruz de egoísmo e intemperança. Como resultado, muitos não estão equipados para chegar à idade da responsabilidade como filhos e filhas de Deus. Poucos conseguem suportar os pecados do mundo como Cristo fez quando foi pregado na cruz – não a cruz de próprio carma humano, mas a cruz do carma da raça.

Em cada era tem que haver espíritos querendo carregar certa porção do carma do mundo. Nos tempos que correm, é a vida elemental, os espíritos da natureza, que carrega esse peso. Aqueles entre a humanidade que se importam em carregar um pouco de bagagem extra são poucos e vivem muito longe uns dos outros.

Deixe a cruz (do carma do mundo) ser transmutada diariamente. Deixe sua cruz ser uma cruz de luz para que, mesmo enquanto você esteja equilibrando seu carma, consiga carregar o peso do carma do mundo nesse ciclo negro. Deixe seu fardo ser leve. Deixe a cruz de seu carma tornar-se uma cruz de devoção extrema e de amor. E deixe seu fardo ser leve, momento a momento, conforme você sente a vitória do amor agindo em sua vida.

Portanto, suportar o peso do carma do mundo não precisa ser uma via dolorosa, mas um caminho de alegria, um caminho de vitória e superação. Já que assim que a energia do carma do mundo é dada, você a consagra ao Espírito Santo e ao fogo sagrado. Ele é transmutado e, portanto, seu fardo vai se tornando mais leve"[48].

Nossa responsabilidade

Jesus suportou seus pecados sobre a cruz por certo período na Era de Peixes, mas isso é apenas parte da história. Ele suportou por nós o carma do mundo que era devido até o começo da era de Peixes, até que pudéssemos ser fortes o suficiente para tomá-lo de volta e equilibrá-lo nós mesmos. Agora a responsabilidade é nossa!

---

48. Prophet, *Lords of the Seven Rays*, volume 2, p. 145, 148, 150-51.

Servindo para equilibrar o carma

Quanto mais conhecemos a lei, mais responsabilidade temos em servir nossos semelhantes. Foi-nos dito que um dos modos mais rápidos para equilibrar o carma pessoal é servindo aos outros. De fato, os mestres nos disseram que "a recompensa pelo serviço é mais serviço".

Muitos parecem sentir que não têm tempo para servir além de suas oito horas de trabalho, mas você sempre pode arranjar tempo em sua vida para aquilo que realmente quer fazer. Saint Germain diz: "Você pode fazer qualquer coisa se amar o suficiente." E lembre-se, ele também prometeu nos dar sua energia quando nos sentíssemos cansados.

Meru nos conta que servir é nossa fuga das vezes que temos que encarnar. Então, "A chave para a liberdade", diz ele, "é servir e buscar".

Quando entramos no serviço do Senhor, sabemos que estamos nos tornando plenos através do processo de regeneração. Damos tudo de nós ao servir e, quando nos esvaziamos a cada dia, Deus nos preenche de novo com luz. Cada preenchimento é um rejuvenescimento, uma regeneração. Somos recarregados para que possamos dar de nós mesmos mais uma vez. E quanto mais nós nos esvaziamos, mais somos preenchidos.

Serapis Bey conclui dizendo:

– Conforme revisar esse material, tenha cuidado para não cair na armadilha de sentir que seu carma é tão pesado que não há salvação para você. Por você ter tomado conhecimento de que pode estar agora equilibrando o carma que criou em Lemúria e Atlântida, fique atento para perceber que talvez não esteja vendo quanto carma bom está armazenado nos anéis de seu Corpo Causal. E para qualquer um com visão interior, seus corpos superiores são lindos de observar. Deus abençoe a todos e descanse bem.

Se você desejar aprofundar seus estudos antes de prosseguir para o Capítulo 11, encontrará exercícios na p. 243.

11

O Quadro do seu Eu Divino

À medida que nós entramos na sala de aula para o retiro de hoje à noite, vemos, na parede da sala, uma linda reprodução translúcida, intitulada: "O Quadro do Seu Eu Divino".

Serapis Bey nos diz que é a interpretação verdadeira da situação em que nos encontramos. Não somos apenas homens e mulheres físicos na Terra, já que o nosso Eu Cristão flutua sobre nós na atmosfera, e acima disso a nossa Presença Divina está ligada a nós pelo nosso cordão de cristal.

Serapis Bey garante que nos vai explicar, à medida que a noite avança, como a trindade Pai-Mãe-Deus, o Filho ou Mediador, e o Espírito Santo se encontram representados no Quadro do Seu Eu Divino. *(Ver quadro na p. 110.)*

A figura superior

A figura superior é a presença EU SOU O QUE SOU, a presença individualizada de Deus em cada um dos seus filhos e filhas.

O Corpo Causal, as sete listras coloridas, envolve a presença EU SOU e contém o registro das boas obras dos homens, toda a energia de Deus considerada positiva em sua vida e em todas as suas vidas passadas. Esses registros estão armazenados aqui, são "seu tesouro no céu".

A imagem do seu Eu Divino.

A figura do meio

A figura do meio no Quadro é o Mediador entre Deus e o homem, o nosso Eu Cristão ou Eu Real. Frequentemente chamado de Corpo Mental Superior ou consciência de Cristo. É o Cristo de Jesus e o seu e o Eu Cristão.

O cristianismo ensinou que apenas Jesus é Cristo. Através de uma explicação equivocada sobre Jesus, mostrado como o único Filho de Deus Pai, ensina a exclusiva Filiação de Jesus e nega o potencial de Deus e de Cristo em todas as outras almas.

Os mestres ascensos ensinam que é o destino de todos os portadores de luz tornarem-se o Filho. O único Filho gerado é um Cristo e um salvador. O Cristo Universal. E esse Filho é personificado em cada criança de Deus, na pessoa do nosso Eu Cristão.

Qualquer pessoa que se torne um com seu Eu Cristão pode ser chamada de Cristo. É o destino de cada portador de luz transformar-se no Filho de Deus.

A Eucaristia

No ritual da Comunhão Sagrada, Jesus abriu o caminho para seus discípulos se reconectarem com seu Eu Cristão. Partiu um pedaço de pão, simbolizando o Cristo Universal, partiu-o e disse: "Este é o meu corpo, que será entregue por vós"[49]. O corpo de Cristo foi repartido para cada um de nós, na forma de Eu Cristão.

Cada pedaço de pão que Jesus deu aos seus discípulos era o seu próprio dom. Era o dom da sua cristandade.

Cada pedaço era uma porção do seu Corpo de Luz Universal, sendo também o todo, que é fragmentado uma e outra vez, para cada alma que chegue. Assim, o potencial para ser Cristo está conosco no momento do nosso nascimento. Sempre que retornamos num corpo novo temos outra vez a oportunidade de conhecer o Eu como Deus, o EU SOU O QUE SOU, e conhecer o Eu enquanto Cristo.

O profeta Mark diz-nos frequentemente que cada um de nós é uma gota de água do oceano. Temos todas as qualidades do oceano dentro dessa gota e nosso destino é fundirmo-nos com Deus, o nosso Eu Verdadeiro, à medida que a gota e o oceano se tornam um só.

A diferença entre Jesus e todos nós é que ele tinha perfeita consciência da divindade que habitava em seu interior. Mesmo que ainda não tenhamos

49. 1 Coríntios 11:24.

aperfeiçoado a nossa cristandade, temos a nossa presença EU SOU e o nosso Eu Cristão acima de nós para nos ajudar neste caminho.

O nosso Eu Cristão (a figura do meio do Quadro) nos cobre, protege e acompanha onde quer que estejamos e para onde quer que vamos.

Jesus, o exemplo

Jesus veio para demonstrar o caminho da nossa cristandade pessoal, para que os filhos da luz possam seguir seus passos durante a era de peixes e para além dela. Ele é nosso exemplo, foi ele quem nos mostrou como voltar para casa, como voltar para o Pai. A chama da trindade e o Eu Cristão são os meios pelos quais todas as almas vivas que vieram de Deus voltam para ele, pela graça de Jesus Cristo.

Seu próprio Eu Cristão, o mediador entre você e Deus, é capaz de ensinar você e perdoar seus erros, à medida que você caminha para a superação. O mediador é a ponte entre você e sua presença EU SOU e desperta sua alma para a respectiva identidade perdida.

A figura inferior

A figura inferior no Quadro aparece envolta numa chama violeta, dentro do canal de luz. Esse canal de luz desce até sua Presença EU SOU em resposta ao seu chamado e o protege vinte e quatro horas por dia, desde que você se mantenha harmonioso. Você consegue visualizar o cilindro de luz branca brilhante envolvendo todo o seu corpo, começando na sua Presença EU SOU, estendendo-se por cerca de noventa centímetros abaixo de seus pés.

Pedem que nivelemos a chama violeta e o canal de luz logo de manhã, quando nos levantamos, e que o façamos de novo sempre que sentirmos energias negativas subindo por nós.

> Querido brilho Presença EU SOU,
> envolva-me no seu canal de luz
> da chama mestre ascendente
> invocada agora, em nome de Deus.
> Faça com que mantenha meu templo livre
> de toda a discórdia enviada para mim.

EU ESTOU chamando o fogo violeta
para iluminar e transmutar todo o desejo,
continuando em nome da liberdade
até que EU SEJA um, com a chama violeta.

O mediador, que é o Professor Interno, domina esse eu inferior, e a alma que se desenvolve nos quatro planos da matéria.

A alma usa os veículos dos quatro corpos inferiores (o etéreo, o mental, o emocional e o físico) para equilibrar o carma e preencher seu plano divino.

Enquanto discípulo no Caminho, você corresponde à figura inferior. Sua alma é o aspecto não permanente de ser, que se tornou permanente através do ritual da ascensão. O primeiro passo para se unir à sua Presença EU SOU é desenvolver uma relação com seu Eu Cristão, que é seu professor, guardião e seu mais querido amigo. Ele é a voz da consciência falando com seu coração, mostrando a você o que está certo e errado.

O cordão de cristal

O cordão de cristal (cordão de prata, em Eclesiastes[50]) é a corrente da vida que desce do coração da Presença EU SOU, através do Eu Cristão, para nutrir os quatro corpos inferiores da alma. Você consegue visualizar a Presença EU SOU flutuando no espaço entre 2 e 20 centímetros acima da sua cabeça, dependendo do seu estado de consciência e receptividade.

Acima desse "cordão umbilical", flutua a energia da Presença, que entra pela coroa, no homem, dando origem à faísca divina ou à chama da trindade, no coração. Dá o ímpeto para que a batida física do coração se dê, bem como a pulsação da trindade.

A pomba do Espírito Santo

A pomba do Espírito Santo encontra-se mesmo acima da cabeça do Eu Cristão, vinda diretamente do Pai. Quando o filho do homem se submeter e se tornar a consciência de Cristo, tal como fez Jesus, ele então se fundirá com seu Eu Cristão. O Espírito Santo está acima dele e as palavras do Pai, a querida Presença EU SOU, são proferidas:

---

50. Eclesiastes 12:6.

"Este é meu Filho querido, no qual me encontro preenchido, ouvi-o."[51]

Quando esta vida terminar, a Presença EU SOU retira o cordão de cristal e a chama da trindade retorna ao nível de Cristo. A alma vestida com seus trajes etéreos sobe ao patamar mais elevado de realização a ser ensinado pelos mestres em ascensão, nos seus retiros etéreos para sua ascensão ou para sua próxima incorporação.

Assim, o Quadro é um diagrama – passado, presente e futuro – da peregrinação da sua alma até o Grande Sol Central, à medida que ano após ano você sobe a escada espiral da vida, aproximando-se de Deus, ao mesmo tempo em que Ele se aproxima de você.

No fim do ensinamento, Serapis Bey permanece no púlpito.

– Sinto que há alguém que tem algo que gostaria de partilhar conosco, mas está um pouco hesitante. Por favor, venha até a frente da sala.

Uma jovem mulher se levanta e, timidamente, caminha até a plataforma. Ela diz:

– Gostaria de testemunhar sobre o poder do canal de luz.

Em certa ocasião, tive uma experiência na qual ouvi, de fato, o canal de luz cantar para mim. Meu marido e eu fechamos nosso estúdio de fotografia e planejávamos juntar-nos a Mark e Elizabeth Prophet, na Summit Lighthouse, em Santa Bárbara.

Meu sogro idoso tinha concordado em comprar nossa casa, em dinheiro. Essa quantia pagaria todas as nossas dívidas e nos permitiria ir em frente, na nossa nova vida. Um dia, duas semanas apenas antes de partirmos, ele apareceu na nossa porta e disse: "Nada disso faz sentido, sou velho demais para comprar uma casa".

Naquele momento, todo o meu mundo caiu, todos os nossos planos estavam arruinados.

Peguei o carro para ir ao banco tentar obter um empréstimo, apesar de saber que não iria receber a totalidade da quantia que havíamos planejado e provavelmente teríamos de proceder a uma segunda hipoteca. Sabia que deveria invocar o decreto, mas estava tão devastada que nem conseguia me lembrar de decreto algum.

Após alguns minutos de pânico, subitamente ouvi o decreto do canal de luz cantando na minha mente. Não sabia que os decretos poderiam ser música. Esse baixar de graça acalmou-me o suficiente para que pudesse voltar a fazer planos.

---

51. Mateus 17:5.

Quando voltamos para casa, havia um recado de meu sogro na secretária eletrônica esperando. Dizia: "Venha para cá imediatamente antes que eu mude de ideia de novo. Leve-me até ao banco e eu dou-lhe o dinheiro neste minuto". Acreditem, não perdi tempo algum. Acho que não nos damos conta de quão terna é a forma como Deus cuida de nós se confiarmos nele plenamente.

Ao deixarmos a sala hoje, há sorrisos em todos os rostos. Talvez estejamos escutando a música do canal de luz nos nossos corações!

Se você desejar ampliar seus estudos antes de prosseguir para o Capítulo 12, encontrará exercícios na p. 244.

12

A Ciência do Mundo Falado

Serapis Bey dá início à sua palestra dizendo que o ensinamento mais crucial para o autocontrole é a ciência da invocação, que inclui a arte de decretar ou a prece falada. O objetivo dos decretos eficazes é desbloquear as energias do seu Eu Real.

Você nunca saberá até experimentar a luz de Deus. Você consegue, de fato, aplicar desses três decretos em sua vida cotidiana.

A importância da prece falada

O Livro de João começa com as seguintes palavras: "No princípio era o Verbo, e o Verbo estava com Deus, e o Verbo era Deus".

O uso da Palavra ou da prece falada está no seio de todas as religiões: cristianismo, judaísmo, islamismo, induísmo, budismo e outras, que oferecem suas devoções a Deus, na forma de oração, mantras e decretos.

A prática da ciência da prece falada tem muitos séculos e é levada a cabo por adeptos do extremo oriente e pelos místicos ocidentais. Os mestres que já ascenderam instruem atualmente seus discípulos na arte perdida da invocação, que era praticada durante a Atlântida e a Lemúria e mesmo antes, durante a idade do ouro.

"Faça-se luz!"[52] foi o primeiro decreto alguma vez pronunciado pelo Pai. A resposta foi instantânea e o mundo nasceu através da palavra proferida.

Em Isaías, lemos: "Em relação aos meus trabalhos manuais, dê-me a ordem"[53]. Aqui, Deus está nos pedindo não apenas para clamarmos por Sua graça e misericórdia, mas também para que O dominemos, dominemos a energia Dele, façamos a Sua vontade e, através de nós, executemos Seus trabalhos na Terra e nas nossas vidas. O que Ele está nos dizendo é que temos que invocar sua presença em nós se tivermos consciência Dele. Por quê?

Deus deu-nos o dom do livre-arbítrio e a responsabilidade de dominar a Terra, entregando-nos seu domínio sobre ela. Se, no exercício diário do livre-arbítrio, pretendemos a assistência do Altíssimo, devemos ordená-Lo a descer ao nosso mundo.

Jesus ensinou seus discípulos a orar na forma de ordens curtas, dizendo: "Venha a nós o vosso reino! Assim na Terra como no céu!"[54]. Na verdade, toda a Oração de Deus é uma série de ordens dadas por Jesus ao Pai.

Unindo conscientemente as nossas forças com Deus, subjugando o nosso arbítrio ao arbítrio divino e ordenando ao Todo-Poderoso que entre em nosso mundo e exerça Seu domínio, devolvemos-Lhe a autoridade que nos concedeu quando nos deu o dom do livre-arbítrio.

A meditação e a oração em silêncio são uma parte importante das devoções diárias, mas os decretos dinâmicos são o método mais poderoso para direcionar a luz de Deus para o nosso mundo, no sentido da mudança individual e planetária. "Decretarás algo e ser-te-á concedido!"[55] é a máxima antiga que define a oração que regerá a lei. Pois o homem, criado à imagem de Deus, tem o mesmo poder interior para criar que Deus teve "no início", quando disse: "Faça-se luz, e a luz se fez".

Alguns, acostumados com a meditação, podem ficar perturbados nas primeiras vezes que orarem ou decretarem em voz alta. Mas o Deus Maitreia diz: "Digo-vos hoje que pouco vos custará decretar devidamente e com fé. Assim, é preciso entender urgentemente o significado dos decretos e praticar o tempo suficiente até que tenha competência para definir, através dos decretos, o poder de Deus, no seu mundo particular".

---

52. Gênesis 1:3.
53. Isaías 45:11.
54. Mateus 6:10.
55. Jó 22:28.

– De que forma os decretos se comparam com a oração? – pergunta então Serapis Bey. – Caríssimos, a oração é uma maravilha, pois, através dela, enquanto comunhão com Deus, a graça de DEUS desce sobre o coração dos que pedem. Mas, para uma libertação de poder vital através do Todo-Poderoso, não devemos comparar a oração com a atribuição de decretos magistrais.

– Vários sistemas de meditação de ioga propõem métodos em que a mente dos homens consegue se aquietar, sensibilizando-se mais com relação ao Divino. Alguns dos métodos se tornam inócuos, quando aplicados pelos ocidentais, pois esses métodos requerem uma disciplina mental e espiritual avançada. Por sua vez, quando se entendem os princípios básicos, os decretos são relativamente simples de entender e tornam-se bem mais eficazes"[56].

Saint Germain diz-nos: "O uso adequado dos decretos requer prática. Os indivíduos não devem esperar que, ao primeiro chamado, a perfeição do universo varra todo o lixo de suas vidas".

"Decretar adequadamente é uma arte e, à medida que ganha mais competência, o indivíduo verá que é possível acelerar a velocidade a que são concedidos. Também conseguirá entender o que ocorre durante esse processo, já que, aumentando a velocidade de seu padrão de repetição das palavras, verificará que esta aceleração liberta e transmuta os pensamentos e sentimentos negativos no seu mundo."[57]

Voltemo-nos para a ciência da invocação.

A importância da invocação

Debatemos a forma como os exércitos do céu não nos podem ajudar a não ser que os convidemos. Somos a autoridade na nossa oitava e os anjos e os mestres ascensos não conseguem entrar a não ser que sejam solicitados.

Hércules, o Elohim do Primeiro Raio, disse-nos que tinha legiões de anjos e elementais a trabalhar para ele, mas que tinham de ser invocados por nós. Independentemente de quão ansiosos possam estar para ajudar, eles não conseguem entrar no nosso mundo até que os chamemos.

A mãe Maria disse: "Lembrem-se, entes queridos, não precisam lutar. Os anfitriões de Deus habitam em vós, precisam avançar, são os conquistadores".

56. Prophet, *The Science of the Spoken Word*, p. 31, 25.
57. Ibid., p. 44-45.

Portia, a Mestra da Justiça e da Oportunidade e a chama gêmea de Saint Germain, disse que tinha legiões de anjos nas colinas, prontos, esperando apenas serem invocados, mas que muitas vezes eles retornavam para ela, dizendo: "Ninguém nos chamou. Não pudemos fazer nada."

Talvez agora possa ver quão importantes são seus chamados, suas orações, suas ordens, suas invocações, seus decretos.

Os seres elementais de fogo, água e terra não têm livre-arbítrio, como nós temos. Eles obedecem aos desejos dos seres humanos, positivos ou negativos, e precisam ser autorizados a entrar em ação e nos ajudar.

Nunca se esqueça de que Deus é o cumpridor. Não é sua responsabilidade lutar contra a escuridão. Esse papel pertence aos anjos e seres cósmicos. No entanto, você tem um papel essencial a desempenhar nessa equação e seu papel é fazer os chamados para que os anfitriões do céu consigam entrar no seu mundo e lutar suas batalhas por você.

Serapis Bey se dirige à classe, dizendo:

– Esta noite, apenas tivemos uma explicação curta sobre os decretos, mas estou distribuindo, para dever de casa, gravações de devotos fazendo decretos para a chama violeta. Você poderá escutar, assim, o ritmo dos decretos.[58] *Também posso recomendar vários livros que gostaria que vocês estudassem, para complementar os ensinamentos que dei neste retiro.*

– Posso dar por encerrada a noite com uma citação do Antigo Testamento, pois não posso dizer de forma melhor do que disseram os antigos: "Testem-me agora, disse o Deus dos anfitriões, se não vos abrir as janelas do paraíso e derramar sobre vós uma bênção que não terão espaço suficiente para recebê-la"[59].

Boa-noite, entes queridos.

Se você desejar ampliar seus estudos antes de prosseguir para o Capítulo 13, encontrará exercícios na p. 245.

58. Ver p. 245.
59. Malaquias 3:10.

13

Psicologia Divina

Serapis Bey dá início à aula seguinte, dizendo:

– Convidei o Mestre Lanto para falar conosco hoje sobre psicologia, com ênfase especial no nosso humor.

– Lanto é o Mestre do Segundo Raio de Sabedoria e Iluminação. Mestre ascendido, de enorme conhecimento, conduz aulas de estudantes que não ascenderam no Retiro Royal Teton, nos campos etéreos de Wyoming, nos Estados Unidos, e trabalha próximo a Saint Germain para a libertação da humanidade nesta era.

– Meru, Lanto e Kuthumi servem juntos para trazer os fundamentos da psicologia de volta a esta era. Deem as boas-vindas a este Mestre.

Lanto, então, diz:

– A cultura de cada homem é dominada pelo padrão que se encontra no mais profundo do seu ser subconsciente. Os homens dizem, com frequência, que não compreendem a si mesmos. Que não entendem por que agem como agem. Não lhes é possível abrir a porta da consciência, vaguear pelos corredores da memória e encarar cada costume se desenvolvendo, livrando-se, depois, de cada pensamento não desejado. Há uma forma melhor e essa forma é a saturação da consciência com a chama do valor cósmico.

Tal como o Arcanjo Miguel e Cristo não hesitaram em discutir com o mal, ao dizer: "Ponha-o para trás de mim!", o estudante, quando for alertado para o fato de estar agindo sob a influência do humor, não deve hesitar em reprimir esses sentimentos estranhos à sua verdadeira natureza. Se quiser nascer livre, ele tem de controlar seu humor antes que este o controle[60].

Humor

Percebemos agora que temos de aprender a qualquer custo a controlar nosso humor antes que ele nos controle. Sabe que todo o peso que você pode estar sentindo no presente talvez não seja necessariamente seu? O Grande Diretor Divino diz que correntes de energia negativa flutuam na atmosfera e que são o acúmulo da mente das massas. Elas podem querer entrar no seu mundo através de uma pequena abertura no seu subconsciente ou inconsciente, e levar você a se identificar com elas.

Em Gênesis, lemos que devemos dominar a Terra e isso pode incluir termos total domínio sobre nossos próprios pensamentos e sentimentos, para que possamos merecer nossos tempo e espaço e para que sejamos dignos de receber o dom da ascensão. Em vez de nos concentrar na negatividade, o que precisamos saber é invocar a lei do perdão, atirar esses pensamentos para a chama violeta e seguir em frente, na direção da chama da alegria.

Passar as chamas através da mente consciente e subconsciente é um ritual que tem sido praticado há séculos pelos devotos de Deus.

Uma mudança de ritmo

Lanto tem a solução para o problema da negatividade que invade a aura, seja um carma proveniente da redenção ou da consciência das massas e nos ensina:

– Às vezes, uma mudança de ritmo é necessária para evitar usurpação futura da força negativa do humor sobre a psique.

O Grande Diretor Divino diz o mesmo, de forma ligeiramente diferente: "Quando você sente uma energia que não consegue afastar por meio de decreto, saia de perto dela".

Às vezes, é necessário sair de onde estamos, ir fazer compras em um bairro distante ou caminhar a esmo, olhar as nuvens gloriosas e dizer: "Ah, meu Deus, és esplêndido".

---

60. Prophet, *Understanding Yourself*, p. 11, 93.

Ou ainda, podemos encontrar um lugar tranquilo e nos deixar ficar ali por um tempo, em silêncio, até que consigamos nos centrar, escutar nossos corações. Nosso coração.

Uma mudança de ritmo pode ser aquilo de que precisamos para limpar a nossa consciência por completo, com relação ao que nos perturba.

Este ainda é o melhor conselho que podemos dar e receber: quando cercados por algum tipo de energia que nos deixe inseguros sobre o que fazer depois, devemos fazer uma pausa. É a forma mais rápida de limpar nosso campo de força, já que o que nos incomoda pode não ser a nossa própria consciência, mas a consciência da humanidade em geral.

Grades flutuantes e campos de força, tal como são chamados pelo Grande Diretor Divino, podem estar influenciando nosso humor.

Quando as pessoas enviam ondas de emoções perturbadas, tais como medo, ódio, condenação, ressentimento, rebelião, fúria ou ciúme, formam nuvens de energia que podem assentar sobre nós e alterar o nosso humor.

Lanto, frequentemente, nos diz: "É preciso tempo para que os quatro corpos inferiores se recuperem da influência do humor. Quando a consciência está sobrecarregada de fúria, medo, dor, ressentimento ou um sentimento geral de irritação, há uma invasão de substância psíquica que é completamente estranha à alma. Então, deve-se dar tempo à alma para que se livre dessa substância, o que produzirá efeitos da mesma forma que o corpo físico expele toxinas"[61].

Um chamado para a chama azul da espada do Arcanjo Miguel

Essas substâncias devem ser transformadas em luz se queremos que o nosso planeta continue a progredir, pois essas vibrações devoram as pessoas, provocando-lhes depressão e infelicidade, sem que entendam por quê.

Coragem! Chame o Arcanjo Miguel e seus anfitriões angelicais e peça a espada espiritual da chama azul para resplandecer nessas condições diariamente, enquanto continua proferindo seus decretos dinâmicos.

Depois de dar um tempinho, volte e continue a fazer o que quer que seja que estivesse fazendo e descobrirá que as coisas estarão muito melhores.

---

61. Ibid., p. 93-94.

Ensinaram-nos que podemos facilmente cair na armadilha da discórdia que milhões de pessoas jogam umas para cima das outras por todos os lugares de nosso planeta.

Serapis Bey agradece ao Mestre Lanto por essa informação e diz que gostaria que ouvíssemos Kuthumi, o Mestre Ascendido, pelo tempo que nos resta esta noite:

– Muitos conheceram e trabalharam com Kuthumi na Idade Média, quando era conhecido como São Francisco, o fundador da Ordem dos Monges Franciscanos. Muitos de nós fizemos votos com ele, os mesmos votos que ele fez: votos de pobreza, de castidade e de obediência. Ele é nosso mestre psicológico e padroeiro da juventude. Kuthumi serve hoje ao lado de Jesus, nos domínios do Professor do Mundo, e é o responsável por estabelecer, no ciclo de dois mil anos da Era de Peixes, os ensinamentos que levarão o indivíduo ao autocontrole e à consciência de Cristo.

Kuthumi está vestido com o hábito marrom, com o cinto de corda do qual muitos de nós se lembram das nossas vidas de monges franciscanos. Ele ensinará sobre um de seus assuntos preferidos, a aura.

Mantendo sua aura plena de luz

Kuthumi diz-nos que a nossa aura precisa de proteção contra as vibrações que invadem a humanidade. Assim, ensina uma visualização que pode nos ajudar a selar nossa aura contra a energia que se aproxima. Quando andar pela rua, veja sua aura completamente preenchida com luz que envolve você, como uma bolha gigante.

A luz que preenche sua aura é tão completamente impenetrável que uma de duas coisas acontece: ou a consciência de massas e suas vibrações negativas vão contra você e ricocheteiam na parede da bolha que o protege ou sua aura está tão cheia da chama violeta que você imediatamente transmuta todas as projeções que se atravessarem no seu caminho.

Infelizmente, a maioria das pessoas permitiu que sua bolha de aura tenha se tornado côncava, o que significa que a aura está escavada em vez de estar cheia de luz. Alguns podem ficar exaustos sempre que sua aura absorver energia negativa. Outras pessoas, ainda, podem não saber como se livrar da energia negativa.

A resposta é que não preenchemos a nossa aura com luz suficiente. Precisamos proteger a luz na nossa aura, através de nossos chamados para o nosso canal de energia, e através de nossos chamados ao Arcanjo Miguel.

Chame legiões de anjos para cercá-lo de espadas desembainhadas. Diga ao Arcanjo Miguel para colocar seus anjos de chama azul à sua volta para que você não se sinta cansado, para que, além do seu trabalho diário, você tenha energia para se autoaprimorar.

O melhor exercício para isso é tentar visualizar sua aura envolvendo-o de forma tão brilhante que as projeções negativas simplesmente ricocheteiem nas paredes de sua bolha. Essa é, sem dúvida, a melhor forma para acabar com as oscilações do seu ciclo de humor, que pode ir da depressão ao êxtase, voltar para a normalidade e levá-lo à depressão mais uma vez. Todos nós já fomos apanhados nisso durante milhares de anos, mas agora é tempo de nos mantermos positivos e na chama da harmonia e do bom humor, de forma que possamos ascender.

Necessidade de proteção

Aqui está um mantra simples que podemos dizer centenas de vezes por dia até que nossa aura brilhe azul, com a chama de proteção do Arcanjo Miguel.

Visualize o Arcanjo Miguel e sua legião de anjos de chama azul nos envolvendo e defendendo e isolando de tudo o que nos atormenta.

Não podemos nos esquecer de recitar esta oração, especialmente antes de viajarmos, seja dirigindo nosso próprio veículo, seja embarcando em um transporte público:

> Arcanjo Miguel na frente, Arcanjo Miguel atrás,
> Arcanjo Miguel à direita,
> Arcanjo Miguel à esquerda,
> Arcanjo Miguel acima, Arcanjo Miguel abaixo,
> Arcanjo Miguel, Arcanjo Miguel aonde quer que eu vá!
>
> EU ESTOU protegido pelo seu amor aqui!
> EU ESTOU protegido pelo seu amor aqui!
> EU ESTOU protegido pelo seu amor aqui!

Kuthumi ainda deu aos alunos uma excelente visualização, para que pudéssemos nos libertar dos sentimentos depressivos a nosso respeito.

Você deve dizer em voz alta:

– Hoje sou o foco do Sol Central. Através de mim, corre um rio de cristal de luz.

Enxergue a si mesmo como uma grande cachoeira de luz. Diga, de novo:

– EU SOU parte do Divino. Essa escuridão que me dominou agora é engolida pelo poderoso rio de luz, que EU SOU.

Quando você aceitar isso, sua tristeza será rapidamente varrida para longe. Um rio de luz desce de Deus através do seu cordão de cristal, da sua Presença EU SOU, por sua chama tripla, ancorada no seu coração, e descarregará toda a escuridão que existe em você, se você deixar.

Leve consigo este pequeno decreto, na bolsa ou no bolso, e tire-o sempre que problemas ataquem você. Vai ver que rapidamente o memorizou e que acabará por recitá-lo em sua cabeça, continuamente. Pode invocá-lo sempre que precisar de reforço de luz, como se fosse um incentivo.

EU SOU Luz
de Kuthumi

EU SOU luz, luz brilhante,
luz radiosa, luz intensa.
Deus consome minha escuridão,
transmutando-a em luz.
Neste dia, EU SOU o foco do Sol Central.
Através de mim, corre um rio de cristal,
uma fonte de luz viva
que não pode ser avaliada
pelo pensamento e sentimento humano.
EU SOU um destacamento do Divino.
Essa escuridão que me dominou é engolida
pelo poderoso rio de luz, que EU SOU.
EU SOU, EU SOU, EU SOU luz;
vivo, vivo, vivo na luz.
EU SOU a dimensão mais completa de luz;
EU SOU a intenção mais pura da luz.
EU SOU luz, luz, luz
inundando o mundo por todo o lugar que passe,
abençoando, reforçando e transmitindo
o propósito do reino dos céus.[62]

---

62. Kuthumi e Djwal Kul, *The Human Aura: How to Achieve and Energize Your Aura and Chakras*, registrado por Mark L. Prophet e Elizabeth Clare Prophet (Livingston, Mont.: Summit University Press, 1996), p. 44-45.

Se você tiver dificuldade em visualizar, procure a foto de uma bela cachoeira e mantenha-a na sua frente, à medida que profere esse decreto.

Veja essa enorme cachoeira de luz varrendo toda a escuridão da sua vida, toda a rebelião, toda a depressão, todo o medo, toda a descrença, tudo o que estiver incomodando você neste momento. Repita esse decreto todas as vezes que forem necessárias, até se sentir aliviado.

Se você conseguir se imaginar como um rio de luz, uma enorme cachoeira de luz que engole a escuridão que atravessar seu caminho, sua vida ficará muito mais tranquila, à medida que você progride no caminho da sua ascensão.

Kuthumi deixa-nos com uma saudação que nos inspira esperança, dizendo:

– Adeus, para já, meus queridos amigos do coração, de sempre. Espero saudá-los em breve, como mestres ascendidos. Continuem lutando, porque isso representa uma possibilidade bem presente em todos vós.

Se você desejar ampliar seus estudos antes de prosseguir para o Capítulo 14, encontrará exercícios na p. 245.

14

A sua Cristandade

Serapis Bey saúda-nos hoje com uma missão que distribui a todas as suas classes de iniciados, no retiro em Luxor. Recentemente, começou a ensinar esse exercício a estudantes na Summit University, em Montana, EUA.

Uma missão de Serapis Bey

Serapis Bey aconselhou-nos a manter um caderno de anotações chamado: *A Minha Cristandade*. Esse caderno deverá ter, em cada página, duas colunas para notas. Em uma das colunas, nós devemos listar as virtudes que acreditamos ter e na outra, as falhas que sabemos ter. À medida que progredimos na nossa evolução espiritual e na nossa sensibilização com relação ao nosso Eu Crístico, vamos querer olhar para trás, com frequência, e ver quantas das qualidades negativas que pusemos na lista foram alteradas, transformando-se em qualidades positivas.

Serapis Bey disse-nos que, se houver uma vibração de ciúme ou inveja entre os candidatos à ascensão em Luxor, seria porque nós, estudantes nesta aula, temos uma oportunidade maior para trabalhar o nosso carma num corpo físico do que os candidatos nos retiros que se encontram no corpo etérico, entre encarnações.

Demora dez vezes mais a equilibrar o carma num corpo etérico e apenas certo tipo de carma consegue ser equilibrado. Então, apesar de os candidatos em Luxor poderem ter passado todos os testes, e aprendido todas as lições, precisam encarnar de novo para equilibrar o seu carma na terra.

Uma missão para a nossa cristandade

Serapis Bey vira-se para nós e diz:

– Considere seriamente este dia e esta hora como sua oportunidade de estar num corpo humano, para "trabalhar sua salvação", como disse Paulo, "com medo e tremendo"[63]*, mas eu prefiro dizer com alegria e triunfo e com disciplina e devoção.*

Você tem a oportunidade de ganhar, tanto pelo amor quanto pela sabedoria, potencializados pelo poder da palavra falada.

– Vamos começar nossa missão. O verdadeiro milagre e a primeira lição de alquimia em Luxor é a separação entre o real e o irreal, no ser individual. O que é real em você? O que é irreal?

– Desafio-vos a começar seu caderno de anotações, alunos de Deus Todo-Poderoso, pois vocês não são alunos de Serapis Bey ou de Morya ou de Saint Germain, e sim alunos do Todo-Poderoso, de Cristo. E nós, os mestres ascensos, somos os mentores e serviçais do Todo-Poderoso.

Assim, desafio-vos hoje a pegar o caderno de anotações de sua cristandade e a fazer duas colunas. A primeira coluna é sobre o verdadeiro eu de cada um de vocês, o que é real, a segunda diz respeito a cada um também, mas o que é irreal.

– Cada um de vocês começará a primeira coluna com as palavras: Deus, SOU O QUE SOU; Cristo, o único filho gerado, *pois isso é o que está verdadeiramente ao seu alcance.*

Na segunda coluna, comece com O ego humano, a vontade humana, o intelecto humano, o orgulho humano.

E depois, liste na primeira coluna as virtudes da luz, de Cristo e de Deus que sabe serem reais e que estão se expressando através de você. E na segunda, liste aqueles defeitos e pecados que não são reais.

Volte à primeira coluna e liste os atributos reais, que sabe que existem, que conhece e adora mas ainda não controla. Também pode reclamá-los como sendo seus, seu Eu Real. Já que a não ser que os reclame, e enquanto não o fizer, não os poderá ser.

---

63. Filipenses 2:12.

Assim, você marcará a verdade e a falsidade da identidade. Esse é o ponto de partida da ascensão. O que está na primeira coluna deve subir, o que está na segunda precisa ser transmutado antes de poder subir.

Depois, passo a passo, dia a dia, com júbilo no seu coração, você obterá o poder, o domínio das qualidades de Deus que listou na primeira coluna e todas as energias que listou. Depois, use-as enquanto sua autoridade, sua substância, sua garantia para invocar a graça de Deus, sua vontade e sua cura para remover a mancha do pecado e qualquer irrealidade que tenha listado na segunda coluna.

Então, isso se torna um objetivo e exercício prático na demonstração da ciência das leis de Deus[64]*.*

Quando você sistematizar o caminho para a ascensão, estará perante aquilo que deve superar com a luz. Estará perante a natureza incorruptível e corruptível do homem. E você sabe que, por decreto divino, o homem corrompível tem agora que se assumir incorruptível.

Meus queridos, vocês têm que ser alquimistas do primeiro nível. Têm que praticar a ciência da alquimia, de alterar os metais da base da consciência para ouro da consciência de Cristo. Vocês, cada um de vocês, farão isso em nome de Jesus Cristo, em nome de Saint Germain, em nome de El Morya e em nome de Maria. Vocês farão isso em nome de todos os que se tiverem tornado Cristo, em nome do espírito de vitória que sobressairá de todos os santos e seres ascensos e dos anfitriões celestiais de todas as eras.

Vocês têm que fazer o esforço, têm que ser sistemáticos. Têm que ter um ritual diário em defesa da sua divindade. E se vocês vierem bater às portas de Luxor entrarão com mais facilidade do que será realmente admitido. Nós não permitimos que os estudantes que não demonstrem a devoção da autodisciplina, exigida para a busca incessante das correntes de ascensão, fiquem em Luxor.

Digo, de novo, este é o ponto de partida da ascensão.

Que o que está na primeira coluna deve subir, o que está na segunda deve ser transmutado antes de poder subir. Força, meus bravos alunos. Não percam de vista, nem por um minuto, o objetivo final, ao mesmo tempo em que mantêm a vossa visão no presente, pois temos de prevalecer unidos em Deus e uns com os outros.

---

64. Prophet, *Lords of the Seven Rays*, volume 1, p. 163-64.

Decidimos completar o exercício

À medida que meditamos nas palavras do mestre, percebemos que, ao entrar na vibração da autocondenação, podemos negar o valor de todo esse exercício. À medida que fazemos essa lista das nossas virtudes e defeitos, temos que entender que ainda estamos no processo de superação. Se fôssemos perfeitos, já seríamos ascensos e não necessitaríamos da missão que Serapis Bey nos deu!

Assim sendo, temos que ter essas listas sempre em mente, à nossa frente como objetivo que nos permita, gradualmente, transmutar o irreal em real. Temos que invocar com toda nossa sinceridade aos mestres e a Deus e pedir que eles nos ajudem, pois dessa forma seremos surpreendidos com a rapidez com a qual conseguiremos transmutar nossos traços de caráter negativos na realidade da nossa cristandade.

Transmutar os traços negativos em positivos é um dos aspectos mais importantes de todo o exercício. Se listamos muito poucas qualidades na primeira coluna e uma longa lista de defeitos na segunda coluna, ainda não estamos reclamando a nossa cristandade. Ainda estamos dizendo: "Senhor, eu não sou digno".

Temos que atirar todos os nossos sentimentos de inadequação para a chama violeta e olhar para nós com os olhos de Cristo.

Com a própria força, iremos superar, porque essa é a vontade de Deus. A nossa ascensão é o desejo de Deus para nós.

A missão de Lanello

Temos uma segunda missão para o nosso livro de cristandade e desta vez a missão vem do mestre ascenso Lanello.

Mark Prophet foi nosso professor até sua passagem em 1973. Lembrou-se dos problemas na sua própria vida e esta missão tem sido uma oferta do seu coração, enquanto mestre ascenso Lanello. Por ter estado até bem pouco tempo entre nós, Lanello tem percepções para partilhar conosco que sabe que nos irão ajudar.

Ele tem sido um grande amigo através dos tempos e tem estado conosco em muitas de suas encarnações. Você pode sentir a chama dele como Lanello, mesmo que você não o tenha conhecido como Mark Prophet.

Mark e Elizabeth Prophet são chamas gêmeas que dedicaram a vida a servir de mensageiros dos mestres ascensos. Concordaram em receber mandados, mensagens dos mestres recebidas em elevado estado de consciência.

De forma que fossem mensageiros de Deus nesta era, tanto Mark quanto Elizabeth tiveram muitas vidas de preparação e nesta vida têm servido como professores, leitores, escritores e fundadores da Summit Lighthouse. Mais tarde, abriram a Summit University, através da qual os mestres pudessem orientar os devotos no caminho da ascensão.

Mark Prophet ascendeu em 26 de fevereiro de 1973 e agora continua a servir enquanto mestre ascenso Lanello. Trabalha de perto com El Morya e outros mestres do Conselho Darjeeling. O seu retiro fica acima do Rio Reno, na Alemanha.

Lanello sobe, vem até a frente da sala e diz:

– Sim, queridos, vejo vários dentre vocês que me conheceram como Mark. Estou desejoso de que chegue o dia em que os vou saudar como mestres ascensos. Talvez esse dia não esteja assim tão longe. Aqui fica a minha missão para vocês. Peguem seus cadernos de anotações sobre sua cristandade e adicionem outra seção. Comecem um diário chamado Diário da Minha Cristandade.

– Escrevam, todos os dias, relatando de que forma a flor de Cristo está surgindo em suas vidas. E quando perceberem que estão atuando com a consciência de Cristo, anotem isso detalhadamente, deixando esse registro para vocês mesmos, para que naquelas horas de escuridão e naqueles momentos de teste, quando se esquecerem e não se conseguirem lembrar de uma única coisa boa que fizeram, porque os diabos os estão atormentando com suas mentiras, vocês possam ler em seus diários a forma como dominaram o erro e como o superaram.

– Não há necessidade de atrasar, de voltar às formas antigas da consciência. Digo-vos, a vossa consciência cristã, o vosso ser cristão, é a brilhante realidade da vossa consciência! É o novo dia nascendo dentro de vocês. É o vosso potencial de vitória. É a vossa pureza, agora!

– E digo mais, vocês não precisam esperar pela mente carnal para evoluir, pois a mente carnal jamais evoluirá, meus queridos. Jamais se tornará Cristo. Ela tem que ser extinta e atirada para a chama! Vocês têm que trocar o modelo velho pelo novo.

– Por quanto tempo vocês vão insistir nesse velho modelo? Alguns de vocês são mais tolerantes com relação aos seus antigos eus do que são com relação aos seus carros, que trocam todos os anos. Vocês se esquecem de trocar a sua mente carnal pela mente cristã, que é o último grito da moda nos campos do paraíso!

– Por isso, queridos, devo pronunciar todos os avisos e todas as profecias que possa doutrinar, devo adverti-los incansavelmente, pois essa é a chave para a

cristandade e para a salvação através da cristandade, essa é a atitude que pode fazer que vocês conquistem a vitória definitiva. E é com vitórias definitivas que estamos preocupados, não com pequenas guerrinhas perdidas ou ganhas a cada hora, a cada dia!

Perdoando a si mesmo

Esse foi o primeiro presente que Mark nos deu após sua ascensão como Lanello. Era capricórnio e, para além da autocondenação que teve de superar, mantinha o equilíbrio de toda a condenação planetária, na linha do meio-dia do relógio cósmico[65]. Sabia perfeitamente que há dias em que não conseguimos pensar em nada que tenhamos feito que seja útil a este mundo.

É por isso que Lanello diria: "Se lhe vier um pensamento durante a meditação, se você encontrar uma pequena pérola num livro de devoção, escreva-a! E quando os diabos o estiverem atormentando, abra seu caderno de anotações e reveja, preto no branco, registradas em sua própria caligrafia, todas as coisas boas que fez".

Lanello quer que consigamos interromper essa espiral de autocondenação logo no princípio e dizer: "Bom, as coisas não são assim tão más, afinal! Ainda há esperança para mim!".

Também podemos apelar ao Grande Diretor Divino, que sabe como interromper espirais e dar início a outras, dizendo:

> Em nome da presença EU SOU, ordeno que esta espiral de negatividade seja interrompida e, pelo poder da minha presença de Deus, peço que dê início a uma nova espiral de vitória em Deus.

Podemos invocar Lanello para quebrar hábitos antigos e dar início a hábitos novos. Primeiro, você deve expulsá-los de sua vida e, depois, substituí-los. A forma de quebrar um mau hábito é substituí-lo completamente por um bom.

El Morya disse-nos muitas vezes: "Desde o início que ganhamos. Agora, perdemos algumas batalhas, não há dúvidas, mas vamos ganhar a guerra".

No entanto, não se esqueça de que as escaramuças contam. Temos um guardador de livros cósmico, o Grande Guardador de Nomes, que marca no seu

65. Ver caderno de exercícios, p. 233 e glossário, p. 253.

computador o que fazemos todos os dias com cada erg de energia que Deus nos deu. Mas quando tropeçamos, como acontecerá ocasionalmente, já que ainda não somos perfeitos, devemos pedir desculpas a Deus, pedir-lhe que perdoe os nossos erros e que os atire para a chama violeta. Apele à lei do perdão e siga em frente.

Preocupe-se com suas ações, mas não se critique, não se condene ou se diminua. Isso é tão prejudicial quanto condenar os outros, já que você está condenando a faísca de Deus dentro de você e está na verdade praticando bruxaria e magia negra contra você mesmo.

Às vezes, como nos diz Lanello, quando nos perdemos no fracasso é porque precisamos tirar uma lição disso. E uma perda temporária pode significar uma vitória final, pois uma lição ganha é mais um passo em direção à perfeição. Quando falhamos em algo, aprendemos mais com isso do que com o nosso sucesso.

Temos que reservar algum tempo para nos avaliar e ver o que fizemos de errado e certificarmo-nos de que não vamos repetir o mesmo erro. Depois, podemos contar as experiências que tivemos no passado como prólogo de um sucesso futuro. Por outras palavras, cometemos um erro, pedimos desculpa. E, então, seguimos em direção à vitória.

Lembre-se da citação de El Morya: "Não suprima a necessidade de ter que cometer alguns erros, nem permaneça no chão quando cair ou tropeçar. Levante-se de imediato e siga em frente".

Não insista em rever mentalmente essas memórias antigas. Você poderá acabar se enredando no passado, e será levado a dizer coisas como: "Quem me dera não ter feito isto ou aquilo. Bem, mas está feito, e agora?". Não caia nesse tipo de armadilha. Pensamentos como esse não o levarão a lugar nenhum. Em vez disso, você deve dizer apenas: "DEUS, envie a chama violeta através de mim". Depois, perdoe-se e se esforce mais amanhã.

Lanello diria que a saga de muitas das nossas vidas é linda e memorável, pois na verdade ganhamos nos pequenos e nos grandes gestos. E até o último registro não fazemos ideia de como Deus nos considera. O que vemos e sabemos é a nossa luz de vida presente.

Vivemos há milhares de anos. Temos sido homens e mulheres. Fomos pobres. Fomos ricos. Conhecemos vidas de degradação e vidas de santidade. Somos um conglomerado de todas as nossas vidas até agora e revivemos a cada passo, várias fases de todas essas vidas que tivemos, vidas das quais não nos conseguimos lembrar no presente.

Todas essas informações estão ocultas em nosso corpo causal, até que as nossas vidas passadas nos são mostradas pelos mestres ou até o momento da nossa ascensão. Assim, quando sentimos que certamente não somos muito importantes e não contamos grande coisa, nós nos deparamos com detalhes na linha da nossa completa evolução.

Todas as nossas muitas encarnações estão escritas no nosso livro da vida, no paraíso, mesmo que não tenhamos consciência delas neste momento.

A misericórdia da reencarnação é que nos permite voltar outra vez e dar uma chance de corrigir nossos erros.

Somá-los.

Se você tiver um registro de suas vitórias no seu diário da cristandade, terá algo em que se apoiar nos dias em que estiver deprimido. É interessante notar que as nossas boas experiências são efêmeras. Evaporam da nossa memória. Com frequência, nós nos esquecemos completamente de todo o bem que experimentamos, uns com os outros e com Deus.

Então, a não ser que tenhamos um registro das nossas experiências, podemos seguir vivendo, mas nos esquecendo de todos os momentos de ouro, os momentos de amor e comunhão. Eles acabam ficando para trás, misturam-se uns com os outros. E depois, na hora da tentação, não temos nada que nos ajude a impulsionar a nossa fé e que nos faça relembrar.

– Pois, sim, Deus apareceu para mim – continua Lanello. – Deus falou comigo. Sim, senti sua radiação. Sim, fui iniciado. Sim, vou me lembrar e continuar, continuando.

À medida que conclui seu ensinamento da noite, Lanello parte, deixando-nos uma palavra de conforto:

– Quando estiverem atravessando aquela hora de julgamento e decisão: estar ou não estar em Deus, leiam se puderem seus cadernos de anotações, leiam o que escreveram sobre sua experiência pessoal com Deus. Não haverá pergunta nenhuma que não seja respondida, meus queridos.

Então, continuem a lutar pela luz, a lutar pela luz.

E agora que eu, Lanello, caminho com vocês a cada passo do caminho.

Se você desejar ampliar seus estudos antes de prosseguir para o Capítulo 15, encontrará exercícios na p. 247

15

A Presença Eletrônica de um Mestre

– Nossa convidada desta noite é Mãe Maria – anuncia Serapis Bey. – Se você já foi católico, pode conhecê-la como Virgem Abençoada, Mãe Abençoada, a Mãe de Deus. Ela era a mãe de Jesus Cristo em sua encarnação galileia e era a chama gêmea do Arcanjo Rafael. Ela e Rafael carregam a chama da cura para espíritos que estão passando por dor. Embora Maria seja um arcanjo feminino, encarnou como mulher física por muitos anos antes de ascender de volta ao reino dos arcanjos. Apareceu em Fátima, Lourdes e muitos outros lugares no passado e ainda aparece pelo mundo todo para aqueles que creem... incluindo a turma desta noite.

Mãe Maria começa seus ensinamentos:

– Meus amados, gostaria de contar a vocês sobre a Presença Eletrônica de um mestre nesta noite. Se vocês pudessem estender suas mãos e me tocar, vocês quase sentiriam que há muito pouco que nos diferencia. A linha entre o anfitrião angelical e a humanidade é muito tênue. Quando fizerem suas orações, quando estiverem em suas camas à noite, percebam que com um simples toque, com um pensamento, por um ponto de luz estamos em sua presença.

– Percebam o que isso pode significar para vocês antes de irem dormir à noite. Digam: "Amado Pai, amado Jesus, o Cristo, mande-me sua Presença Eletrônica e permita que essa duplicata de ti recaia sobre mim enquanto meu corpo dorme".

Você acordará, então, com o espírito da chama da ressurreição dentro de você na manhã de Páscoa. Você verá que tem dentro de si a pulsação completa dessa chama poderosa que é o momentum *totalmente acumulado da vitória das correntes de ascensão Dele.*

– Percebe o que isso pode significar para você se sistematicamente fizer uma lista para si mesmo de todos os membros da hierarquia? E então, toda noite, você poderá chamar um mestre diferente, fazer uma súplica à chama que ele serve e então pedir que ela seja absorvida por você.

– Será dada a você, então, assistência poderosa que de outra maneira pode levar gerações para se desenvolver através de seu próprio treinamento interior e através da aplicação de sua própria chama do coração sem a assistência do momentum *dos seres de luz*[66].

A duplicata da presença do EU SOU do mestre

Saber como pedir pela Presença Eletrônica de um mestre para que seja colocada sobre você é uma das coisas mais importantes que pode haver na direção de sua ascensão. A Presença Eletrônica de um mestre ascenso é uma duplicata da Presença de Deus. Assim, em vez de ter que dominar tudo da vida por tentativa e erro, você mesmo pode ter acesso ao *momentum* de conquista do mestre.

Cada mestre tem sua própria chama particular; cada um superou de uma forma diferente. Se você sente que precisa de mais força de vontade, chame a Presença de El Morya para que ela recaia sobre você ao dormir. Se desejar mais pureza, chame Serapis Bey e a Mestra da Pureza. Se sente falta de sabedoria ou iluminação, chame Kuthumi.

Se você adquirir o hábito de chamar pela Presença do mestre, pedindo que ela recaia sobre você ao dormir, logo perceberá que acordará com *insights* e ideias que são inestimáveis. Usando essa distribuição diligentemente, você pode diminuir os anos necessários para se tornar um candidato para a ascensão. Os mestres podem ensinar sua alma mais facilmente enquanto o corpo está descansando e não está distraído com as muitas tarefas do seu cotidiano atarefado.

---

66. Mark L. Prophet e Elizabeth Clare Prophet, *My Soul Doth Magnify the Lord* (Livingston, Mont.: Summit University Press, 1986), p. 328-29.

Os mestres superiores são onipresentes

No caso de se sentir egoísta por chamar El Morya, Serapis Bey, Lanello ou Jesus, com medo de incomodá-los quando podem ter algum trabalho cósmico mais importante a fazer, você deveria saber que, desde que eles estejam com Deus, são onipresentes.

Milhares de pessoas pelo mundo todo podem chamar Jesus e ele consegue mandar sua Presença Eletrônica para cada um deles e, ainda assim, manter sua unidade com o Pai. Pode chamar a Presença Eletrônica de Lanello para que ela recaia sobre você sem distraí-lo de modo algum de seu próprio serviço para com a luz.

Um entendimento cuidadoso da Presença Eletrônica de um mestre é vital para um iniciado no Caminho. Lembre-se, é uma duplicata da Presença EU SOU do mestre. Perceba que um ser superior poder estar em qualquer lugar onde seja necessário a qualquer momento.

Você pode chamar Jesus, eu posso chamá-lo, uma pessoa na África pode também chamá-lo e ele pode responder a cada um de nós. Ele pode projetar sua Presença em milhares ou milhões de vezes para cada um que necessita dele e ainda continuar seu trabalho.

Portanto, não sinta que está atrapalhando os mestres por chamá-los para estar com você. Na verdade, eles esperam que você os chame com frequência para que possam ajudá-lo. Mãe Maria nos disse: "Se você pudesse perceber como é pequena a distância que nos separa! Se você pudesse ficar nas pontas dos pés, quase se encostaria ao reino dos mestres superiores!".

Gostaria de contar a vocês sobre uma distribuição que Lanello nos ofereceu. Ele nos concedeu sua Presença Eletrônica durante o dia para que agora nós possamos viver vinte e quatro horas por dia com sua Presença sobre nós. Assim, podemos chamar pela Presença de um mestre quando vamos dormir à noite e podemos chamar Lanello para conversar conosco durante o dia. Podemos escolher viver na aura de um mestre superior constantemente.

Aqueles de nós que conheceram Mark Prophet quando ele estava neste plano sabem que seu amor por todos nós é agora ainda maior do que quando estava sobrecarregado por seu corpo. Ele está completamente como Mestre Superior Lanello, e pode estar conosco sempre que o chamarmos.

Ele disse: "Estou tão próximo quanto o ar que vocês respiram, e não há lugar aonde possa ir que eu não possa, pois eu tenho uma Projeção Eletrônica de mim mesmo para cada um de vocês que me receber. E assim, nós dois andaremos de mãos dadas a qualquer hora do dia ou da noite, quando você estender a mão para mim, eu a segurarei".

Quando as coisas ficarem complicadas, se você disser: "Amada Presença EU SOU, amado Lanello, ajude-me!".

É o suficiente. É tudo que ele pede – apenas um rápido: "Lanello, ajude-me. Lanello, por favor, venha".

Lanello vai se responsabilizar por você

Ele também nos disse:

– Eu digo que vocês são todos candidatos para a ascensão se assim escolherem ser. E se escolherem que será esta noite e nas próximas semanas, então, eu me responsabilizarei por vocês e os direcionarei à Mãe da Chama para que se responsabilize também.

Isso significa que Lanello coloca-se na frente de Serapis Bey e do Lorde do Carma e diz:

– Serei responsável por esse fluxo de vida caso ele não tenha capacidade ou carma equilibrado o suficiente para garantir que seja um candidato à ascensão e para que receba os ensinamentos dos mestres superiores.

Ele comprometerá parte de sua luz, como um avalista, caso você não tenha propriedades para saldar uma dívida com o banco. Mas também, como acontece quando você assina um bilhete para alguém, ele tem que dizer:

– Se essa pessoa desistir, eu darei parte da minha capacidade para compensar.

Você consegue imaginar a profundidade do amor que um mestre superior tem que sentir para fazer uma oferta dessas?

Lanello gostava de brincar com o nome que tinha antes da ascensão – Mark Prophet. Ele dizia:

– Como Jesus escreveu: "Aquele que recebe um Profeta em nome de um Profeta deve receber a recompensa de um Profeta"[67]. Minha recompensa é a ascensão! Minha recompensa é a luz!

– E se você me receber como um profeta de sua ascensão, então, pode ter minha Presença Eletrônica andando ao seu lado, eu usarei minha capa azul e eles dirão: "Olhe esses irmãos gêmeos andando pela rua". Pois você se parecerá comigo e eu me parecerei com você, e quem dirá quem já ascendeu e quem

67. Mateus 10:41.

ainda não? Eles não tiveram um pouco de dificuldade diferenciando Jesus e seus discípulos?

– Então, eles não saberão quem é quem. E eu me atrevo a dizer que, quando as forças negativas movem suas peças no tabuleiro da vida para atacar seu fluxo de vida, podem muito bem atirar aquelas flechas de sorte horrenda em mim! E então, eles terão a recompensa por atacar um mestre superior! O que você acha disso?

Deus abençoe nosso Lanello! Ele realmente nos ama!

Uma palavrinha sobre a capa azul de Lanello, essa que ele nos ofereceu para usar conforme andamos pela rua com ele. Mark costumava usar uma bonita capa azul-safira sempre que recebia ditados de um mestre de raio azul. Quando ele pisava na plataforma usando sua capa azul, você podia sentir a luz azul crepitar e já sabia que haveria um ditado de El Morya, do Arcanjo Miguel ou do Grande Divino Diretor.

Se conseguirmos tornar um hábito viver vinte e quatro horas por dia dentro da aura de mestre superior, veremos que muitos de nossos problemas desaparecerão. Esta é uma das mais importantes chaves para nossa cristandade.

Se você desejar ampliar seus estudos antes de prosseguir para o Capítulo 16, encontrará exercícios na p. 247.

16

Compreendendo a Si Mesmo

Serapis Bey nos conta que convidou três mestres superiores psicólogos, Kuthumi, Lanto e Meru a participar da palestra. Mas, em primeiro lugar, existem algumas coisas que ele quer que saibamos sobre como aprendemos a compreender a nós mesmos.

Homem, conhece a ti mesmo como Deus

Alguma vez você já contemplou outro Eu além do seu? Ao seguir o estudo da psicologia divina, você pode encontrar o seu verdadeiro Eu. Porque embora pareça real, o mundo das aparências é um mundo de ilusões. Para alguns, até mesmo as idiossincrasias da personalidade humana parecem ser reais, quando na verdade só o Eu é real.

Precisamos primeiro compreender a nós mesmos, e só depois aprender a nos governar. No Gênesis, foi-nos dado o domínio "sobre toda a Terra"[68]. Assim, precisamos quebrar as correntes que nos prendem a situações de infelicidade e tensão, muitas vezes sem saber, criadas por nós mesmos, e assumir o domínio sobre nossas vidas para encontrar a Realidade que buscamos.

68. Gênesis 1:26.

A inscrição nos templos antigos do Oriente: "Homem, conhece a ti mesmo" queria dizer: "Homem, conhece a ti mesmo como Deus". Pois, quando conhecemos a nós mesmos como Deus, superamos nossa condição humana. Precisamos retomar o verdadeiro significado dessa inscrição para eliminar grande parte da insegurança e da baixa autoestima que prevalece hoje entre nós.

Da mesma forma, temos nos esquecido das palavras do salmista aos israelitas: "Vós sois deuses, e todos vós sois filhos do Altíssimo"[69]. Moisés aconselhou os filhos de Israel a "escolherem a vida"[70], não a morte. Escolher a ascensão à luz é escolher a vida eterna. É o nosso retorno vitorioso ao Pai, depois que superamos nossa natureza inferior.

Nós somos filhos e filhas de Deus

A resposta a muitas das perguntas desconcertantes que enfrentamos hoje está na nossa aceitação do fato de que somos filhos e filhas de Deus. Devemos acreditar, devemos nos alegrar e devemos aceitar o dom da ascensão que o Pai nos oferece. Porque podemos escolher entre permanecer enredados nas teias do nosso carma ou exercitar o direito que Deus nos deu de nos libertarmos destas vicissitudes. Só depende de nós.

Dominar o nosso eu inferior e direcionar nossas energias para nosso Eu Superior nos obriga a enfrentar provações ao longo do caminho. Na verdade, uma das provações mais difíceis pela qual temos que passar é compreender a nós mesmos – compreender quem somos, por que fazemos o que fazemos e qual o sentido da vida.

São Paulo disse: "Pois não faço o bem que quero; mas o mal que não quero, esse eu faço"[71]. E, às vezes, muitos de nós sentem-se exatamente como Paulo.

Esteja no mundo, mas não seja do mundo

Jesus queria que estivéssemos no mundo, mas que não fôssemos dele. Analisando isso, percebemos que todos nós tivemos vidas em que fomos yogis, santos ou sábios, que viveram vidas de contemplação em reclusão do mundo.

---

69. Salmos 82:6.
70. Deuteronômio 30:19.
71. Aos Romanos 7:19.

Mas nesta vida devemos demonstrar nossa capacidade nas ruas, no ambiente de trabalho, em casa, em todas as situações e problemas do cotidiano. Precisamos encontrar a saída dos nossos problemas e alcançar um reino mais elevado de felicidade divina e alegria enquanto ainda vivemos nas cidades terrenas. Muitas vezes cheguei a pensar que a batalha que lutamos hoje, esta batalha pessoal do Armagedom entre os altos e baixos da nossa natureza, entre nosso ego e nossa mente carnal, entre as forças da luz e as forças das trevas, é muito mais difícil hoje do que em qualquer outro momento na história.

Em outras vidas, lutamos fisicamente em batalhas em que podíamos ver o inimigo. Nosso inimigo estava na nossa frente. Podíamos vê-lo e podíamos carregar nosso mosquete e atirar nele. Podíamos fazer algo físico, palpável.

Agora não podemos mais. No entanto, talvez estejamos lutando mais nesta batalha do Armagedom do que na Revolução Americana ou na Revolução Francesa, ou em qualquer guerra ao longo da história. Mas não podemos ver o inimigo.

Estamos lutando contra feitiçaria, contra energias que emanam do nosso cinto eletrônico, da nossa mente carnal, do carma terreno, e não podemos ver nada. E não sabemos por que nos sentimos dessa forma. Certamente, seria mais fácil estar com George Washington na neve da batalha em Valley Forge!

Mas a batalha deve ser travada e vencida. Agora ela não é uma batalha física. É, acima de tudo, astral, mental e emocional – embora às vezes ainda possa ser bastante física, como vemos na Bósnia, em Kosovo, no Iraque e muitos outros países.

Entretanto, podemos lutar nesta batalha, e usando a ciência da Palavra falada como nossa munição. Devemos pegar nosso Livro de Decretos, usar alguns Decretos Dinâmicos e sanções e pedir ao Arcanjo Miguel e aos enviados do SENHOR para que entrem na briga e nos ajudem a derrotar estas forças invisíveis.

Todos no Céu estão ansiosos para vir em nosso auxílio. Mas, como dissemos antes, devemos invocar os anjos e os mestres e dar-lhes permissão para entrar no nosso mundo. Nossas orações, decretos, sanções, invocações – esses são nossas balas na atual batalha do Armagedom.

Calma, fique tranquilo!

Mãe Maria nos dá uma ideia excelente de como "assumir o domínio sobre a terra".

Ela diz:

– A voz suave, o sussurro gentil do Espírito Santo, é a única presença da força criadora da vida dentro de você. O apoio e o apego às vinhas da divindade irão lhe proporcionar maravilhas no mundo físico.

– E sempre que você estiver no meio da tempestade, assim como o amado Jesus estava no barco enquanto o mar rugia ao seu redor, lembre-se de que pode simplesmente dizer: "Calma, fique tranquilo, e saiba que EU SOU DEUS!" E poderá chamar sua Presença do EU SOU, todo o Espírito da Grande Fraternidade Branca ou um ser superior e dizer: "Poderosa Presença do EU SOU, assuma o comando dessa situação!" e tudo ficará bem. Então, volte sua atenção para Deus e prossiga em suas atividades diárias.

– Não pense que você deve enfrentar sozinho os obstáculos. As forças da luz, o poder dos enviados de Miguel e de todos os arcanjos estão prontos para ir em frente e lutar ao seu lado enquanto você continua a avançar em direção à linha de chegada do altíssimo chamado de Cristo Jesus[72].

– Prepare-se para situações problemáticas tendo sempre à mão alguns mantras como estes:

Calma, fique tranquilo e saiba que eu sou Deus.
Deus é minha vitória!
Amado Saint Germain, assuma o comando de toda essa situação, e eu não serei atingido!
Eu sou um ser de chama violeta!
Afastem-se, forças do antiamor!
Se Deus é por nós, quem será contra nós?[73]
Deus é Amor!
Presença do EU SOU, tu és mestre.
Presença do EU SOU, limpe o caminho!
Tudo posso em Cristo que me fortalece![74]

– Você deve perceber que, sempre que estiver no meio de uma luta, possui a capacidade de elevar-se imediatamente acima dela. Mas primeiro você precisa dizer o mantra para permitir que os mestres e anjos venham ao seu mundo.

72. Prophet, *My Soul Doth Magnify the Lord*, p. 322-23.
73. Romanos 8:31.
74. Filipenses 4:13.

O Meio Dourado

Vamos voltar ao caminho do Buda. Ele revelou o Meio Dourado, o Caminho do Meio, sem ascetismo, nem opulência, pois Gautama Buddha experimentou ambos em sua vida como Siddhartha.

Ele nasceu em um palácio. Seu pai era um governante que deu ao seu filho todo o luxo, e todas as atenções. Siddhartha foi poupado da pobreza, da doença, e de toda a tristeza do mundo. Ele tinha uma bela e jovem esposa e um filho pequeno. Levou uma vida de riqueza e prazer, e isso era tudo o que conhecia.

Um dia, conto caso você não se lembre da história, ele saiu sozinho e de repente viu um velho, um doente, um morto e um santo. E decidiu que a vida era mais do que aquilo que ele estava vivendo.

Então, deixou seu palácio e vagou por anos na floresta, unindo-se a grupos de monges e vivendo uma vida de grande abstinência. Praticamente não comia quase nada e quase morreu de fome; não tomava banho nem se permitia qualquer gratificação, pois era uma vida de renúncia completa.

De repente, percebeu que aquele não era o caminho para a iluminação. Através da meditação, compreendeu que o caminho para a realização era o meio-termo – o caminho do desapego. Dessa forma não se vincularia à pobreza ou à riqueza, à felicidade ou à infelicidade. Ele viu que o desejo nos traz infelicidade.

No entanto, sabia que devemos manter certa dose de desejo. Devemos nos tornar indivíduos realizados, se pretendemos progredir no Caminho. Devemos desejar nossa ascensão, mas dentro de limites razoáveis. O apego desordenado a qualquer coisa derrota nosso objetivo.

A busca fanática de qualquer desejo não é o método dos mestres superiores. Fomos feitos para viver no mundo. Fomos feitos para manter nosso corpo saudável e comer boa comida. Não fomos feitos para ser fanáticos por comida, para fazer dieta em excesso, nem para exercitar muito nossos corpos. Estamos destinados a ter o desapego de Buda, seu meio dourado, o Caminho do Meio.

Desprendimento

Desprendimento é outra das iniciações no caminho para a ascensão – um teste pelo qual muitos de nós temos dificuldade de passar. É algo que depende da nossa atitude, de como percebemos as coisas, como reagimos às coisas.

Lanto diz:

– A atitude é de suma importância, pois é como uma peneira através da qual os ingredientes da vida são colocados. A vida do indivíduo é filtrada pela sua atitude.

– Lembra-se do otimista e do pessimista? Um vê a rosca, o outro, o buraco. Um vê o copo meio cheio, o outro, meio vazio. Qual é a diferença? Atitude!

Alguns pais têm dificuldade em deixar os filhos crescer e viver suas próprias vidas, pois tentam viver indiretamente através de seus filhos. Muitos de nós saímos de casa porque nossas almas reconheceram que não poderiam permitir que outra pessoa controlasse nossas vidas. Esses pais precisam trabalhar com Buda no desprendimento ao fruto da ação.

Eles devem perceber que seu papel é dar a vida à criança, para treiná-la nos caminhos do amor e da justiça durante seus anos de formação. Mais tarde, seu papel mudará. Eles ainda devem orar por seus filhos adultos, mas é hora de amá-los e deixá-los ir.

Um professor em psicologia educacional uma vez disse:

– O principal objetivo de um pai é ensinar seu filho a ser independente e, em seguida, dar-lhe essa independência. Essa é a parte difícil: deixá-lo ir.

Cada um de nós deve ser livre para cometer seus próprios erros e aprender com eles. Lutar é tão importante quanto vencer. Se você tiver feito o melhor possível e as coisas derem errado, e estiverem fora de seu controle, não fique se condenando. Aceite que você pode estar passando pelo início do desprendimento ao fruto da ação. Vire-se para algo positivo. Ouça as palavras "Deus é minha vitória, vitória, vitória. Deus é minha vitória, vitória, vitória", ecoando ao som de seus passos enquanto você caminha ao longo do dia. Logo, à medida que for criando o hábito de aceitar alternativas positivas no seu mundo, você vai descobrir que não há espaço suficiente para o negativo e o positivo ao mesmo tempo. O positivo vai espantar o negativo, se você deixar.

Substitua os pensamentos negativos por pensamentos de vitória, que é o caminho diário para a ascensão. É importante que tenhamos o controle sobre nossos pensamentos e nossa vida. Ninguém mais pode fazer isso por nós. A ascensão é um processo contínuo de ser vigilante e diligente sobre tudo o que nos diz respeito.

Serapis Bey vê uma mão levantada no fundo da sala e pede perguntas e comentários.

Um aluno diz:

– Tive o privilégio de conhecer uma senhora que estava perto da sua ascensão. Tinha os olhos tão concentrados em Cristo que as pequenas irritações da vida cotidiana

simplesmente não a incomodavam. Mais de uma vez, eu a ouvi murmurar baixinho: "De que me serve isso? Eu o seguirei".

– Tinha levado a sério o ensinamento de Cristo: "O que é isso para ti? Segui-me"[75]*. Sempre que lhe acontecia algo que poderia abalar outras pessoas, ela apenas dizia essas palavras para ficar acima da situação. Estava concentrada em sua ascensão e as irritações da vida não eram importantes o suficiente para que perdesse tempo pensando nelas. Foi muito bom conhecê-la, e aprendi lições importantes com ela.*

– Obrigado – diz Serapis Bey. – Eu conheço essa alma e ela realmente fez sua ascensão. Todos nós podemos tirar lições importantes do seu exemplo.

O magnetismo familiar

O outro lado da moeda do apego dos pais a filhos adultos é a dependência de filhos adultos aos seus pais. Eles são tão apegados que se recusam a construir uma vida independente, seja por medo de enfrentar a vida ou por um jeito equivocado de amar seus pais.

Não me entenda mal. Você definitivamente tem uma dívida de gratidão para com seus pais que lhe deram a vida. A Bíblia nos diz para "Honrar pai e mãe"[76]. Precisamos rezar por nossos pais, visitá-los, amá-los, mas não devemos fazer que sejam uma desculpa para não vivermos nossas próprias vidas e cumprirmos nosso próprio plano divino.

Vai chegar o dia em que teremos de sair de casa e nos afastar de nossa família e de nossos amigos. Podemos ser aquarianos nesta vida, ser aprendizes de mestres superiores. Muitos dos nossos pais são piscianos. Encarnaram pela vontade de Jesus e prometeram ser fiéis a ele. Entre esta vida e a próxima, muitos serão ensinados nos retiros e retornar como aquarianos, prontos para trilhar o caminho para sua ascensão.

Serapis Bey olha em torno da classe e diz:

– Eu gostaria de dedicar um minuto para pedir a quem tenha algo a dizer sobre a tentativa de controlar crianças ou pais, que venha até a frente da sala e nos conte a sua experiência.

Uma mulher responde:

– Eu sou uma das afortunadas. Conheci Mark Prophet na encarnação física antes de ele se tornar o Mestre Superior Lanello. Aprendi a lição que você está descrevendo quando Mark Prophet foi, certa vez, à nossa casa.

---

75. João 21:22.
76. Êxodo 20:12.

– Meu pai tinha problemas no coração há muitos anos. Nós vivíamos em Denver, Colorado, em 1930, e seu médico disse que, se nós nos mudássemos para o litoral, ele provavelmente viveria mais seis meses, mas, se ficássemos em Denver, a uma altitude elevada, ele morreria em seis semanas. Então nos mudamos para Los Angeles e ele faleceu em 1968. Seus seis meses se estenderam para 38 anos!

– Ele era um homem muito devoto, um bom cristão, e eu tive uma educação ortodoxa. Nós sempre fomos à igreja fundamentalista, independentemente da denominação que tivesse, em qualquer lugar que vivêssemos. Meu pai era muito próximo de Jesus, então eu achei que, quando ele descobrisse os mestres superiores, ele me acompanharia.

– Passei muitas horas explicando-lhe os ensinamentos, mas, por causa de suas crenças fundamentalistas, ele não conseguia entender a reencarnação. Quando descobri que Mark Prophet viria para uma visita, aumentei o ritmo da explicação dos ensinamentos para meu pai porque eu tinha concluído que ele deveria estar pronto. Eu não via nenhuma razão para não aceitar os outros mestres, já que amava Jesus.

– Quando Mark chegou, eu disse: "Que tal fazermos uma comida diferente esta noite? Vou convidar meu pai e toda minha família e você explica os ensinamentos a eles". Eu tinha passado dois anos tentando explicar a reencarnação e achava que não tinha explicado direito alguma coisa. Mark concordou e detalhou todos os ensinamentos dos mestres superiores de forma básica e simples.

– Meu pai estivera recentemente no hospital, e eu sabia que ele tinha de ir para a cama por volta das onze horas da noite. Eu disse, "Agora você entende, papai". E ele respondeu: "Oh, sim, sem dúvida! Mas, Mark, quero lhe fazer mais uma pergunta antes de ir para casa. Minha filha disse que você era Marcos na Bíblia e esse é meu livro favorito. Mas como você poderia tê-lo escrito e ainda estar sentado aqui esta noite, no quintal da casa da minha filha?".

– Mark apenas colocou os braços em volta dele e disse: "Vá para a cama, meu querido. Deus lhe abençoe".

– Então, Mark me chamou de lado e me deu um sermão. Ele disse: "Jovem, deixe seu pai em paz. Ele é um homem muito bom e está muito perto de Jesus. Tem um carma excelente. Está seguindo o caminho que escolheu na encarnação. Ele jurou que defenderia a igreja de Jesus e é o que ele tem feito. O fato de ele não conhecer Saint Germain não o prejudicará de modo algum. Diga ao seu pai no momento certo que ele não irá para o inferno batista que tanto teme. Diga-lhe que Jesus está esperando por ele de braços abertos e tem um lugar para ele na nova era".

– Mark me pediu para dizer ao meu pai que tudo que teria de fazer na próxima vez que não estivesse se sentindo bem era dizer: "Pai, nas tuas mãos entrego o meu espírito"[77] e Jesus o levaria.

Cerca de seis semanas depois, ele estava no hospital novamente e eu disse: "Papai, quero lhe contar o que Mark me disse". Quando terminei, ele perguntou: "Você quer dizer que não vou para o inferno?", e eu respondi: "Não, você não vai para o inferno".

– No dia seguinte ele morreu.

– Estou lhes contando isso porque Mark queria que eu soubesse que existem pessoas idosas que não têm como missão nesta vida seguir Saint Germain. Meu pai esteve com Jesus até o último minuto. E assim, para muitos de vocês que estão preocupados com seus pais, lembrem-se, eles podem ser velhos piscianos e vão voltar novamente como novos pequenos aquarianos. Eles não precisam conhecer e aceitar a reencarnação nesta vida. Suas almas já conhecem.

Neste ponto, os três psicólogos, Kuthumi, Lanto e Meru, entraram na sala. Serapis Bey os cumprimentou e, em seguida, passou a explicar que o resto da aula seria uma discussão livre sobre vários aspectos da psicologia divina.

A energia não pode ser criada nem destruída

Primeiro, devemos dizer que nenhuma discussão sobre a psicologia divina seria completa sem uma explicação de energia. Temos obtido a energia pura e vibrante de Deus e a usado correta ou erroneamente. Se a utilizarmos de forma errada, ela continua conosco, tanto nesta quanto em outras vidas, embalada em nosso cinto eletrônico e em nossa mente, subconsciente e inconscientemente. Se estivermos no caminho certo para a ascensão, então estamos agora no processo de transmutação desta substância para sua pureza original.

No entanto, precisamos de ajuda. Se vamos apenas dizer: "Ó Deus, me ajude a fazer isso, pois eu não sei como fazer sozinho. Não sou forte o suficiente para fazer isso por conta própria, mas quero mudar meu mundo". Isso é um começo.

O Senhor Lanto nos disse como limpar o cinto eletrônico. Ele disse:

– Sob a superfície calma, repousa a consciência dos homens, em boa parte indesejável, e em boa parte representando a polarização da imperfeição em períodos recentes e distantes da história pessoal.

77. Lucas 23:46.

Para expulsar o inimigo interno, é necessário invocar o fogo sagrado. Quando isso é feito, a transmutação ocorre e as energias presas em matrizes de pensamento e sentimentos imperfeitos são liberadas.

Logo depois de terem sido retiradas do cinturão eletrônico e purificadas pela chama de Deus, essas energias sobem para o Corpo Causal do homem, que é o repositório de tudo de bom que já tenha sido exteriorizado pelo indivíduo.

Assim como o cinto eletrônico guarda os registros da infâmia humana, o Corpo Causal guarda o testemunho de toda a verdadeira criatividade. O Corpo Causal, então, é de ordem espiritual e universal, e o cinto eletrônico é de ordem natural e universal[78].

Lembremo-nos das palavras em Coríntios I: "Existem corpos celestes e corpos terrestres, mas a glória do corpo celeste é uma, e a glória do terrestre é outra"[79].

Mais uma vez, na discussão de Lanto sobre energia, ele nos diz:

– Campos de energia são magníficos quando devidamente qualificados, porque não apenas circundam o criador do campo de energia com sua própria vibração de felicidade, mas de acordo com a lei da atração eles também magnetizam vibrações de felicidade e alegria de muitas partes do mundo.

Reconhecemos que o inverso também é verdadeiro, e raramente as pessoas se dão conta de que, de tempos em tempos, são cercadas por entidades negativas, entidades de medo, de dúvida e de dor, que procuram invadir a aura, porque criam o clima adequado que atrai esses forasteiros com suas próprias atitudes[80].

Passemos agora à explicação de como evitar nosso mau uso de energia, pois, para escapar do inimigo externo, devemos conquistar o interno.

A purificação do subconsciente

Serapis Bey nos disse no *Dossiê sobre a Ascensão*:

– Eu lhes proponho, então, a identificação da necessidade de purificar a memória do seu corpo de todos os detalhes sórdidos que lá estão armazenados. Livrem-se de todo e qualquer padrão de negação, de todas as atividades que sejam claramente anti-Cristo que possam permanecer como obsessão dentro da

78. Prophet, *Understanding Yourself*, p. 16.
79. 1 Coríntios 15:40.
80. Prophet, *Understanding Yourself*, p. 61-62.

alma. Limpem-se de tudo que estiver na superfície da consciência que não seja a pureza da mediação de Cristo do seu Corpo Mental Superior, ou o próprio Santo Cristo[81].

Devemos lembrar que, para ascender, temos que entregar o nosso passado a Deus. Não podemos continuar a remoer sempre as mesmas velhas dores. Às vezes, achamos que fizemos algo terrível no passado, mesmo sem lembrar o que foi. E assim começamos toda a espiral de autocondenação mais uma vez.

Precisamos jogar isso tudo na chama violeta e dizer: "Bem, foi assim ontem, há um mês ou dez anos atrás. Não vai ser assim no futuro, pela graça de Deus!".

Lanto nos diz que podemos purificar e transmutar esses registros subconscientes sem fazê-los voltar à mente consciente. A mente subconsciente e inconsciente tem sido comparada a um enorme *iceberg*, e nossa mente consciente, a única parte que percebemos, é apenas a ponta deste grande *iceberg*.

O ego e a mente carnal

Meru disse que gostaria de introduzir o tema do ego. Ele agora nos diz:

– O ego é a base de todos os problemas do homem. (O ego também foi responsável pela queda de Lúcifer. Ele caiu por causa do orgulho.)

O que conhecemos como complexo de inferioridade ou superioridade gira inteiramente em torno do orgulho e da frustração do ego. Mas, apesar de as pessoas saberem disso, continuam a se deixar vitimizar pelas obstruções internas que criam.

A única saída é pela porta da realidade. Ela é a saída de emergência que nos foi fornecida para que a destrutividade criada pela negatividade do próprio homem possa ser transmutada e superada.

Enquanto os homens continuarem dominados pelo ego, não importa a que estudos religiosos se dediquem, não importa a devoção que manifestem temporariamente, não importa quantas boas ações façam, não importa o quanto se esforcem, eles nunca se livrarão da autoimagem ilusória que os persegue como um fantasma cruel de crise de identidade.

Na eternidade, todos nós nos daremos conta de que o não ser, o recalque, a personalidade são, e sempre foram, a armadilha do ego, e que o homem ou a

81. *Dossier on the Ascension*, p. 42.

mulher que padece desses males morrerá com eles. Não há possibilidade de tal carne e sangue herdarem a vida eterna[82].

Serapis Bey acrescenta suas palavras de sabedoria sobre o tema do ego:

– Olhemos, então, por aqueles que não permitem que seu ego seja ferido ou abalado por qualquer palavra, acusação ou injustiça. Lembrem-se bem das minhas palavras, para que possamos falar sobre os pontos da lei que estão pendentes e que devem ser conhecidos se vocês realmente pretendem acelerar seu trajeto.

Não reaja aos outros

Se você é transparente, se está constantemente sendo magoado, você tem um problema de ego e é melhor começar a resolvê-lo. Você não pode levar seu orgulho para a chama da ascensão. E se você está constantemente dizendo que fulano tem o ego inflado, olhe para o seu próprio ego para ter certeza de que não está vendo seu próprio reflexo no outro.

As pessoas insistem em aperfeiçoar o Eu humano de todas as maneiras. Nunca irão conseguir. Melhor substituir completamente o ser humano pelo Divino, porque você nunca poderá aperfeiçoar o Eu humano.

A necessidade de chamar a atenção para si mesmo parece tão importante. Nós sabemos que uma criança desobediente recebe mais atenção da mãe do que uma criança comportada. E assim, em detrimento próprio, adquirimos ao longo da vida o hábito de tentar chamar a atenção.

Paulo disse: "Eu morro diariamente"[83]. O homem deve morrer diariamente para o seu eu finito e egoísta. O homem deve também viver diariamente para a glória de seu Eu eterno. Temos ouvido frequentemente: "O homem não pode ver Deus e viver como homem". Quando você vê Deus, quando se depara com sua Divina Presença, você se transforma.

Se quisermos progredir no caminho, temos de aprender a evitar reagir desproporcionalmente aos outros e às nossas próprias memórias armazenadas que vêm do nosso cinto eletrônico. Porque Serapis Bey nos diz: "O que você rejeita no outro pode muito bem ser a polarização da pior culpa que você carrega".

É quase como se a vida fosse um espelho – nós nos espelhamos nas falhas dos outros que também estão enterradas dentro de nós. Podemos não reconhecer

82. Prophet, *Understanding Yourself*, p. 55-56.
83. 1 Coríntios 15:31.

conscientemente que elas são os nossos defeitos, pois podem parecer ligeiramente diferentes em outra pessoa, mas a razão pela qual rejeitamos isso tão tenazmente nessa pessoa é reconhecermos em algum nível a polarização de nossas próprias falhas. E não gostamos disso!

Lembra-se de que dissemos que os devotos que chegam a Luxor são separados em grupos de cinco ou mais para realizar projetos com outros iniciados cujos padrões cármicos promovem atrito máximo entre os fluxos de vida? Cada grupo deve permanecer junto até que se torne harmonioso, aprendendo que aqueles traços de caráter indesejáveis em outros são a polaridade de suas próprias falhas, e que aquilo que se critica no outro é provavelmente raiz da nossa própria miséria.

Podem estar certos, também, de que hoje nos encontramos em situações semelhantes às de nossas vidas com pessoas que possam promover maior desafio cármico. Talvez isso explique nossas divergências com nosso cônjuge, nosso pai ou mãe, irmãs ou irmãos, ou parceiros de negócios.

A vida nos oferece excelentes oportunidades de superar situações em que os indivíduos ou as condições não nos agradam, pois não podemos simplesmente nos levantar e ir embora. Precisamos permanecer, enfrentar e vencer nosso próprio retorno cármico não reagindo aos outros, mesmo quando nos recusamos a deixar que nossa própria energia negativa nos domine.

Se permitirmos isso, nossa própria autoexplicação pode também tornar-se uma armadilha.

Autoexplicação e autodefesa

Sabemos agora que temos um contador cósmico no céu que sabe quando fazemos algo certo ou errado. Não precisamos do julgamento que vem do mundo dos homens. Muitas vezes, se estamos sofrendo de complexo de inferioridade ou de falta de autoestima, sentimos necessidade de nos desculpar ou de justificar todas as nossas ações, caso contrário as pessoas iriam nos condenar ou nos compreender mal.

Kuthumi gostaria de nos contar sobre uma iniciação que costumava fazer com seus irmãos franciscanos, quando era São Francisco. Estava preocupado com a energia que os irmãos desperdiçavam em autodefesa – defendendo-se contra aqueles que não respeitavam seu modo de vida. Ele queria que se concentrassem em ajudar os necessitados. Então lhes disse:

– Veja bem: as espirais que os homens criaram em torno do ego são, de fato, uma coisa vã e terrível. E se os homens quisessem, poderiam se libertar delas hoje. Lembre-se de que você possui mecanismos de defesa, e que todos eles estão dentro de você, e tentam lhe proteger. Você vai me entregar essas espirais de energia para que eu possa dá-las a Deus? Então entenda que, ao me entregar, você nunca deverá voltar a tocá-las. Se fizer isso, é provável que a energia das molas em espiral de todos neste grupo volte para você individualmente. Agora permita que Deus seja sua defesa.

– Não quero dizer com isso que você ficará desprotegido, ou que não terá como se defender. Quero dizer que você terá uma proteção diferente; uma proteção de realidade invencível. Você deve confiar sua defesa a Deus.

E se você resolver enfrentar as adversidades, como Thomas More fez antes do tribunal, sua força será como a de dez porque seu coração é puro e não deseja mal a ninguém.

Se, depois disso tudo, você tiver que me dar suas defesas, vou recolhê-las de todos aqueles que fizerem o mesmo, e oferecê-las ao Universo, rezando a Deus para que sua luz extermine a energia de autoproteção.

Você sabia que esse é o dom de Cristo que a Cristandade omitiu por todos esses anos? Alguns irmãos sempre foram capazes de manifestar isso e mantiveram esse voto dentro de si sem nunca contar a ninguém. Assim, foi guardado em segredo até agora, e escolhi lhes revelar isso hoje.

Humores

Já falamos em humores antes, mas Lanto sugere que precisamos voltar a esse tópico. Ele diz:

– A oscilação dos humores humanos é uma força predominante que faz com que a felicidade e as esperanças dos homens fiquem temporariamente gravadas nas rochas. Portanto, para entender e controlar os humores que dominam a consciência é preciso entender e dominar o eu de uma forma mais eficaz.

Primeiro, deixe-nos provar a você que a Terra é regida pelas mesmas leis que regem a Lua. A força lunar que age sobre as marés também afeta o corpo sensorial de homens e mulheres, distorcendo temporariamente sua natureza emocional. Um dos problemas das influências lunares é a tendência das pessoas a se identificarem com seu humor.

O aluno da luz deve se desvincular do mundo dos humores. Ele deve aprender que, ao sintonizar sua consciência à natureza divina, pode reverter a maré dos seus humores humanos e se tornar mestre, em vez de escravo, de seus próprios sentimentos.

As pessoas que se identificam com seus humores mergulham de cabeça no sentido subjetivo do seu problema, perdendo toda a perspectiva nos assuntos em que se envolvem emocionalmente. Nós, portanto, defendemos o cultivo de um senso deliberado de distanciamento do eu, principalmente durante aqueles períodos cruciais em que as pessoas se perguntam: "O que está influenciando meu mundo?".

Quando você conseguir identificar qualquer problema pelo que ele realmente é, como se estivesse acontecendo com outra pessoa, vai perceber que ele lhe afetará menos, e você será capaz de se sobrepor às oscilações de humor.

Em matéria de humor, então, sugerimos a todos os estudantes que seguem a felicidade de Deus que, sempre que forem invadidos por algum sentimento menor do que esse, procurem pela causa em seu próprio subconsciente e por alguma eventual centralização de sua atenção em ideias negativas que possam ter deixado que entrasse em seus mundos[84].

Lanto quer que entendamos que certos registros podem ter vindo à tona neste dia em particular por uma razão específica. Podemos elaborar registros de uma determinada vida sobre a qual, por misericórdia divina, não sabemos nada. Fomos advertidos pelos mestres a não tentar vasculhar nossas vidas passadas. Já é suficiente podermos elaborá-las impessoalmente através da chama violeta.

Quando esses sentimentos negativos caem sobre você, é hora de sair, olhar para as nuvens e dizer: "Ó Deus, és tão magnífico! Pai, te dou graças!". Buscar o lado religioso das coisas irá mudar completamente toda a sua consciência no mesmo instante. Nunca deixe aquele pássaro que pousou em sua cabeça fazer um ninho em seu cabelo.

Lembre-se do ensinamento do Grande Diretor Divino, de que toda a negatividade que você venha a estar sentindo pode não ser seu próprio carma. Pode ser as grades flutuantes e campos de força da massa consciente interferindo na sua aura. Isso, assim como as influências lunares do momento, pode fazer você entrar em um padrão de negatividade.

Lanto conclui:

– É bastante frequente que mesmo os alunos da luz pensem que podem se perdoar culpando suas oscilações de humor ou seus devaneios, simplesmente

---

84. Prophet, *Understanding Yourself*, p. 89-90, 62.

porque se acostumaram a agir assim. Na verdade, essa é uma indulgência perigosa, pois a tentativa de melhorar o humor pode se confundir com a criação de uma consciência espiritualmente receptiva. Além disso, o envolvimento prolongado da psique nas energias do humor diminui muito a habilidade de discernimento crístico[85].

Lanto ressalta que os alunos podem facilmente ser atraídos para o plano astral por drogas psicodélicas ou pela curiosidade sobre o reino psíquico. Pode demorar várias encarnações para que o aluno se cure dessas lágrimas em sua aura, causadas pelo declínio ao plano astral.

A remoção da tensão

Kuthumi gostaria de doutrinar a classe sobre a tensão. Ele quer que aprendamos formas de superar as condições estressantes da vida moderna e não deixar que elas se manifestem como tensão. Ele nos lembra da advertência de Jesus: "Esteja no mundo, mas não seja do mundo", pois devemos aprender a viver em um mundo de estresse e ainda assim termos sucesso, conseguindo nos realizar. Ele começa assim:

– A tensão desnecessária entre os indivíduos cria ansiedade, porque toda discórdia interfere na distribuição do fluxo de energia de luz que flui através do plexo solar. A remoção da tensão de uma consciência é o primeiro passo para uma integração saudável com a Presença Divina.

O fato de você ter tido problemas com algumas pessoas não significa que esses problemas devam continuar. A experiência deve ensinar a alma a relaxar e a libertar-se dos estados opressores da consciência.

Aqueles que servem à humanidade nos campos da medicina e da terapia quiroprática, especialmente aqueles que trabalham com os nervos, entendem que, quando grupos musculares estão em estado de tensão há um enorme nó de energia que mantém o corpo inteiro tenso. Eles sabem que a libertação da tensão nos músculos fornece mais energia para o corpo e para a mente.

Da mesma forma, aqueles que compreendem a mente do ser humano sabem que, quando a psique está presa emocionalmente a diversos problemas, isso pode causar uma divisão na personalidade.

85. Ibid., p. 94-95.

O aumento da tensão mental e emocional cria um acúmulo de forças que se atraem e se repelem, dividindo o eu. Aqueles que tratam a mente ou a natureza emocional do homem sabem muito bem que quando ocorre uma queda nos níveis de energia, provocando fadiga, há uma tendência muito maior para transtornos mentais.

O que o homem deve fazer, então, é aprender a se libertar das tensões, física, mental e emocionalmente. Ele deve aprender a usar toda a energia que Deus lhe deu, sendo que algumas estão em estado de repouso e outras, em movimento.

Ele deve aprender a evitar o desperdício da energia que é sua responsabilidade. Deve aprender a requalificar a energia desqualificada. Isso vai lhe dar um quociente maior de energia que pode ser usado no desenvolvimento da verdadeira consciência da alma. O propósito da vida é o homem conseguir dominar primeiro a si mesmo para poder dominar o universo[86].

Um aluno levanta a mão e diz:

– Esse é um excelente ensinamento e tenho certeza de que todos nós concordamos com ele. Mas como podemos aliviar a tensão quando estamos atravessando problemas muito sérios?

Kuthumi nos lembra de que precisamos ter mantras curtos sempre à mão, prontos para uso imediato quando sentirmos a tensão começando a se formar. Por exemplo, podemos dizer: "Paz, aquieta-te, e saiba que EU SOU Deus". Saia para uma caminhada. Cante uma canção alegre. Acredite que Deus tem uma solução. Peça a Ele para ajudá-lo.

Como lidar com a tensão e viver generosamente

Dominar a tensão requer força de vontade. Se a sua vontade, sua pluma azul, tornou-se inativa ou enfraquecida pelo abuso de drogas, chame Jesus, Mãe Maria e os anjos de cura para reparar e curar seus chacras. Esses anjos, se você os chamar, irão executar uma ação em seus corpos de modo sutil como se consertassem seus chacras remendando-os com fios finos de luz. Então você deve "ir e não pecar mais"[87], pois o uso contínuo de drogas irá abrir os chacras novamente.

Você pode estar tenso por não dormir o suficiente à noite, o que permitiria que sua alma ascendesse aos reinos de luz e lá frequentasse as escolas dos mestres ascensos.

86. Ibid., p. 6, 47-48.
87. João 8:11.

Dieta adequada, exercício, períodos curtos e ocasionais de jejum ajudam a construir um corpo forte que pode resistir às tempestades da vida moderna. Finalmente, fique em harmonia, pois, quanto mais você conseguir ensinar a si mesmo como permanecer calmo e feliz, mais cedo verá a tensão desaparecer da sua vida.

O egoísmo

O egoísmo é outra das nossas maiores provações no caminho para a ascensão, e uma armadilha na qual podemos cair muito facilmente. O egoísmo é algo que pensamos que conhecemos, mas ele pode vir muitas vezes em formas que não reconhecemos.

Elizabeth Clare Prophet disse que a angústia, a falta de capacidade de entrega, a suscetibilidade aos humores, tensão, ansiedade e outras vibrações que contaminam a aura, até mesmo fadiga extrema e exaustão, podem ser causadas pelo egoísmo.

Sempre que somos autocomplacentes, vitimizamo-nos ou aceitamos a solidão como nosso destino, estamos sendo egoístas. Se quisermos ser um cálice útil para a obra de Deus, devemos estar em paz e felizes, dedicando tempo adequado para relaxamento e entretenimento.

Não cuidar de nós mesmos pode ser uma forma de egoísmo. Algumas pessoas dizem que irão trabalhar até cair. E elas têm feito isso! Essa não é a solução. Somos responsáveis pelo bem-estar dos nossos corpos. Bilhões de almas desencarnadas neste momento dariam tudo para ter um corpo como nós.

Em vez de nos vitimizar e trabalhar incessantemente, precisamos de um bom descanso a cada noite – seis, sete, oito horas ou mais de sono, seja qual for o tempo que nosso corpo precisa. Se nos permitirmos o tempo adequado de descanso e lazer, seremos cálices muito melhores para os mestres do que quando estamos constantemente à beira da exaustão, porque isso também pode ser uma forma de egoísmo.

Se nos colocarmos a serviço dos mestres, podemos até estar cansados, mas iremos cair na cama à noite e adormecer imediatamente em vez de nos preocupar se conseguiremos dormir. Não só vamos encontrar alegria como também a saída de muitos dos nossos problemas, incluindo a insônia.

Já discutimos como alguns pais tentam controlar a vida de seus filhos adultos, muitas vezes desconhecendo o egoísmo que leva as pessoas a tentar controlar a vida alheia, de forma indesejável e injusta.

O luto excessivo também pode ser outra forma de egoísmo. O período normal de luto após a perda de um ente querido não é apenas esperado: é recomendado para a nossa saúde mental e emocional. No entanto, o luto prolongado e descontrolado é outra história.

Algumas pessoas sofrem por anos e anos a partida de um ente querido. Se o fizerem, estarão, na verdade, vinculando à Terra aquele que partiu. Ao deixar que seus entes queridos sigam em paz, estarão, na verdade, libertando-os.

Se acreditamos na vida após a morte e na imortalidade da alma, precisamos reconhecer que a dor é muito egoísta e que ao continuar nela estaremos prendendo ao passado aquele que partiu. Na verdade, essa parte da nossa vida agora acabou.

Temos que aceitar que um período da nossa vida chegou ao fim – uma porta se fechou. Muitas vezes, Deus vai fechar uma porta antes de abrir outra. Portanto, devemos liberar essa alma, abençoá-la e deixar que siga seu caminho para serviços mais elevados ou para se preparar para sua próxima encarnação. Ele pode precisar tanto de um período de descanso após a transição quanto de mais estudos com os mestres em seus retiros etéricos.

A coisa mais amorosa que podemos fazer por aqueles que já passaram é pedir aos anjos para que acompanhem suas almas até os templos de luz. Então, devemos continuar nosso trabalho aqui na terra. Esse é o curso normal da vida e, se nós a adiarmos, atrasaremos não só o progresso da outra alma como também a nossa.

Temos a promessa de Jesus para nos confortar: "Não se turve o vosso coração. Crede em Deus, crede também em mim. Na casa de meu pai há muitas moradas: se assim não fora, eu vo-lo teria dito, pois vou preparar-vos lugar. E quando eu for e vos preparar um lugar, voltarei e vos levarei comigo, para que onde eu esteja, estejais vós também. E para onde vou, conheceis o caminho"[88].

A solidão também pode ser uma manifestação de egoísmo. Em vez de continuar sozinho, você pode doar a si mesmo e os seus talentos a outros que também podem estar solitários. E de repente você descobrirá que está feliz de novo. Se não sabe por onde começar, considere as muitas organizações de caridade que estão praticamente implorando por sua ajuda. Você pode ser acompanhante em asilos, ser um irmão ou irmã mais velho para uma criança abandonada, visitar casas de repouso ou ler para pacientes em hospitais.

---

88. João 14:1-4.

Podemos ajudar de muitas maneiras outras pessoas que precisam de amor. Se abrirmos nossos corações às necessidades dos outros, logo estaremos tão ocupados que não teremos tempo para nos sentir tristes.

Ansiedade

A ansiedade é o estado ao qual chegamos quando nos preocupamos com situações sobre as quais não podemos fazer nada. Também podemos ficar ansiosos se nos atormentarmos com uma situação em vez de tomar uma atitude. A ansiedade parece ser uma das coisas mais difíceis de superar. As pessoas que dizem ter uma ansiedade tão grande a ponto de quase paralisá-las deveriam parar e perguntar a si mesmas: "Por que estou me preocupando? Do que tenho medo? Não confio em Deus?".

A ansiedade é uma falta de fé. Se você realmente confia em Deus, se entregou sua vida a ele e sabe que ele vai cuidar de você, então não há absolutamente nada para se preocupar ou para ficar ansioso.

Saint Germain nos diz que "a ansiedade é a maior barreira à precipitação". Ela impede que coisas boas aconteçam. A ansiedade cria uma espiral que continua e cresce infinitamente – quanto mais nos preocupamos, mais problemas criamos.

Deixe para lá. Basta entregar nas mãos de Deus, sabendo que Ele resolverá tudo na hora certa. Uma das melhores maneiras de controlar sua mente e parar de se preocupar é recitar o salmo 23: "O Senhor é meu pastor, e nada me faltará". Memorize-o. Repita-o quantas vezes forem necessárias até que você realmente acredite nas palavras desse salmo como o próprio David acreditava.

Salmo 23

O Senhor é meu pastor, nada me faltará.
Em verdes pastagens me faz repousar; e para fontes tranquilas me conduz.
E restaura as minhas forças. Ele me guia por bons caminhos, por causa do Seu nome.
Ainda que eu ande pelo vale da sombra da morte, não temerei mal algum, porque Tu estás comigo; o Teu bastão e Teu cajado me consolam.
Diante de mim preparas a mesa, à frente dos meus inimigos: unge a minha cabeça com óleo; o meu cálice transborda.

Certamente a bondade e a misericórdia me seguirão todos os dias de minha vida: e habitarei na casa do Senhor para sempre.

Quando você pensar nas coisas desnecessárias que fazem que você se preocupe e desperdice sua energia, lembre-se, não se preocupe com o que você não pode mudar! Se você está no meio de um engarrafamento e atrasado para uma consulta com o dentista, não há nada que você possa fazer sobre isso. Relaxe, ouça um pouco de música no rádio, ofereça alguns atos de chama violeta e peça a Deus para que tome as rédeas da situação. Você só deve se responsabilizar pela situação quando puder mudá-la.

Saint Germain se junta ao grupo

Neste ponto, Saint Germain entra na sala, dizendo que quer nos contar uma forma de alquimia divina que pode resolver nosso problema de ansiedade. Ele diz:

– Por mais estranho que possa parecer, as manifestações mais negativas decorrem da ansiedade. A ansiedade é a grande vilã da nossa vida. Ela distorce as perspectivas, sem trazer absolutamente nenhum benefício.

A ansiedade é a causa da tendência das pessoas a acumular bens neste mundo. Como esquilos frenéticos que estocam suas reservas de nozes para o inverno. Elas acumulam um suprimento excessivo de todos os itens imagináveis, e privam-se da felicidade com suas preocupações e seus preparativos injustificados e desnecessários para qualquer eventualidade.

A ansiedade é um sintoma de insegurança. Ela deriva de uma imagem distorcida que o homem tem de si mesmo e da sua falta de perspectiva. Muitas pessoas se sentem insatisfeitas, mal-amadas, não desejadas, ou não têm certeza do que deveriam estar fazendo com suas vidas.

Essas incertezas somadas a condições adversas são facilmente transformadas em estados mentais e emocionais de depressão beirando a extrema autodepreciação. As experiências difíceis que muitos tiveram na infância e nos anos posteriores a ela, criando estresse e tensões e produzindo o fruto da amargura, têm impedido que desenvolvam o espírito apurado que lhes permitiria lidar melhor com suas ansiedades.

Eu os encorajo a seguir sua determinação divina e a limpar suas consciências. A ansiedade deve ir embora! Ela deve ser substituída pela fé e pela confiança solene na execução do plano divino.

Você nasceu para vencer, e digo isso para combater a mentira de que o homem "nasceu para perder". E se você disser: "EU nasci para vencer!" com fé, sua declaração irá superar o desejo pelo fracasso, e o peso mortal do pecado, caso tenha existido algum.

Vocês devem entender que a ansiedade precisa ser eliminada e determinar conscientemente que assim seja. Se tentarem, vocês conseguirão – TENTEM![89].

O desejo pelo fracasso

O fato de termos que dominar o desejo por meio do fracasso pode parecer surpreendente para nós.

Você tem o hábito de dizer para si mesmo: "Eu nunca consigo fazer nada direito, então, por que tentar?", ou "Não adianta nem tentar porque sou muito velho, muito jovem, muito mal preparado, muito *qualquer coisa*"? Se você pensa dessa maneira, pode ser que tenha o desejo pelo fracasso. E se continuar dando desculpas para si mesmo, um dia vai achar que falhou. Seus pensamentos negativos farão que isso aconteça.

Cada vitória é uma vitória do amor, e a ausência de amor é o que define cada falha. Nós nunca somos testados para o que não fomos preparados. Nossa preparação reside na chama do nosso coração – a chama que possuímos triplicada na câmara secreta do nosso coração.

Quando um aluno se vê diante de um teste, frequentemente mistura todos os ingredientes do seu subconsciente – seu questionamento humano, suas dúvidas, seus medos, sua inteligência e seu treinamento acadêmico – e os utiliza em vez de seguir seu coração e sua chama triplicada. Dessa forma, poderá vir a falhar em testes de menor ou maior complexidade, e até mesmo abandonar completamente o Caminho.

Quando olhamos para o mundo e para as pessoas no mundo, entendemos por que falhamos. Somos ensinados a lidar com o nosso intelecto, nossas emoções, nosso subconsciente e inconsciente – todas essas coisas que são os deuses da mente humana. E assim abordamos um problema apenas com esses ingredientes.

Eles não são adequados para o teste, e as pessoas fracassam uma vez depois da outra em suas iniciações no Caminho em que precisam substituir o sucesso mundano e o desenvolvimento do ego pelo amor – o amor de Deus ou o amor por um ideal.

---

89. *Saint Germain on Alchemy*, p. 218-219, 222, 224-25.

Um fator que pode levar uma pessoa a desejar o fracasso é o medo – medo do fracasso, medo de tentar porque pode falhar. Se você é um daqueles que se sente atormentado pelo medo, lembre-se de que "o amor perfeito lança fora o medo"[90]. Devemos nos sentar e descobrir do que estamos com medo. Que coisa terrível vai acontecer? Podemos até mesmo ter dificuldade em colocar no papel, mas, se pudermos, então devemos anotá-la, queimá-la em uma petição ao Quadro Cármico e esquecê-la. Aceitar que o amor de Deus pode entrar em seu coração e substituir seu medo e seu desejo pelo fracasso.

Seja como uma criancinha

Kuthumi sugere que a melhor maneira de superar tudo isso é deixar que as palavras de Jesus entrem em seu coração: "Quem não receber o reino de Deus como uma criancinha, não entrará nele"[91]. Manifestar a consciência infantil é desenvolver a suprema consciência de Cristo que irá prevalecer sobre a Terra.

E como esse é um assunto que Serapis Bey domina, ele retoma o tema:

– Os atributos do reino são tão simples e infantis que o homem não os percebe e, assim, acaba passando direto por eles. As bênçãos de Deus estão por toda parte ao longo da vida. A vida é plena de nuances maravilhosas de felicidade que o próprio Supremo poderia desfrutar. No entanto, o poder de percepção e a sensibilidade de perceber a própria vida parecem estar em falta nos homens.

"Tendo olhos para ver, não veem; tendo ouvidos para ouvir, não ouvem"[92]. Eles não sentem nem tocam a realidade de Deus. Uma das maiores bênçãos que um indivíduo encarnado pode alcançar é o despertar do sentido divino e o deslumbramento infantil que muitos manifestaram no início de suas vidas[93].

O primeiro passo é se tornar uma criancinha. Você deve se tornar uma criança inocente antes de amadurecer e se tornar um homem cristão ou mulher cristã. Quando você é um bebê, possui total confiança, fé, esperança e caridade. Seu coração não está sobrecarregado, nem você está sobrecarregado a ponto de se tornar um cínico no mundo. Você é calmo e sereno, com a absoluta convicção de que sua vida está em Deus, e que Deus está cuidando de você.

90. 1 João 4:18.
91. Marcos 10:15.
92. Ezequiel 12:2.
93. *Dossier on the Ascension*, p. 79.

A principal vantagem em se transformar nesse bebê é poder compreender a condição de desamparo. Quando você está totalmente indefeso, deixa que Deus trabalhe dentro de você. Você pode realmente falar como uma criança de Cristo: "Eu não posso fazer nada por mim mesmo, é o Pai que, permanecendo em mim, realiza suas obras"[94]. Você está em paz e a vida é sua para vencer, porque você é Deus em manifestação.

Agora você está pronto para deixar que o bebê se torne criança. Agora a sua habitação é o cosmos, um mundo cheio de luz e também com sombras e escuridão. A criancinha, na inocência, começa a aprender os caminhos do mundo, uma pequena queda, lágrimas e demandas que não podem ser cumpridas, assim você aprende a suprir suas próprias necessidades.

– Se você mantiver a inocência infantil, vai se tornar a criancinha que leva todos os aspectos da criação ao conhecimento de Cristo. A criança pequena é o líder da Era de Aquário. Você não deve apenas se tornar a criancinha, mas deve continuar a ser criança. Melhor ser ferido de novo, e de novo, do que ter o cinismo dos existencialistas.

Como El Morya disse: "O resultado de se tornar uma criancinha é o renascimento, 'nascer de novo' na consciência do reino dos céus".

Uma Criança Pequena
Por Jesus Cristo

A criança deve levá-los
O olho tão doce e suave
A criança deve alimentá-los
Onde está a criancinha?

Bem dentro de você, homem de ouro!
Sua imagem flamejante brilha
Expandindo-se agora como filho do homem
Lampejos meteóricos!

A forma como sabeis, o caminho a percorrer
Revela em lampejos repentinos

94. João 5:30, 14:10.

Que para viver é preciso perdoar
Homem para confrontos fervorosos!

O brilho da vitória vai enviar um fluxo
Renovar parte de cada homem
Os mortos subirão até os céus
E viverão no mais puro pensamento!

Esta vida é real e não irá roubar
A verdade que eu trouxe
Minha Palavra agora prevalecerá oculta
Na alma que Deus lapidou

Esta criança
Tão doce e suave
É o homem a quem Deus ensinou!

Se você quiser ampliar seus estudos antes de prosseguir para o Capítulo 17, encontrará alguns exercícios na p. 248.

17

Amor: A Iniciação de Aquário

Enquanto Serapis Bey se posiciona no púlpito para começar os ensinamentos de hoje, diz:

– Tenho que explicar algo a vocês antes de começar minha palestra sobre o amor. Alguns de vocês podem ter uma ideia não realista do verdadeiro significado da palavra amor.

A contemplação desse assunto pode frequentemente trazer à mente imagens de êxtase e prazeres sem-fins. E isso pode ser verdade se você estiver meditando sobre amor divino. Mas, com frequência, estudantes ficam propensos a sonhar com uma sensação de amor grudenta, sentimental, que inclui enorme senso de egoísmo e está a serviço apenas da satisfação de desejos pessoais.

O amor verdadeiro é uma qualidade divina que pode até mesmo ser severo em suas demandas ao iniciado algumas vezes. Para experimentar o amor divino, vocês têm que ampliar seu horizonte para incluir as necessidades do mundo e daqueles que são seus semelhantes.

Há tantos substitutos para amor sobre a Terra que é difícil alguém achar uma ponta de amor superpuro entre mil pessoas escolhidas a esmo aqui ou ali! Os homens estão habituados a aceitar um substituto para amor puro.

Esta noite, darei duas provas de amor que vocês podem nunca ter considerado: primeira, dar amor intenso para os puros de coração sem esperar reconhecimento ou agradecimento; e a segunda, pedir a Deus para intensificar seu amor por você como reprimenda. Você já pensou que reprimenda é amor, muito embora possa ser bastante desconfortável?

Eu peço que tenham a mente aberta durante a palestra desta noite e que depois meditem sobre o divino e verdadeiro amor, o amor de Deus, dos mestres, dos anjos e dos elementais. Pelas próximas várias semanas quando forem dormir à noite, chamem a Presença Eletrônica dos mestres que servem o raio do amor para recair sobre você e ensiná-lo o que amor realmente é.

– E agora, comecemos.

O caminho do amor

Serapis Bey continua:

– O caminho da ascensão é o caminho do amor. É o amor e o sonho do amor realizado. A disciplina para as iniciações da ascensão a uma consciência maior só pode nascer do amor, pelo coração e pela alma tão repletos de amor a Deus, o Grande Guru, que resistirá até o fim dos ciclos de consciência humana.

O caminho é reto e estreito, como já se sabe. A escalada é por alturas rigorosas, subindo penhascos pontiagudos, sobre precipícios e abismos em direção à estrada maior, das montanhas do Himalaia. Almas são chamadas e impulsionadas por amor, o amor dos montanhistas, o amor de Eloim, que apoiou seu foco nas alturas das montanhas da Terra.

Amor é apenas a chave para vencer. Para Deus tudo é amor. E onde egoísmo pairar haverá comprometimento, haverá aquele momento de hesitação e a batalha estará perdida, o momento de indecisão quando a ociosidade da energia cria um vão na espiral, no fluxo e no movimento de Deus.

Portanto, na hora da decisão, no momento em que a pergunta sobre estar ou não no caminho da iniciação surgir no questionamento humano, nós fazemos uma pergunta. Já que somos os primados de Luxor, do Retiro da Chama da Ascensão. Nós guardamos o fogo sagrado branco metálico e intenso que pode estar contido apenas naqueles que vivem na pureza do amor. E consequentemente, enquanto estiver ocupado com o seu questionamento humano do Guru, eu faço uma pergunta suprema: quanto você ama, quão grande é o seu amor?

Seu amor é grande o suficiente para fazer o sacrifício da superação para o Caminho, pela causa da Grande Fraternidade Branca, para que outros na humanidade possam também receber os ensinamentos, a lei e o entendimento da completude da promessa do amor?

Confrontada com essa pergunta, a pessoa tem que se retirar, deixar voltar-se apenas para seus velhos caminhos da existência, para si mesma ou dar um passo para fora desse casulo de egoísmo e voar com as asas do Espírito, as asas do amor que são vitória na certa.

Há um caminho na disciplina para consciências superiores. A chave é não ficar emaranhado no labirinto do questionamento humano e nos medos, dúvidas e espectros da noite que assombram esse labirinto. A chave, em vez de dar mil passos na direção ao plano astral, é dar um passo para os braços da Presença EU SOU, para o plano de Cristo.

No momento em que satisfaria sua mesquinhez, suas discussões, sua humanidade sem sentido, sua frivolidade, criancices, nesse momento você deve se deixar levar e deixar Deus ser a luz que o engole na vitória do amor. O amor que é sua vitória, que é seu próprio amor, que é Deus se manifestando em você.

Ame a Deus o bastante para que não precise satisfazer o desejo humano. Se conseguir sustentar suas energias sobre a Presença EU SOU e sobre a luz, você receberá a energia necessária para lidar com todas as circunstâncias externas (carma) sem viajar através delas em suas emoções, em seus conceitos mentais, em sua memória e em trabalho físico. Pense, então, sobre isso[95].

Só o amor pode trazer de dentro do seu ser os componentes necessários para sua ascensão. Você não pode amar a si próprio mais do que ama a Deus. Sem amor você só consegue chegar até aqui no Caminho e, então, se torna frágil[96].

Ame a Deus

Saint Germain é o mestre da chama do amor da Era de Aquário. A perversão da chama é ódio, então precisaremos dominar as iniciações do amor e também vamos precisar dominar as iniciações das perversões do amor. No ciclo de dois mil anos de Jesus na Era de Peixes, devemos seguir seu exemplo para nos tornar o Cristo. Em vez de fazer isso, muitos de nós imaginam o oposto de sua chama – medo, dúvida, questionamento humano, registros de morte.

95. Prophet, *Lords of the Seven Rays,* volume 2, p. 137-40.
96. *Introduction to Dossier on the Ascension.*

Dos diversos tipos de amor, um é dar amor intenso ao Deus em nossos semelhantes sem desejar reconhecimento. Se tivermos maturidade no coração, teremos coragem de aceitar essa prova de amor. O Buddha disse que a vinda da era do coração é coragem: *coeur* (coração em francês) - *age* (era em inglês). Para passar por essa prova de amor, não podemos esperar levar tapinhas nas costas e que nos digam:

- Oh, você é tão maravilhoso. Todos são tão gratos por todas as coisas que faz por eles.

Esse tipo de amor efusivo frequentemente contém uma razão oculta - tal como reconhecimento, ganhar amigos, possuir e manipular. Se acreditamos que o comportamento amoroso deve ser reconhecido por todos os tipos de atenção e adornos, podemos fazer nossa mente exterior falar com galanteios conosco, pois gostamos de galanteios. Então, vamos ver se temos coragem de amar silenciosamente e quietinhos sem desejar o retorno que constantemente esperamos do amor.

Assim, a primeira iniciação do amor sob Serapis Bey é dar amor intenso ao Deus em nossos semelhantes, à alma de nossos semelhantes, sem desejar reconhecimento ou um obrigado, pense no amor dos anjos e dos elementais que trabalham vinte e quatro horas por dia sem cessar e a maioria de nós nem sabe que eles estão ali.

Noventa por cento das pessoas na Terra não sabem que anjos e elementais existem, porque não os podem ver. E, ainda assim, eles trabalham mais e mais sem absolutamente nenhuma recompensa da humanidade. Isso é Amor verdadeiro, com A maiúscula.

A reprimenda

A segunda iniciação do amor sob Serapis Bey é pedir a Deus para intensificar seu amor por nós, para nos dar reprimendas. É muito difícil para algumas pessoas passar por reprimendas, então, se você pedir por essa iniciação, esteja preparado! Pode vir através de um amigo. Pode vir através de um surto de alguém. Pode vir através de uma situação difícil. Mas é certo que virá.

Os mestres nos contarão que a disciplina ou julgamento de Deus é uma ação de amor. Deus nos ama tanto que deixa nosso carma nos alcançar para que percebamos onde erramos e por que temos que resgatá-lo. Assim, podemos rapidamente corrigir nosso erro, colocá-lo na chama e seguir em frente.

Podemos chamar de misericórdia ter um carma posto de lado e é misericórdia sim, porque nos permite crescer. Mas há uma misericórdia maior que é a justiça. E também julgamento. Lemos em Hebreus: "Aqueles que são amados pelo Senhor, por Ele são repreendidos e Ele castiga cada filho que recebe"[97].

Serapis Bey diz:

– Embarcar no caminho em direção ao domínio, ao logro, à vitória e à ascensão é um processo iniciático. Poucos nas eras passadas andaram por portões cujas marcas estreitas podem não ser muito confortáveis para aqueles cheios das futilidades do mundo[98].

Muitos de nós parecem não entender por que nossos vizinhos e amigos levam uma vida tão atraente e têm tão poucos problemas, enquanto para nós, não importa o quanto nos esforcemos, ocasionalmente as coisas dão errado. Percebemos que pedimos pelo amor de Deus que repreende, aquele que nos fará passar mais rapidamente pelo Caminho.

Serapis Bey fala daquele amor:

– Se você for verdadeiro, se conduzir a verdade, se conduzir o fluxo de luz, de cura da Presença, tanto acima, quanto abaixo, lembre-se de que você é a árvore que precisa ser podada e que a reprimenda da lei é a ação do amor de Deus. Você deve olhar com extrema compaixão sobre aquelas formas de vida que não têm ninguém para repreendê-las.

Digo a vocês, se forem repreendidos, saibam que são amados. Se você se livrar das reprimendas, então, eu digo, livre-se do amor tanto quanto da reprimenda.

E quando sentir a ausência das disciplinas da lei é hora de sentir o clima e dizer: "Aonde o amor foi? Foi jogado pela janela, eu sei". E assim, você não pode ter um sem o outro. E se você for amor para a humanidade, eu digo, seja amor na completude da pureza.

Portanto, para reiterar as duas provas de amor: a primeira é dar amor intenso ao Deus em seu semelhante sem desejar reconhecimento ou agradecimento; e a segunda é pedir a Deus para intensificar seu amor por você e repreendê-lo.

Se você desejar ampliar seus estudos antes de prosseguir para o Capítulo 18, encontrará exercícios na p. 249.

97. Hebreus 12:6.
98. *Dossier on the Ascension*, p. 30.

18

Entregue-se à Vontade de Deus

Começamos a aula desta noite com alguns ensinamentos de Serapis Bey sobre como entregar-se à vontade de Deus. Ele diz:

– Entregar-se é uma das iniciações mais mal-entendidas para o caminho da ascensão. Milhões de almas realmente querem entregar suas vontades à vontade de Deus, mas elas não sabem como. Elas não sabem como começar.

A entrega dócil à Presença de Deus é iniciada, primeiramente, no arbítrio. O arbítrio é a chave pela qual o eu humano tem a palavra. Você quis menos imagens. Você quis imperfeições. Você quis submissão aos outros e à ordem mundial. Você fechou seus olhos para a verdade de Deus que está aparente com todo o brilho, até mesmo para uma criança[99].

O aspecto do "arbítrio" é vital para nossa liberdade na ascensão. Certa parte pode ser alcançada por decretos e pela chama violeta, mas o arbítrio, a vontade consciente, tem de estar integralmente inserida no processo. Pois a ascensão é um projeto do tipo "faça você mesmo". Eu posso mostrar caminhos para você. Posso dar as chaves que já ajudaram muitas pessoas, mas, a menos que você os pegue e faça que eles sejam parte de sua vida, nós estaremos perdendo nosso tempo.

---

99. *Dossier on the Ascension*, p. 146-7.

– Ouçam com atenção, amados, e anotem tudo, porque eu vou pedir um trabalho sobre o que a vontade de Deus significa para vocês. Pedirei para vocês sugerirem como planejam fazer sua vontade humana uma só com a vontade de Deus. Mas primeiro lembrem-se do que Kuthumi nos disse: "Entregar-se a Deus não é morte. É vida. É beleza. É esperança. São as asas da mente levadas para cima, nas realidades celestiais aéreas e leves. Não há vazios ali, mas os nativos do cosmos em toda sua abrasadora realidade – espíritos ministeriais, anjos, seres cósmicos, mestres cósmicos – um e todos, como o parente maior de cada homem, seguram suas oferendas de doçura eterna para a purificação e libertação das almas dos homens das amarras"[100].

– Já que El Morya é o Lorde do Primeiro Raio da Vontade de Deus – Serapis Bey continua –, contarei a vocês algumas máximas do seu livro da devoção, A Sagrada Aventura. *Os escritos de El Morya são, talvez, o melhor jeito de ajudá-lo a diferenciar seu arbítrio humano e a vontade de Deus.*

A sagrada aventura

El Morya escreve:

Através dos séculos os homens discutiram a vontade de Deus como se ela fosse uma coisa à parte da vontade do homem, sem nenhuma semelhança com uma oferenda que proporciona os melhores presentes para o homem. Contrária à opinião humana, a vontade de Deus procura cobrir o homem com seu direito inato imortal e nunca privá-lo de sua liberdade.

"A vontade de Deus é boa. A afirmação contida nesta frase infantil várias vezes é um meio pelo qual a mente pode se acalmar e a quantidade crescente de emoções humanas pode ser diminuída. Desta forma sua mente consciente está insistindo para que as mentes subconsciente e inconsciente fiquem sob controle de sua mente divina, sua mente superconsciente."

"Como posso saber qual é vontade de Deus?" Esse é o pranto de milhões. O homem pressupõe que a vontade divina está se escondendo dele, como se fosse coisa do Deus Eterno brincar de pega-pega com os homens.

Não é assim, queridos. A vontade de Deus é inerente à vida e apenas espera o sinal de libertação do arbítrio do homem para mandar emitir o poder do domínio ao mundo do indivíduo.

Há uma ligação suprema entre o arbítrio mortal e imortal. Na afirmação de Jesus "É o prazer bondoso do Pai dar-te o reino"[101], os homens podem

100. Prophet, *Understanding Yourself*, p. 75.
101. Lucas 12:32.

ficar cientes da eterna vontade como sendo a medida mais completa do amor divino.

Liberte, então, seus sentimentos de possessividade sobre sua própria vida. Entregue o sentido do mal, do pecado e da revolta, a vontade lastimável de autobenefício que engendra laços.

Veja a vontade de Deus como onipresente e completa, o batimento do sagrado coração acontecendo com o seu. Saiba e entenda que entrega não é esquecimento, mas um ponto de início e uma alegria maior[102].

A vontade de Deus é boa

A Fraternidade nos disse que vamos ouvir entoados em todos os recôncavos o mantra: "Não a minha vontade, não a minha vontade, não a minha vontade, mas que a Dele seja feita". Até podemos fazê-lo ecoar ao ritmo de nossos passos enquanto andamos pela rua. Podemos deixar o mantra apenas fluir por nossas mentes, milhares de vezes por dia, inundando nosso subconsciente e inconsciente. Saiba que milhares de mestres superiores também estão repetindo esse mantra conosco.

El Morya personifica a vontade de Deus, pois ele se tornou **um** com essa vontade. Se você quer sinceramente saber como tornar-se um com ela também, chame El Morya quando for para a cama à noite, peça a ele para colocar sua Presença Eletrônica sobre você enquanto dorme. Diga: "Amado El Morya, eu quero saber qual é a vontade de Deus. Eu quero saber como me entregar".

Você pode pensar que se entregou conscientemente, mas a parte escondida do *iceberg* é formada pela vontade subconsciente e inconsciente. É com isso que Morya precisa trabalhar, e ele pode dizer a você como tomar o controle do *iceberg* de sua mente subconsciente e inconsciente.

Abraão era um amigo de Deus

Outra maneira de entregar-se à vontade de Deus é apenas pedir a Deus para tomar o comando de sua vida, fale com Ele, dizendo: "Pai, eu entrego minha vontade ao Senhor".

---

102. El Morya, *The Sacred Adventure*, registrado por Mark L. Prophet (Livingston, Mont.: Summit University Press, 1981), p. XVII, 20, 37-38.

Mark Prophet costumava dizer: "E Deus não colocou pecado em Abraão, pois Abraão era um 'Amigo de Deus'"[103].

Um objetivo que podemos ter nesta vida é tornarmo-nos amigos de Deus como Abraão foi, para que nossos pecados não sejam um fardo para nós. Abraão entendeu como deixar a vontade de Deus trabalhar através dele porque sabia que todo o poder que fluía através dele era o poder de Deus. E ele entregou tudo à vontade de Deus, até mesmo seu filho favorito.

Jesus, você se lembra, disse: "Com as palavras que digo para vocês, não falo de mim mesmo, mas do Pai que vive em mim, ele faz o trabalho"[104].

Guardar a menor partícula da individualidade como possessão pessoal é proibido no retiro da ascensão. Entrega total é a ordem do dia. Serapis Bey sabe que nos tornamos a chama da ascensão pelo julgamento por fogo, pela entrega.

Uma advertência, entretanto: podemos pensar que nos entregamos verdadeiramente, mas não é algo que aconteça em uma única vez. Embora tomemos essa resolução hoje, outro problema surge amanhã ou o mesmo problema aparece com outra faceta.

Paulo disse: "Eu morro diariamente"[105]. É exatamente isso que é necessário. Não passamos no teste apenas uma vez, Deus nos testa várias vezes. Lembre-se, não é um entregar único. Todos os dias e a cada hora podemos submeter nossos desejos, sonhos e planos ao fogo da vontade de Deus. Se eles acabarem não sendo a vontade de Deus, permita que eles sejam consumidos pela chama.

Deixe a chama transmutar tudo que não for a vontade de Deus. Então, deixe Deus dar a energia transmutada para nós. Examine-a e veja os diamantes da vontade de Deus que nos foram dados.

Vamos nos voltar para a sabedoria d'*A Sagrada Aventura*. El Morya diz:

– Deus procurou conceder e o melhor presente que poderia dar era a dádiva de sua vontade. Pois por sua vontade ele estruturou os mundos distantes, e por sua vontade sustentou o *momentum* da vida dentro de cada célula.

– A vontade de Deus é uma segurança muito além da compreensão, além da fé e até mesmo além da manifestação, pois é o bonito raio solene de ternura do cuidado do Pai com seus filhos.

---

103. Tiago 2:23.
104. João 14:10.
105. 1 Coríntios 15:31.

– É a força do braço direito do Todo-Poderoso. É o fogo de sua devoção e o melhor presente para seus filhos. Há segurança nele e a força que molda segurança pelas eras e além[106].

O senso de luta

Cada um de nós individualmente tem que colocar um fim ao senso de luta em nosso mundo. Ninguém mais pode fazer isso por nós. É necessário um ato de vontade cada vez que uma luta surge. Lembre-se, Saint Germain disse que "é o senso de luta que faz a luta". Ainda assim, não deixe sua mente desocupada, em ponto morto, tampouco. Tome uma decisão para um lado ou para o outro.

Isso também requer um ato de vontade, pois é muito mais fácil apenas sentar e deixar as coisas tomarem seu curso. A cada vez que você rezar "Que seja feita a Vossa vontade e não a minha, ó Deus", gradualmente se tornará a vontade de Deus na expressão em todos os lugares. Uma mudança acontece dentro de você, pois não sofre mais as dores de contradizer a vontade de Deus com sua vontade humana própria. Com o tempo, seu senso de luta cessa, pois sua vontade humana se torna a vontade de Deus, e a resistência entre as duas dissolve-se. Então, a luta acaba.

El Morya mostra que "é totalmente verdade que a vontade de Deus não luta". Não luta com a vontade dos homens. Pelo contrário, é a vontade do homem que luta com a vontade de Deus. A vontade de Deus é rápida – ela se move, é descanso em movimento, é a ação de um cosmos.

A razão pela qual temos que entregar nossa vontade humana é porque ela impede que nos tornemos imortais, seres livres de Deus por causa da própria natureza de sua frequência, de sua vibração. Lembre-se, a diferença entre os oitavos superiores e os humanos está na taxa de vibração. Somos muito lentos e densos aqui embaixo.

Veremos que a Vontade Divina é o que sempre quisemos. Simplesmente nunca entendemos o que ela significa. É o Próprio Eu, quem somos e o que somos. Pois, na realidade, a vontade de Deus é o nosso *design*, nosso projeto, a lei que governa o movimento do fluido em nossas células.

– Acima de tudo – diz El Morya ao encerrar sua explicação sobre a vontade de Deus –, entenda sempre que, embora seja complexa e acolhedora, a vontade de Deus pode sempre ser reduzida ao denominador comum do amor, da vida e da luz[107].

---

106. *The Sacred Adventure*, p. 6, 20, 27, 30.
107. Ibid. p. 114.

Rebelião

Muitas almas sinceras ainda estão lutando com o problema de rebelião contra Deus. Podemos nos tornar tão emaranhados em nós por rebelião e tão ocupados analisando e lutando contra esta rebelião que ficamos exaustos.

A resposta é esquecer até mesmo a consciência de rebelião. Simplesmente mergulhem a si mesmos em El Morya – leiam o livro dele, ouçam seus ditados, estudem suas sentenças, falem com ele, amem-no. Cada um de vocês deve dizer a ele: "Estou me voltando para você com toda minha consciência humana e aceitando sua consciência de Deus em troca. Por favor, ajude-me a transmutar meu eu menor".

Quando chegar ao ponto de estarem tão encantados por Deus, vocês estarão tão enamorados da vontade de Deus e de todas suas virtudes, tão confiantes nos caminhos Dele e suas maravilhas, do poder do domínio e da liberdade que isso dá a vocês que, ora, quem diria: sua rebelião não existe mais! Foi dissolvida pela intensa troca de amor que ocorreu entre vocês e o mestre.

Um jeito importante para lidar com a consciência humana é ignorá-la e mergulhar no mar de Deus. Quando vocês emergirem outra vez, perceberão que têm uma perspectiva inteiramente nova. O que parecia uma montanha se torna um grão de areia.

Antes de sairmos deste assunto, devemos ter certeza de que entendemos o que estamos entregando. Estamos entregando nossa vontade humana, nosso ego humano e nosso intelecto humano à Divina Vontade de Deus, ao nosso Eu Superior, à nossa Mente de Cristo. Estamos substituindo nossos eus humanos quando, pouco a pouco, ativamos nosso Eu Divino. Apenas peçam a Deus. Ele os ajudará.

Uma novena para o Grande Diretor Divino

Saint Germain nos deu outro método para encontrar a vontade de Deus em nossas vidas. Ele sugere que nós façamos uma novena, orações por nove dias, para o Grande Diretor Divino a fim de obter orientação em nossos problemas.

O Grande Diretor Divino é um ser de grande capacidade e que trabalha próximo a Saint Germain para produzir a nova Era de Aquário. Ele direciona grandes raios de luz de seu coração que se cristalizaram em esplêndidas joias de luz. Ele usa essas joias em um cinto em volta de sua cintura e elas descem até abaixo de seus joelhos. O mantra dele se refere a esse cinto azul.

O Grande Diretor Divino nos disse que está dentro de sua consciência o manuscrito do plano divino para cada alma humana na terra e além. Ele pede a nós que roguemos que nossas almas se lembrem do plano divino e que esse plano se manifeste externamente. Se nosso pedido estiver de acordo com a vontade de Deus, os anjos do Grande Divino Diretor se adiantarão para nos ajudar prontamente.

Comece a novena colocando-se em algum lugar onde não haja distração. Com uma folha de papel em branco e uma caneta, medite a respeito de seu plano divino visualizando uma esfera branca à sua frente. Com aproximadamente sessenta centímetros de diâmetro, essa esfera é o símbolo de sua consciência cósmica com o qual você entrará em contato. Chame sua Presença EU SOU, o Grande Diretor Divino e Saint Germain para ajudá-lo a evocar o plano divino para sua vida.

Acenda uma vela e consagre-a à sua oportunidade de realizar seu destino cósmico. Deixe o fogo ser o foco da chama de três voltas do amor, da sabedoria e do poder que arde no altar de seu coração.

Agora pegue sua caneta e escreva no papel em branco à sua frente, que simboliza a página em branco que Deus deu a você como presente de vida, os objetivos que deseja alcançar nesta vida. Anote suas esperanças mais queridas, seus sonhos impossíveis, os desejos de seu coração, seu desejo de completude da alma, suas metas educacionais, suas expectativas espirituais e materiais, o serviço que você deseja entregar a Deus e ao homem.

Pode ser que você precise escrever e reescrever o esboço de sua vida. Quando estiver satisfeito, quando acreditar que essa lista de metas é realista, tanto quanto idealista, faça duas cópias. Coloque uma entre as páginas de sua Bíblia e queime a outra para que a mensagem seja entregue pelos anjos ao Grande Divino Diretor e aos Lordes do Carma.

Entoe o mantra para divina direção catorze vezes (veja abaixo). Você também pode entoá-lo com sua mão esquerda na Bíblia e a doutrina em sua mão direita. Repita isso nove dias (ou por trinta e três dias) e a cada dia, ao término de sua meditação e mantra, pegue sua caneta e escreva em uma folha em branco os pensamentos e sentimentos que vêm até você.

Ao entoar o mantra e ao meditar, você está plantando as sementes de sua própria consciência cósmica em nível consciente e subconsciente dentro do seu ser. Essas sementes germinarão. Mas não fique preocupado se nenhuma resposta imediata vier à sua consciência exterior.

Enquanto você está esperando pelos resultados dessa sagrada alquimia, tenha certeza de continuar suas doutrinas para a chama violeta, a fim de purificar seus quatro corpos inferiores do resíduo de seu carma pessoal e planetário. Dessa forma, clareza de direção aparecerá.

Aqui está o mantra para o Grande Divino Diretor. Você pode listar no princípio os assuntos para os quais precisa de orientação especial:

Em nome da Presença de Deus EU SOU em mim e meu próprio Eu Crístico, chamo o amado Grande Diretor Divino para orientação divina de meus problemas, especialmente para (liste suas preocupações).

Diretor Divino, venha,
sele-me em vosso raio;
guie-me para minha casa;
por vosso amor eu rezo.

Refrão:
Vosso cinto azul proteja meu mundo,
Suas joias estupendas são tão raras.
Envolvam minha forma e me enfeitem
com a essência de vossa oração!

Faça-nos um, guardemos um ao outro;
como o poder radiante do sol
deixe-me ser, livre sempre
agora e pela eternidade.

Abençoado Mestre R,
você está próximo, não distante;
inunde de luz, do próprio Deus Poderoso
radiante como uma estrela.

Caro Divino Diretor,
dê-me sabedoria pura
Vosso poder esteja sempre perto.
Ajude-me a resistir.

Lance sua luz sobre mim,
venha, faça-me inteiro;
estandarte dos libertos,
molde e modele minha alma.

E com fé completa, eu conscientemente aceito este manifesto, manifesto, manifesto aqui e agora com todo o poder, sustentado eternamente, ativo poderosamente, sempre se expandindo e abarcando o mundo até que todos estejam totalmente ascensos na luz e libertos! Amado EU SOU, Amado EU SOU, Amado EU SOU!

Serapis Bey encerra sua aula esta noite com um pequeno mantra devocional de El Morya.

A Luz da Vontade de Deus
de El Morya

A luz da vontade de Deus
Flui sempre através de mim
O fluxo de propósito verdadeiro
Agora eu vejo claramente
Oh! Radiância branca e perolada
Ordene que toda vida seja livre!

Se você desejar ampliar seus estudos antes de prosseguir para o Capítulo 19, encontrará exercícios na p. 250.

19

Fé, o Antídoto para a Dúvida e o Medo

– Não conheço ninguém mais qualificado para falar sobre fé do que o Arcanjo Miguel, nosso glorioso Arcanjo do Primeiro Raio e sua amada arqueia, Fé – diz Serapis Bey.

– O título de Miguel é Príncipe dos Arcanjos e Defensor da Fé. Ele também já foi chamado de Anjo da Libertação, pois se ofereceu para libertar almas de suas naturezas inferiores, bem como da energia psíquica e do plano astral, se elas o chamarem e pedirem para serem soltas.

– Arcanjo Miguel é um ser de grande competência, força e amor. Eternidades atrás, ele passou pelas mesmas provas que você está passando agora. E como passou com sucesso por tais provas, pode se postar à sua frente com a coragem de Deus para defender toda a vida.

Para ajudar a libertá-lo, o Arcanjo Miguel confeccionou uma espada de chama azul de pura energia de luz. Ele tem inúmeros bandos de anjos que trabalham vinte e quatro horas por dia resgatando almas. Eles estão a serviço há milhares de anos e Miguel disse que nunca desistirá até que a última criança de luz neste planeta tenha subido e alcançado a sua Fonte Deus no ritual de ascensão.

O que é fé?

– Fé é um dom natural de Deus – diz o Arcanjo Miguel. – É substância imortal. Fé é o poder pelo qual seus sonhos se tornam verdade. Fé é a vontade de ser e fazer. Fé é a ação da sagrada Palavra. Fé é a voz de Deus que ouço.

Fé é, também, a substância eterna da presença da luz, e, como em Hebreus se lê: "Fé é a substância das coisas que se espera que aconteçam, a evidência das coisas não vistas"[108].

Arcanjo Miguel nos pergunta:

– Você verá por si próprio, ainda que só para experimentar, que diferença a fé faz? Fé pode parecer um ingrediente com o qual apenas crianças e tolos contam. Mas não é difícil mesmo para o cientista descobrir que ela possui uma tangibilidade própria.

– Fé abrirá muito os olhos internos com admiração. Ela revelará sua força interna. Mostrará aspectos de seu ser que você nunca sonhou que existissem e mostrará como contatar e implementar de maneira prática o potencial que está trancafiado dentro desses aspectos do ser.

– Fé é a ponte que a consciência precisa construir antes que possa atravessar o abismo que separa o finito do infinito. Uma vez cruzada, a ponte não é mais necessária e a árdua jornada é esquecida na alegria da descoberta e na acolhida da realidade.

– Portanto, é essencial dar uma chance à fé, mesmo que a princípio seu motivo seja egoísta. Você precisa abrir a porta. Precisa construir a ponte. Precisa acreditar, mesmo que, momentaneamente, seja para que possa se tornar cheio de graça e com o grande potencial cósmico de vida que você realmente é.

Tendo nos dado sua presença e a chama de sua fé, Miguel vai embora, dizendo que deixará Serapis Bey continuar seus ensinamentos.

Serapis Bey se volta para nós e diz:

– Pense na sua melhor qualidade ou na de um amigo, alguém em quem confie. Pense em uma qualidade que você sabe que nunca falha nesse amigo; a afirmação de sua realidade, fé e diligência. Uma qualidade como essa é um padrão da ascensão já instalado, já cristalizado como uma joia, pois um fluxo de vida demonstrou essa qualidade século após século. Esse será o ponto mais notável de nobreza de uma dada alma, e é isso que você mais aprecia.

---

108. Hebreus 11:1.

Uma dúvida nascida do orgulho

Serapis Bey lê o *Dossiê sobre a Ascensão*:

– Há uma dúvida que nasce do orgulho e que faz as pessoas se esquivarem de qualquer coisa que em princípio pensem ser impossível de provar. Essa dúvida dissipa a fé, joga a consciência em um estado de trepidação, aumenta a confusão e acaba com o fruto da fé.

Nenhum homem deseja ser vítima de um trote, e seu orgulho pessoal diz a ele que, a não ser que seja cauteloso, isso pode muito bem acontecer.

Assim, a sofisticação das razões terrenas invalida as grandes realidades tangíveis do Todo-Poderoso que vive no reino invisível e são funcionais em toda manifestação externa[109].

Quando ponderamos sobre as palavras de Serapis Bey, percebemos que frequentemente nos perguntamos por que as pessoas aceitam algumas coisas sem questionar e imediatamente rejeitam as grandes verdades de Deus. Sabemos que não podemos ver o vento, ainda assim ele sopra e nós aceitamos que isso é verdade.

Eu fico constantemente maravilhado, pois caminhamos para as pontes eletrônicas, acreditando totalmente que elas se abrirão. Nunca achamos que talvez possamos dar com a cara na porta. Se podemos sentir fé implícita em um dispositivo eletrônico, temos que nos perguntar por que não conseguimos confiar em Deus. Quando colocamos nosso cheque do salário em um envelope e colocamos na caixa do correio, nunca questionamos se irá chegar ao banco e se será creditado em nossa conta, isso é fé!

Na maioria dos casos, a luta de vida não é vencida em decisões transcendentais, é vencida nas pequenas experiências cotidianas, nas quais voltamos nosso coração para Deus com fé e confiança e recebemos a graça que nos liberta dos aspectos negativos da vida que momentaneamente nos amarram.

O Arcanjo Miguel nos disse que o caminho da fé é como uma fita de substância de luz cintilante e poderosa nos conectando com a Presença de Deus. Essa visualização pode nos ajudar a nos ver conectados a Deus e livres de sentir que estamos separados de Deus.

Para ajudar a nos libertar, o Arcanjo Miguel confeccionou uma espada de chama azul de pura substância de luz. Podemos ver essa linda e crepitante luz azul cintilante toda vez que chamarmos o Arcanjo Miguel.

---

109. *Dossier on the Ascension*, p. 96.

Dúvida, medo e registros de morte

Alguns dos principais problemas que encontramos na descoberta do Eu Verdadeiro são: a dúvida, o medo, o questionamento humano e os registros da morte – nossa iniciação pisciana. Talvez tenhamos ouvido falar que *hoje* é o *amanhã* sobre o qual nós tanto nos preocupávamos *ontem*.

Alguns céticos parecem sentir que têm que colocar Deus em um tubo de ensaio para poder provar que Ele existe. Sua habilidade para confiar é o grande obstáculo para a fé. É a mesma dúvida que nos diz que temos que destruir uma rosa pétala por pétala, para ver o que a faz tão bonita. De repente, a rosa se foi, pois a destruímos. Em vez de aceitar a beleza da rosa, nós a dissecamos.

Miguel, o Príncipe dos Arcanjos, disse que temos que nos erguer rápido e combater o medo, pois não há razão para o medo em qualquer lugar do cosmos, exceto em nós mesmos. Tampouco existe causa para dúvida em qualquer lugar além de em nós mesmos. E nossa tendência de ficar questionando Deus é, também, só nossa.

Miguel nos oferece uma barganha maravilhosa quando diz:

– Dê-me sua atenção. Dê-me suas dúvidas, seus questionamentos e eu lhe darei a minha fé.

Por que não aceitamos sua oferta e provamos nós mesmos que ele está certo?!

Às vezes tudo que precisamos saber para passar com sucesso por uma prova é que temos amigos de luz – arcanjos, anjos, mestres superiores que estão nos dando suporte e rezando por nosso sucesso. Entretanto, quando um arcanjo nos oferece sua fé, devemos pensar duas vezes antes de recusar essa dádiva.

Miguel diz:

– Quando se obtém a visão, de que serve a fé? Não sou eu quem precisa de fé, a não ser para dá-la aos outros, mas você que assim o pediu.

O amor perfeito afasta o medo

Pense no ditado "amor perfeito afasta o medo porque o medo é tormento"[110]. Talvez precisemos escrever esse pequeno mantra em um cartão e colocá-lo em nosso espelho ou em nossa carteira onde possamos vê-lo com frequência.

110.1 João 4:18.

Saint Germain disse uma vez que podemos fazer qualquer coisa se amarmos o suficiente, pois amor é a antítese do medo e fé é o oposto da dúvida. Serapis Bey disse que os homens provam a lei fazendo a lei. Eles veem a verdade tornando-se a verdade. Eles ascendem pela fé, não pela dúvida. Nossas dúvidas e nossos medos não nos permitirão ficar na flama da ascensão, pois seríamos consumidos. Então, temos que descartar nossas dúvidas e nossos medos, e a forma de assim fazê-lo é jogá-los na chama violeta.

Meru nos oferece ajuda quando diz:

– A chave para escapar é simples. Se permanecermos fixados a um senso de maravilha infantil e confiarmos *sempre* em Deus, podemos, no dia de hoje, dispersar toda dúvida e todo medo de nossas consciências[111].

Ateus, agnósticos e céticos

Uma pessoa com uma tendência científica é geralmente bem detalhista e frequentemente sente a necessidade de provar as coisas logicamente. Mas há uma lógica da cabeça e uma lógica do coração e, algumas vezes, temos que ouvir nosso coração e confiar no que Deus nos diz.

Hilarion, o Lorde do Quinto Raio, é o mestre para céticos, agnósticos e ateus. Ele era Saulo de Tarso, que se tornou Paulo depois que Jesus falou com ele na estrada para Damasco. Por ter lutado com a dúvida em sua vida como Saulo, sabe que pode nos ajudar.

Jesus disse:

– Se tu consegues crer, todas as coisas são possíveis para aquele que crê[112].

Hilarion nos fez uma promessa. Ele disse que, quando sentimos que temos que reduzir tudo aquilo em que acreditamos a provas científicas, quando não conseguimos aceitar nada na fé, podemos chamá-lo e ele nos ajudará. Se você conhece alguém que é cético, chame Hilarion e ele ficará feliz em ajudá-lo – de acordo com o livre-arbítrio, é claro.

Com frequência, muitas pessoas são céticas porque em uma vida passada acreditaram veementemente em sua fé particular, mas sofreram desapontamento após a morte, quando descobriram que suas crenças não eram totalmente verdadeiras. Elas não foram ensinadas sobre reencarnação ou carma, e, de repente, depois de deixarem seus corpos, descobrem que têm que voltar e reencarnar.

---

111. Prophet, *Understanding Yourself*, p. 107.
112. Marcos 9:23.

Talvez esperassem estar sentadas no céu à direita do Pai e ficaram tão magoadas ao descobrir a verdade que se tornaram céticas, temendo acreditar em alguém ou em alguma coisa de novo. Quando essas almas retornam para reencarnar, estão assustadas, com frequência se recusam a confiar em qualquer religião.

Hilarion diz que há muitas pessoas boas nessa condição. Ele promete pegá-las nos braços, amá-las e treiná-las. Ele diz:

– Deem-me seus agnósticos, seus ateus, seus céticos. Vou abraçá-los em meu raio verde da verdade.

Se quaisquer membros de sua família sentem que religião não é para eles, você pode confiá-los a Hilarion à noite. Peça em nome de seus Eus Cristos e, de acordo com o livre-arbítrio delas, que essas almas sejam levadas ao seu retiro em Creta e doutrinadas enquanto estiverem fora do corpo. Peça que *a verdade* possa ser contada a elas.

Proteção

Você pode estar com problemas para se livrar de suas dúvidas e de seus medos, pois precisa de mais proteção e é, em consequência, um alvo fácil para as forças da escuridão. O Arcanjo Miguel nos disse:

– Segure aquela espada de chama azul e use-a. Você acha que anfitriões da luz, que têm acesso direto à consciência de Deus, usariam uma espada se esta não fosse eficiente, se eles não precisassem dela? Eu afirmo que precisam da armadura e da espada do Arcanjo Miguel. Vocês precisam dos fogos de proteção.

É uma bobagem tremenda vocês levantarem da cama e saírem de suas casas a qualquer hora do dia ou da noite para entrar no mundo sem fazer invocações de assistência do meu grupo, das minhas legiões, de mim mesmo e da luz que eu carrego. Porque, corações preciosos, vocês vivem no mar astral. Vocês estão submersos na consciência de massa. Vocês caminham por essa consciência.

Meus anjos nunca entrariam em uma luta sem a armadura de luz e a proteção completa da Lei. Digo-vos, a maré está subindo, sempre subindo, e a humanidade e as crianças de luz estão inundadas pelos esgotos de suas próprias consciências.

Ir adiante e ser enlameado, ser imerso nessa substância são uma loucura e uma estupidez completas. Pois vocês sabem, preciosos corações, não podemos interferir nos perigos que vos assolam, não podemos prender as espirais de perigo às suas pessoas sem que vocês tenham primeiro feito os chamados.

Não esperem até entrarem em seus carros ou meios de transporte para começar a fazer seus chamados. É necessário que sejam harmoniosos, pois, se invocarem a assistência das legiões de luz e houver uma irritação em seu mundo, podem ter certeza de que as forças da escuridão, que estão sempre alertas para agir quando reparam que vocês estão vulneráveis, avançarão.

Elas usarão indivíduos que estiverem totalmente vinculados à consciência de massa para fazer tolices nas rodovias e para causar acidentes de todos os tipos. Portanto, eu digo, usem as armaduras, usem o poder da Palavra falada e levantem a espada da chama azul.

Onde está a espada? Está em seu coração. Você pode qualificar a chama em seu coração como espada da misericórdia, a espada de chama azul ou o cetro da autoridade. Assim, você coloca sua mão em seu coração e diz: "Em nome de Deus Todo-Poderoso, liberte as energias da chama azul em minha mão direita. Deixe-me avançar com a espada do Arcanjo Miguel para desafiar a escuridão e aqueles que estão alinhados com a escuridão hoje".

É isso que vocês têm que fazer. E se mantiverem suas energias e o espírito do Arcanjo Miguel sempre convosco, vencerão.

Muitos carregam uma pequena figura do Arcanjo Miguel em seus carros e entoam seus mantras sempre que viajam. Aqui está novamente, para o caso de terem se esquecido. Usem-na não apenas em seus carros, mas o dia todo. Ao professarem estas palavras em voz alta ou para si mesmos, veja um arcanjo azul, poderoso e glorioso cobrindo-os e protegendo-os.

Arcanjo Miguel à frente, Arcanjo Miguel atrás,
Arcanjo Miguel à direita,
Arcanjo Miguel à esquerda,
Arcanjo Miguel acima, Arcanjo Miguel abaixo,
Arcanjo Miguel, Arcanjo Miguel onde quer que eu vá.

EU SOU seu amor aqui protegendo
EU SOU seu amor aqui protegendo
EU SOU seu amor aqui protegendo

Pesadelos e problemas do sono

Muitas pessoas têm dificuldades para dormir e são assombradas por pesadelos. Se não estivermos protegidos quando saímos de nossos corpos à noite, somos vulneráveis ao ataque das forças da escuridão. O Arcanjo Miguel recomendou que invocássemos sua armadura de proteção completa antes de irmos dormir.

Se você não conseguir visualizar, tente isto: passo a passo quando estiver deitado na cama, imagine-se colocando seu capacete cristalino de pura substância de luz, depois pegando sua espada, seu escudo, suas botas, suas luvas, até que esteja totalmente coberto e invencível.

Uma vez que estiver protegido pela armadura de Miguel, peça a ele para ir com você e para que coloque sua Presença Eletrônica sobre você quando deixar seu corpo à noite. Peça a ele para estar com você durante toda a noite, esteja você indo a um templo para estudar ou viajando com ele em suas legiões.

Peça a ele que o ajude a entrar novamente em seu corpo pela manhã, pois é nesse momento que os seres do plano astral tentam incomodá-lo – quando você está parcialmente adormecido e parcialmente desperto, quando o despertador já tocou e você sabe que deve se levantar, mas ainda assim quer dormir mais cinco minutos. É nesse instante que você está no plano astral, não está realmente dormindo, tampouco totalmente acordado.

A Deusa da Pureza ensina que dormir deve ser uma ocasião para "recarregar as energias puras, vitais de seu ser".

Ela diz:

– O sono tem que ser um momento no qual as pilhas da vida humana podem ser literalmente carregadas com a pureza da Presença Divina. Antes de dormir, é necessário estabelecer algum padrão de elevação em consciência que o levará àqueles caminhos nos quais o espírito de pureza pode limpar seus corpos humanos enquanto dorme e deixar a bênção das consciências dos mestres infantis superiores.

Outra razão pela qual você pode não estar dormindo bem é porque seu Eu Crístico o acordou por não ser seguro estar fora de seu corpo. Algumas vezes, quando a energia é bastante ruim, você precisa se levantar e mudar a vibração no quarto.

O Grande Diretor Divino sugere que você vá à cozinha, pegue um copo de água, faça algumas orações e depois volte para a cama. Não fique lá deitado tentando voltar a dormir enquanto há uma projeção sobre você.

Aqui, então, estão as três razões pelas quais você pode não estar dormindo bem:

1. Você precisa de mais pureza
2. Você precisa de mais proteção
3. Seu Eu Crístico pode estar dizendo: "Desculpe, não é o momento certo para dormir". Então, levante-se, lide com essa energia e só depois volte a dormir.

Você pode precisar de uma forma forte para a segunda possibilidade. Católicos podem gostar de pensar em São Cristóvão, que protegeu o Cristo menino. Ou budistas podem se voltar para Kuan Yin, que é conhecido por aparecer em horas de necessidade. Se você puder ver São Cristóvão ou outro mestre superior em seu olho da mente quando momentos de ansiedade surgirem – e eles surgirão –, saberá que o mestre o guiará e o guardará.

Ele o guiará e guardará para sempre
Ele o guiará e guardará para sempre
Ele o carregará para longe em seus braços
Ele se esconde do inteligente
Ele encobre o pobre com Seu encantamento

Você pode considerar mais eficiente personalizar este mantra:
Ele me guiará e guardará para sempre. Ele me carregará para longe em seus braços.

Quando saímos da sala de aula, nós murmuramos: "Ele me guiará e guardará para sempre". E cada um de nós está planejando experimentar o chamado da Presença Eletrônica do Arcanjo Miguel antes ir dormir. Podemos visualizar sua armadura sobre nós, sua espada de luz azul flamejante, suas botas, suas luvas – tudo! E também vamos nos lembrar de pedir sua proteção de novo quando acordarmos pela manhã.

Se você desejar ampliar seus estudos antes de prosseguir para o Capítulo 20, encontrará exercícios na p. 250.

20

Iniciações da Mãe Divina

Serapis Bey começa sua conferência de hoje dizendo que a chama da ascensão é a chama da Mãe e a energia que se eleva da base da coluna até a coroa é a Chama Mãe.

A chama da ascensão é a Chama Mãe

A nossa própria chama da ascensão existe enquanto potencial dentro de nós e forma o núcleo do chacra da base da coluna. Para que esse núcleo de energia seja libertado em consonância com a chama da ascensão, em Luxor, temos que transmutar toda a resistência à Mãe, toda a inveja da Mãe, todo o medo da Mãe e todas as perversões que bloqueiam o crescimento dessa chama dentro de nós.

Deus não irá permitir, porque não seria benéfico para a nossa vida, que essa chama seja libertada enquanto tivermos energias negativas bloqueando o nosso próprio Eu – enquanto Mãe, ou contra Deus – enquanto Mãe.

É por isso que não é seguro para nós no Ocidente a prática da ioga Kundalini. Essa modalidade de ioga eleva a grande luz da Mãe, do nosso chacra da base da coluna, para se conectar com a luz que desce do Pai, no chacra do coração, sem primeiro ter purificado os outros chacras e libertado a energia erroneamente qualificada neles contida. À medida que a chama aumenta durante a prática dessa modalidade de ioga, ela entrará em contato e reativará essa energia, o que pode causar sérias perturbações em quem a pratica.

A Chama Mãe se eleva

Serapis Bey diz-nos que, há alguns anos, os templos de Lemúria, que ficam abaixo do Oceano Pacífico, começaram a abrir por entre as ondas.

E, esta noite, ele gostaria de explicar a importância disso:

– Quando a Chama Mãe se eleva das profundezas de Lemúria, da Grande Pirâmide, da Cidadela, da luz no seu templo, você pode antecipar que tudo o que permanece dentro de você, que não é equilibrado, virá também à superfície. A Luz Mãe traz à superfície tudo o que está dentro da consciência.

Assim, teremos a certeza de que os nossos métodos e o nosso treinamento são tais que a ninguém será dado um incremento de luz de modo que possa causar perturbações com as quais o indivíduo não conseguirá lidar. Conhecemos o poder da Luz Mãe, conhecemos a Luz Mãe intimamente.

Em nossos estudos de Contabilidade e de Psicologia do Todo, somos frequentemente ministrados no sentido de que é preciso empreender trabalho árduo para enfrentar qualquer registro que ainda esteja na nossa mente subconsciente ou inconsciente, pois nos acostumamos a resistir a um aspecto ou outro da chama da Mãe.

Essa resistência pode se manifestar como falta de disciplina ou como lentidão e ódio. Pode manifestar-se em letargia ou humor instável ou qualquer coisa desde melancolia ou choro a uso de drogas ou a um estilo de vida autodestrutivo. Todas essas formas de comportamento são realmente um inimigo da Luz Mãe, que se eleva do chacra base. Quando entramos na chama da ascensão, somos envolvidos pelos braços da Mãe e temos meios para trazer certa porção da Luz Mãe para essa chama, para que nossa alma não seja consumida.

Se não conseguirmos manter fogo de ascensão suficiente dentro de nós, não nos será permitido entrar na chama, em Luxor. Pois se permanecêssemos na chama da ascensão agora que temos nosso carma ainda não transmutado, e também com nossos medos, nossas dúvidas, nosso ódio e nossa negatividade, nossa identidade seria extinta. Seríamos consumidos. Assim, os mestres não irão permitir que essa iniciação tenha lugar até que estejamos preparados.

A chama da ascensão não magoa nada nem ninguém a não ser a escuridão. Para sermos capazes de permanecer na chama da ascensão e nos tornarmos um mestre ascenso, precisamos remover a energia mal utilizada que permanece dentro de nós. Daí o caminho para a iniciação.

Agora preparamo-nos para esse momento, no qual poderemos dar a Serapis Bey algo nosso em que tenhamos investido e ganhado, a preciosa chama da Mãe, a preciosa chama da ascensão.

Relação com a Mãe

Vamos pensar um pouco na nossa relação com a Mãe, a Mãe dentro de nós enquanto luz das nossas vidas e da chama da ascensão, a Mãe que nos sustentou nesta vida, a Mãe que vem até nós na pessoa do guru ou do professor.

Qualquer pessoa que nos ensine, ministre e doutrine, homem ou mulher, assume o papel de Mãe. Quando uma pessoa apresenta problemas em suas relações com mulheres, e especialmente mulheres com autoridade, o fato pode estar relacionado com dificuldades que esse indivíduo tenha com a Mãe.

Da mesma forma, problemas com figuras de autoridade são frequentemente psicológicos e prolongam-se ao longo de muitas vidas. Precisamos resolver nossas questões psicológicas com os nossos pais humanos, bem como com os nossos pais divinos, pois, a não ser que cheguemos à solução de todos esses conflitos, não poderemos permanecer à chama da ascensão.

A Ave-Maria

O caminho para a ascensão também pode ser visto como um caminho para a devoção ao Deus Mãe-Pai. Os mestres têm nos aconselhado a escolher uma Mestra mulher, tal como a Virgem Maria ou Bodhisattva Kuan Yin, como foco da nossa devoção à Mãe Divina.

Se escolhermos a Virgem Maria, qualquer antagonismo que tenhamos com a Mãe pode ser resolvido rezando uma Ave-Maria. Pois quando a Virgem Maria vem ao nosso templo, respondendo aos nossos apelos, ela resolve o mau uso da Luz de Maria, a Luz Branca da Pureza.

Conseguimos identificar-nos com Maria mais facilmente do que com a Mãe Universal, por isso, podemos ser devotos dela enquanto representante da Mãe Universal. E à medida que damos nosso amor a ela, enquanto Maria, aprendemos a ver-nos como Maria.

Precisamos mesmo resolver a nossa relação com Maria e, a cada vez que nos tornamos devotos da Virgem Maria, a chama da ascensão se eleva dentro de nós.

Rezar uma Ave-Maria é a forma mais segura de praticar ioga Kundalini.

Ave-Maria, cheia de graça,
o Senhor é convosco.
Bendita sois vós entre as mulheres
bendito é o fruto
do vosso ventre, Jesus.
Santa Maria, Mãe de Deus,
rogai por nós, pecadores,
agora e na hora da nossa morte,
Amém.

Completando as espirais

Serapis Bey gostaria que nos voltássemos para uma iniciação chamada: "Completar as espirais", que nos explica o motivo pelo qual precisamos terminar o que começamos. As pessoas podem passar vidas atrás de vidas lidando com isso, pois frequentemente se recusam a terminar o que começaram e, como resultado, sentem-se obrigadas a arranjar desculpas para si mesmas.

As suas ações podem inclusive fazê-los viver no meio do caos e da confusão, que, enquanto mau uso de tempo e energia, é também uma perversão da Chama Mãe.

Serapis Bey explica:

– Se, então, houver uma falha, derrota ou falta de término na sua vida, perceba que isso é uma doença dos quatro corpos inferiores, a doença da falha no cumprimento dos rituais. E chamo doença porque não há pior caricatura da lei do que uma ação incompleta.

A falha de cumprimento dos rituais irá, aposto minha vida, privá-lo da união com a chama da ascensão. Entenda que a perda de tempo e energia, a dissipação de energias pela desorganização, indulgência e qualquer forma de intrusão na mente de Cristo é, num aspecto ou noutro, uma forma de egoísmo. De certa forma, é uma atenção dada ao não Eu quando a atenção deveria ser mantida no Eu Divino.

E por isso afirmo que não importa qual seja a atividade, antes de começar a fazê-la, decida se esse é um projeto no qual vale a pena investir a energia de Deus, seu tempo e espaço, sua parcela nesta vida. E quando você tiver decidido que esse projeto se encaixa no propósito cósmico, com o objetivo da ascensão, com o seu serviço a Deus e aos homens, planeje-o bem.

– Dia após dia, invoque a chama da ascensão para a libertação da energia que vai nutrir o seu projeto, para integrar as energias, para organizar o seu tempo, sua psique e o fluxo de vida dentro de você. E, com essa chama em mente, no momento em que determinar que esse projeto é uma parte da sua impressão de vida, que é seu Plano Divino, não permita que nada o desencoraje a cumpri-lo. Pois, quando você não completa o ciclo, você falha no teste do raio feminino, de Ômega e de suas energias que são sempre direcionadas no cumprimento do impulso de Alfa, do Espírito, do Pai.

Nesta era, que agora atua influenciada pelos ciclos de Aquário, lembre-se de que este é o tempo para o cumprimento do Feminino Divino dentro de você. E, acima de tudo, é um tempo em que você não se atreverá a falhar com a Mãe, a Chama Mãe, ao não conseguir concluir cada ciclo que se inicia como uma espiral dentro de você, dentro do seu coração. Quando você põe de lado os objetivos que determinou como sendo a vontade de Deus, é normalmente por alguma preocupação ou envolvimento que se centra em volta de um ser, seu ou de outros. Isso é feito através de simpatia ou de alguma outra forma de tentar atingir você, por parte dos que caíram ao tentar desorganizar ou derrubar o seu projeto.

No entanto, você tem que permitir a evolução da mente de Cristo e da vontade de Deus no seu projeto. Submeta seu projeto à vontade de Deus e peça ao DEUS dos anfitriões uma melhora na forma e no plano de seu projeto e liberte-se dessas energias, pois você é capaz de aumentar a sua visão com relação ao cumprimento do objetivo. E, então, na alquimia do espírito, há espaço para a expansão criativa de uma ideia.

Se invocar a neblina do Fogo de Cristal da Luz Branca, juntamente com o Raio Esmeralda do Coração de Cyclopea, que é o Olho de Deus Que Tudo Vê, você vai descobrir, dia após dia, que as definições de objetivos que valem a pena e os meios para atingir esses objetivos serão liberados para você. E, assim, você terá consciência da missão que tem que cumprir, como parte do seu plano divino nesta vida.

– Há uma lei absoluta e imutável que diz que não lhe pode ser dado um teste para o qual você não foi preparado.

– Lembre-se, então, de que, ao aceitar uma missão, você está assinando seu nome no Livro da Vida, para o cumprimento final dessa missão. O paraíso não aceitará falhas depois que você deixar registrado que deposita seu nome, sua promessa e sua energia numa missão que se espera que você cumpra. Essa é a lei. Essa é a ação da chama da ascensão.

Há um momento de silêncio à medida que Serapis termina sua aula. Sentimo-nos de alguma forma deslumbrados, enquanto tentamos processar o último ensinamento.

Serapis volta-se para nós e diz:

– Meus queridos, apercebi-me de que vos dei material muito sério esta noite. Não quero que sintam um fardo, mas é importante que explique esses conceitos para vocês.

– Mesmo que não tenham visitado uma Igreja Católica nesta vida, a vossa alma conhece a Virgem Maria como sendo alguém que vos amou através dos tempos. Pratiquem a Ave-Maria muitas vezes ao dia e vejam quantas percepções adicionais sobre a vossa ascensão vos vêm.

A iniciação referente ao completar as espirais é a que deve ser passada antes que você possa se posicionar na chama da ascensão. Se você é uma pessoa com inclinação à dispersão ou à desorientação, reze pela integração dos seus quatro corpos inferiores. E se a procrastinação é um problema na sua vida, lembre-se de que El Morya disse: "A procrastinação é uma doença, ela é a morte da disciplina". Ele também disse: "A sua espiritualidade é expressa pela sua prática".

– Chamem-nos, queridos corações, e nós os vamos ajudar a passar as vossas iniciações. Boa-noite a todos e a cada um.

Se você desejar ampliar seus estudos antes de prosseguir para o Capítulo 21, encontrará exercícios na p. 250

21

O Caminho da Iniciação para a Ascensão

Serapis Bey começa nossa aula dizendo:

– Espero que vocês estejam mais em paz do que quando os deixei na noite passada. Leva tempo para compreender todas as iniciações pelas quais devemos passar antes de cumprir os requisitos para a ascensão.

As iniciações finais mais importantes no caminho para a ascensão são a transfiguração, a crucificação, a ressurreição e, finalmente, a própria ascensão. Discutirei cada um desses temas um pouco mais tarde, na conclusão de nossa série de palestras, mas agora gostaria de resumir as iniciações sobre as quais falamos até agora.

Um resumo curto

Nós discutimos a ascensão e o retiro da ascensão, a compreensão de nós mesmos, a remoção das tensões e a necessidade de mantermos a harmonia em nosso mundo. Fomos ministrados sobre como podemos acabar com os conflitos aplicando os ensinamentos de Saint Germain, de que o sentido de conflito é que faz o conflito.

Consideramos a necessidade de entrega e como realmente expressar que queremos a vontade de Deus agindo em nossas vidas. Discutimos como se tornar amigo de Deus, como Abraão foi. Então conversamos sobre o egoísmo, a depressão, a solidão e a ansiedade como formas de egoísmo, pois trazem muita preocupação para o pequeno eu.

Falamos sobre a arte de tornar-se infantil e a iniciação do desprendimento, que é uma tarefa difícil e uma das iniciações búdicas. Falamos de desapego aos frutos das nossas ações, aos nossos desejos e nossas famílias.

O Senhor Lanto nos contou sobre o cinto eletrônico e os efeitos dos nossos humores. Ouvimos a respeito da iniciação da não reação aos humores dos outros e discutimos o nosso ego e os problemas que ele pode nos trazer até sermos capazes de trocá-lo pelo Ego Divino.

Conversamos sobre a extremidade das espirais e da pena que pagamos pelas ações que deixamos incompletas. Discutimos autocondenação e como ela pode drenar nossas energias. Olhamos para a nossa necessidade de superar o medo e a dúvida, assim como para nossa incapacidade de perdoar, e vimos como esses testes são difíceis de passar.

Estudamos as iniciações da Mãe e como a Ave-Maria pode nos ajudar a adquirir autocontrole. Vimos como é necessário que nossos conflitos com nossas mães sejam resolvidos nesta vida e, mesmo que não faça diferença, se é recíproco por parte de nossa mãe, devemos ser totalmente capazes de perdoá-la por qualquer sentimento negativo que ela tenha nos despertado na infância ou na vida adulta.

Não nos basta apenas estarmos cientes dessas iniciações, pois, se quisermos realmente nossa ascensão, temos que trabalhar duro para superar as qualidades negativas que permanecem em nosso mundo.

Lembre-se, o Senhor Lanto diz:

– Não é o que você sabe que conta, mas o que você faz.

Sintonia

Outra iniciação que devemos examinar é a capacidade de estarmos em sintonia permanente com Deus. Mãe Maria nos disse que precisamos dessa sintonia para que, quando as emergências surgirem, os mestres possam vir imediatamente nos ajudar. Ela disse:

– Se você não está em sintonia com Deus o tempo todo, como ele poderá lhe ajudar em caso de perigo, crise ou conflito?

Isso significa que, em caso de perigo, vocês devem primeiro estabelecer sua sintonia para poder receber assistência. Na vida de um discípulo, não há tempo para isso, amados.

A sintonia deve estar pronta como uma armadura, uma espada da verdade. Quando vocês estão em uma batalha, não podem correr de volta para trás das linhas de defesa para colocar sua armadura e pegar sua espada depois que o inimigo iniciou o ataque. Vocês precisam estar prontos.

A sintonia, portanto, é uma espécie de característica do subconsciente. Começa com a mente exterior, que começa com a súplica na oração ao Eu Crístico Sagrado para que ele assuma o comando e mantenha as orações e decretos no seu coração por vinte e quatro horas sem parar. Esse é um pedido importante.

Note que vocês podem pronunciar orações simples durante o dia todo, enquanto o Eu Crístico Sagrado de cada um, rezando ao pai vinte e quatro horas por dia, providenciará para que sejam infundidas em seu coração. E, então, aceitem isso em plena fé, amados, e compreendam que a hierarquia de luz pode dominar sua forma e seu mundo. Vocês não precisam mais se preocupar em ter de encontrar Deus em algum momento durante o dia, pois cada um de vocês e ele já serão um só.

– E assim, nenhuma situação que vocês venham a enfrentar irá pegá-los desprevenidos, pois vocês estarão preparados na vanguarda da luz, e serão requisitados na hora certa. Não subestimem sua importância para a luz, e compreendam que alguém com Deus é visto como autoridade perante o corpo planetário.

Sentir a sintonia com o Espírito Santo em todos os momentos é algo que me ensinaram antes que eu tivesse a oportunidade de ter a Cristo e ajudá-lo em Sua missão. Gostaria de lhes dar uma oração que irá ajudá-los a manter essa sintonia em todos os momentos.

Amada e poderosa Presença do EU SOU, Pai de toda a Vida,
aja em meu nome neste dia:
preencha minha forma,
libere a Luz necessária
para que eu possa fazer a Tua vontade,
e cuide para que cada decisão que eu tome
esteja de acordo com Tua santa vontade.
Permita que minhas energias sejam usadas para dignificar o SENHOR
em qualquer pessoa que eu encontre.
Cuide para que a Tua santa sabedoria liberada em mim
seja usada de forma construtiva para a expansão do reino de Deus.

E, acima de tudo, amado Pai Celestial,
entrego-Te meu espírito
e peço que Tua Chama se una à minha,
a união dessas duas Chamas deve pulsar
para permitir ao meu mundo
o estado de alerta contínuo e interligado
que preciso manter com Tua Santa Presença,
com o Espírito Santo, e com a Mãe do Mundo[113].

Novamente, a melhor maneira de explicar a sintonia é usando termos bancários. Temos dois tipos de contas bancárias: nossa conta corrente e nossa conta poupança. Podemos tirar dinheiro a qualquer momento de nossa conta corrente, mas antes depositamos dinheiro em nossa conta poupança para que, quando houver necessidade de uma quantia maior, tenhamos aquele dinheiro disponível. Antes de tirarmos dinheiro de qualquer uma dessas contas, devemos depositar primeiro nosso dinheiro no banco. Acontece o mesmo com nossos decretos. Quando entregamos nossa energia a Deus em nossos decretos pela manhã e à noite, estamos construindo nossa conta poupança. Então, se precisarmos repentinamente de ajuda, como quando nosso carro começa a falhar, podemos chamar imediatamente o Arcanjo Miguel e ele enviará seus anjos para que ajudem a consertar nosso carro, ou pelo menos evitar que alguém colida conosco.

Se estamos em sintonia com o Arcanjo Miguel, então já teremos construído um relacionamento com ele, e assim nos sentimos livres para gritar "São Miguel, ajude-me!", graças à nossa reserva de decretos de chama azul. E podemos ter certeza de que ele nos ajudará.

Neste ponto, Serapis Bey diz:

– Eu gostaria de parar por um momento e dar oportunidade a alguém que queira falar. Vocês gostariam de compartilhar conosco alguma experiência em que os mestres os tenham salvado de alguma ameaça?

Uma aluna diz:

– Uma vez, o Arcanjo Miguel me salvou de um grave acidente e da morte. Eu estava me preparando para ir à América do Sul em uma peregrinação. Tinha ido à loja para comprar alguns itens de última hora, quando um carro apareceu do nada no meio de um cruzamento. Não tive tempo de fazer nada a não ser gritar:

---

113. Prophet, *My Soul Doth Magnify the Lord*, p. 323-26.

"São Miguel!". Subitamente, o volante foi arrancado da minha mão e meu carro desviou, fazendo um arco completo e saindo do caminho do outro carro, que só bateu no meu para-choque traseiro. O motorista do carro que se aproximava jurou que não tinha me visto naquele sinal. Quando o policial chegou, ele disse: "Senhora, não se preocupe com isso. É só um arranhãozinho". O carro não estava arranhado, mas o impacto foi tão alto que todos os vizinhos vieram olhar. Posso atestar pessoalmente que o Arcanjo Miguel é um excelente motorista que me salvou de ferimentos graves. Na velocidade em que o outro carro vinha, definitivamente, a colisão não seria um "arranhãozinho" se não fosse a intervenção do Arcanjo Miguel e seu grupo de anjos da chama azul. Obrigada, estou realmente grata!

Serapis Bey agradece à aluna e nós continuamos com as instruções da noite.

Paciência

Mãe Maria também nos falou sobre a necessidade de termos paciência – uma iniciação difícil para alguns. Ela diz:

– Lembrem-se de que, neste mundo, vocês devem sempre levar em conta que a manifestação de Deus às vezes é determinada pelo tempo e pelo espaço. Em outras ocasiões, a aceleração instantânea é possível. Portanto, esperem que seja imediata, mas estejam dispostos a esperar pacientemente para que suas almas sejam tomadas pelo complemento do Divino que existe dentro de vocês.

– É verdade que no passado os santos perderam iniciações e falharam em testes por culpa da impaciência. Sua paciência deve ser testada, pois é a provação da sua fé, a provação da sua impetuosidade e da sua dedicação, e deve ser testada de todas as maneiras.

– A chave para a oportunidade, amados, é o cumprimento da lei do seu próprio ser. Até que essa lei seja cumprida, o próximo ciclo de realização não poderá ser aberto para você[114].

Lembrem-se de que, mesmo que estejamos impacientes para alcançar a meta, não devemos tentar pular iniciações. Progredimos por uma escada em espiral e não podemos saltar do primeiro para o décimo degrau. Em vez disso, devemos continuar avançando passo a passo, cada vez mais para cima. E sempre há mais um degrau à nossa frente.

114. Ibid., p. 321, 323.

Lembrem-se de que aqueles atrás de nós, na fila, estão nos esperando para poder continuar, para sair daquele degrau, subir mais um pouco e chegar até onde estamos. Ao recusar nossas iniciações, seguramos os outros atrás de nós e, ao tentarmos nos apressar, podemos esbarrar naqueles que estão na nossa frente!

Competição

Se conseguirmos ser competitivos em nossas vidas diárias e aprendermos a evitar qualquer tipo de concorrência com parceiros de negócio, família ou amigos, poderemos alcançar uma grande sensação de Paz.

O Mestre muitas vezes nos fala como é importante que os discípulos do Caminho entendam que nunca estarão competindo entre si, e sim com seus próprios impulsos. Eles estão se esforçando para superar a si mesmos, avançando um pouco mais e vencendo naquilo em que antes fracassaram.

Não devemos competir com os que tiveram mais dinheiro ou mais instrução do que nós na infância, ou que tenham hoje oportunidades melhores. Devemos competir apenas com nós mesmos enquanto progredimos continuamente na espiral da ascensão. Não estamos medindo forças com a pessoa que está perto de nós, nem nos preocupando com a rapidez do seu progresso. Não é esse o ponto, de forma alguma. Todos nós temos nosso próprio caminho e nossas iniciações separadas.

Harmonia

Embora seja realmente difícil manter nossa harmonia, é absolutamente essencial que o façamos se quisermos atingir nossa meta de ascensão ao fim deste tempo de vida. Ser harmonioso é saber dominar nossas emoções e nossos humores.

Gabriel, o arcanjo da Chama da Ascensão, conta-nos que os mestres desejam nos dar mais energia e luz, mas ele diz:

– É uma questão de matemática. Você não coloca cinquenta quilos de chumbo dentro de um saco de tecido. Irá rasgar. Portanto, fortaleça seus chacras e seus corpos mais baixos com o exercício espiritual da harmonia.

A harmonia é uma das qualidades do raio da ascensão, então precisamos explorá-la mais um pouco. O grande ser cósmico chamado Deus Harmonia nos disse:

– A harmonia é uma ciência, assim como a música é uma ciência. Harmonia é o equilíbrio da luz, dos centros de sol, dos campos de força eletrônicos. Quando existe equilíbrio, existe harmonia. Quando existe equilíbrio e harmonia, então, e só então, pode haver aceleração.

Vocês podem ter dons maravilhosos de virtude, mas muitas vezes em uma vida, ou em muitas outras vidas, um indivíduo não ultrapassa certo nível de realização, pois atinge o ponto em que não há mais equilíbrio, em que ele não pode alcançar em ritmo acelerado uma virtude que precisa funcionar em baixa vibração.

Tomemos como exemplo uma extremidade giratória. Para girar, ela precisa de certa aceleração e certo equilíbrio. Assim, quando a lei de harmonia que funciona dentro de você atinge um baixo nível de aceleração, não pode mais ser mantida.

Isso acontece quando a discórdia aparece trazendo desintegração e, em última análise, autodestruição. Assim, para ter a chave da harmonia, vocês devem ter a chave da aceleração do amor. Por exemplo, em condições normais, um indivíduo pode expressar paciência, misericórdia ou bondade, mas assim que o estresse ou a angústia entram em sua vida, o indivíduo deixa de ser paciente e misericordioso. Assim, a chave para a harmonia é amor, autodisciplina e paciência.

Existe um breve momento em que paramos para refletir antes que possamos dar lugar à raiva ou qualquer outra emoção negativa. É quando podemos recuperar nosso autocontrole, se assim escolhermos, e então evitarmos agir de maneira que possamos nos arrepender mais tarde. Mas isso requer atenção permanente e um desejo real de manter nossa harmonia.

Quão rápido e fácil nosso mundo sentimental pode se tornar deprimido, agitado ou irritado. Quão fácil as emoções se tornam tempestades em copo d'água e, de repente, o mar começa a rugir. É aí que precisamos frear as emoções lembrando as palavras calmas que Cristo disse no barco enquanto o mar rugia em volta: "Calma, fique tranquilo, e saiba que eu sou Deus".

Pois essas energias devem ser controladas antes que nos controlem.

A medida do nosso controle divino deve ser nossa capacidade de mantermos acesa a chama da paz, quando tudo nos assola, quando correntes de emoções humanas, julgamentos, perseguições e mentiras descaradas nos cercam.

Serapis Bey diz que há um centro de calma no coração, como uma câmara secreta, dentro do chacra do plexo solar pelo qual você pode manter a paz e não se deixar levar pela turbulência do mundo.

E diz ainda:

– Compreendam, então, que essas são as provações a serem repetidas dia após dia até que nada, nada neste mundo, seja capaz de desviar sua atenção do seu Eu Divino.

E qual é a fórmula para esse domínio? É esta, bastante simples: que vocês amem a Deus e sua união com ele mais do que vocês amam a si mesmos, amar a Deus e estar em sua presença, esperando diante do SENHOR pela próxima iniciação ao caminho.

Harmonia é a chave. E quando você consegue manter sua harmonia diante da raiva, da irritação, e até mesmo de mentiras e calúnias, você está pronto para a aceleração da chama da ascensão.

Constância

Muitos dos problemas que encontramos todos os dias podem ser situações cármicas não resolvidas no passado. Elas podem estar vindo à tona agora para a redenção sob a forma de pessoas irritantes ou situações aparentemente injustas. Temos de ser honestos conosco e entender que, no passado, provavelmente tropeçamos em situações que nos levaram a perder o controle. Agora, cabe a nós exercer o controle e receber esses testes com harmonia.

Outra iniciação pela qual devemos passar se quisermos subir a pirâmide é a constância. Constância é uma qualidade do raio verde. Significa manter a continuidade; perseverar quando parece que tudo está indo a lugar nenhum. E então, de repente, através da perseverança e da constância, todo o cenário muda, fazendo que encontremos uma solução satisfatória para uma situação que antes parecia quase impossível.

A fé entra nesse teste. Fé e iluminação são os componentes da chama da constância. Como El Morya nos disse: "Não importa quantas vezes você caia. Levante-se e siga em frente". Lembrem-se de que Saint Germain nos disse para termos certeza de que levantamos mais do que caímos.

Detalhes

Os mestres têm dito que, enquanto observam a consciência das pessoas na Terra, eles acham que existe uma falta de atenção aos detalhes que as priva de suas vitórias. Pois o caminho para a ascensão não é nada além de detalhe.

Discípulos capazes de lidar com detalhes, que não deixam pedra sobre pedra, que se disciplinam, terão as pequenas vitórias que formarão a vitória final – assim como as gotas de chuva, uma a uma, fazem os córregos e rios.

Humildade

A falta de humildade é outro requisito que pode impedir o progresso de um discípulo por muitas e muitas vidas. Podemos estar presos a esta iniciação e não nos dar conta de quantas vezes continuamos a voltar à encarnação, porque não conseguimos passar nesse teste. Dizem que quando Jesus foi a Luxor, Serapis Bey sentiu que Jesus deveria iniciá-lo. Mas Jesus disse:

– Não. Eu quero começar bem do início.

Assim, Jesus foi a síntese da qualidade da humildade quando pediu para começar na base da espiral, mesmo que merecesse as iniciações mais altas.

Serapis Bey diz:

– Se o orgulho permanece, ele com certeza antecede a queda daquele indivíduo em inúmeras armadilhas. Essas armadilhas são sutis ao envolver o caráter do Eu. Peço a todos, então, que busquem a bandeira da humildade divina.

Se os mestres já identificaram cada um dos erros dos homens que os impedem de se tornar aquilo que gostariam, eles reconheceram o seu orgulho. O orgulho tem muitas formas, e a humildade verdadeira, apenas uma.

A verdadeira humildade deve ser usada eternamente. Não é uma peça de vestuário que você coloca por um momento, por um dia ou um ano, ou quando passa em um teste. É uma roupa com a qual o próprio Deus está vestido, e se não a usar, suas esperanças de sucesso serão, de fato, muito remotas[115].

Alegria

A obrigação de viver na chama da alegria parece tão natural, mas acaba sendo bastante difícil. As pessoas parecem ter passado pela chama de alegria que os mestres nos dizem ser a antítese da tristeza. Serapis Bey diz:

– Como um belo e esplêndido córrego da montanha, a alegria de Deus flui para o mundo a cada dia. Ela brilha e passa sobre as rochas e obstáculos. Salta sob a luz do sol. É feliz porque a alegria de Deus não conhece nada além

115. *Dossier on the Ascension*, p. 32, 34.

da pureza, nada além da perfeição. Ela brilha como diamante. Flui do manancial da eternidade. E é aceita pelos corações dos santos. Eles a saúdam com alegria, baixam suas mãos e, sedentos, bebem dessa fonte.

Podemos passar a vida nos curvando aos problemas que enfrentamos ou podemos superá-los e transcendê-los. Se os transcendermos, viveremos muito mais próximos de nossa Presença Divina, nosso Eu Real, e não seremos mais esmagados pelos aborrecimentos da vida diária.

Aceitar que a alegria de Deus está em toda parte pode ser a única coisa que está faltando em nossas vidas. Simplesmente alegria plena – alegria vibrante, a alegria em si mesmo, alegria na natureza, a alegria na oportunidade, alegria na arte e alegria até mesmo no processo de purificação e preparo para a ascensão.

Juntamente com a alegria vem a gratidão e muitas outras emoções positivas. Olhem para trás e vejam se houve algum período recente de vinte e quatro horas em que vocês permaneceram alegres o tempo inteiro. Vocês podem tentar fazer isso nas próximas vinte e quatro horas e, para sua surpresa, descobrir que escaparam da consciência pessimista usada por muitos no mundo de hoje.

Se você desejar aprofundar seus estudos antes de prosseguir para o Capítulo 22, encontrará exercícios na p. 251.

22

Corpos Terrestres e Corpos Celestiais

Serapis Bey avisa que esta ministração será curta, mas é muito importante. Ele ressalta que nos dias de hoje tem surgido a questão de como descartar o corpo após a morte. Neste planeta, as pessoas ficam muito angustiadas com o falecimento de seus entes queridos, e diversas religiões têm crenças muito diferentes.

Como ajudar a alma a fazer sua transição

Após a morte, mesmo que a alma ascenda ou se prepare para níveis internos de reencarnação, o corpo físico deve passar pelo processo natural de dissolução. Assim, para facilitar a passagem da alma aos oitavos superiores, os mestres ascensos recomendam que o corpo seja colocado em gelo por dois dias e duas noites. E então deve ser cremado no terceiro dia.

A maioria das funerárias realizará esse pedido. Deve-se usar gelo seco, mas, se isso não for possível, o corpo deve ser mantido refrigerado. No terceiro dia, se não existir algum crematório já no local, o necrotério se encarregará de levar o corpo para um. O terceiro dia é o dia em que Jesus ressuscitou. Assim, a espera de três dias celebra o tempo que ele passou no túmulo.

Familiares e amigos podem se reunir no crematório para pedir que a alma seja levada para os oitavos de luz e seja libertada do plano astral. Devem também pedir para que a luz saia do corpo, pois, enquanto a luz permanecer nele, manterá o vínculo da alma com a Terra. Através da cremação, a luz retorna para o plano etérico. Assim, a alma não tem mais nenhuma razão para permanecer ligada à Terra.

Muitas vezes, um serviço memorial é realizado logo após a cremação. Nesta ocasião, é importante pedir para que a alma do ente querido seja levada ao local apropriado para sua evolução. Devemos orar para que os anjos a levem até a sala de aula onde possa obter mais progresso. Um simples pedido pode ser feito para os anjos do Arcanjo Miguel e Elohim Astrea para que escoltem a alma até os retiros de aprendizagem ou um lugar de repouso temporário, caso tenha passado por alguma grande dor ou trauma.

Devido ao costume e à ideia equivocada de que o corpo físico será levado na segunda vinda de Cristo, muitas pessoas optam por enterrar os corpos de seus entes queridos ao fim da vida, pois acreditam que a cremação impede a ressurreição dos corpos.

Mas os Mestres ensinam que o corpo físico não entra na ressurreição, e sim a alma, que é ressuscitada em um corpo espiritual. Consequentemente, a preservação da forma física para a vida futura é desnecessária.

No dia da ressurreição, quando Cristo convoca os eleitos para que se elevem da Terra, eles devem surgir em vestes novas, novos corpos de luz, e estarão de fato junto a ele no grande arrebatamento do Senhor.

Embalsamamento

Embalsamamento é uma forma de prolongar a servidão da alma ao corpo físico, portanto os Mestres definitivamente não recomendam que o corpo seja embalsamado. Quando isso ocorre, o sangue é removido e descartado como resíduo e, portanto, não é entregue às chamas. Uma vez que o sangue transporta a luz e o padrão de identidade da alma, que não pode ser separada do corpo exceto pelo fogo, é aconselhável providenciar para que o corpo seja preservado intacto em gelo.

Autópsia

Os Mestres não recomendam a autópsia, a menos que tenha havido crime, ou exista dúvida sobre a causa da morte. Entretanto, se a autópsia é necessária, é aconselhável insistir para que todos os órgãos removidos durante a autópsia sejam colocados junto ao corpo no ritual de cremação.

É importante que façamos um testamento declarando nossa vontade e que nossas famílias estejam cientes de nossos desejos. No entanto, ocasionalmente, um membro da família pode ignorar nossa declaração por escrito e optar pelo embalsamamento e sepultamento em vez da cremação.

Se isso acontecer, devemos nos lembrar de que o poder do Espírito Santo, quando invocado através da chama violeta, é capaz de transformar causa, efeito, registro e memória de tudo o que resta do corpo físico, onde quer que esteja na crosta da Terra. Na verdade, a graça universal de Deus é suficiente para a salvação do homem.

Se você desejar aprofundar seus estudos antes de prosseguir para o Capítulo 23, encontrará exercícios na p. 252.

23

As Iniciações da Transfiguração, Crucificação e Ressurreição

Serapis Bey diz:
– Agora posso dar a vocês um vislumbre da glória da ascensão.

A iniciação da transfiguração

Chegamos às três iniciações finais, que precedem a ascensão propriamente dita. A transfiguração ocorre quando a luz dentro de cada célula e de cada átomo se expande ao entrar em contato com a luz de Deus no universo. Quando o discípulo magnetiza a luz dentro de si e entrega sua escuridão à luz, cada célula e cada átomo de sua forma tornam-se selados na luz. Conforme a luz interna se mescla com a luz externa, o discípulo é transfigurado e selado em seu novo nível de conhecimento. Naquele instante, ele se torna um corpo de luz.

Quando somos transfigurados, descartamos nossa antiga consciência do senso de pecado, egoísmo, autocomiseração e falta de valor próprio. Despimos aquela vestimenta velha e colocamos a túnica do Cristo vivo.

Pode-se recontar a transfiguração de Jesus em Mateus 17:1-9 para que entendamos que essa gloriosa iniciação pode no futuro chegar a nós todos.

Seis dias depois, tomou Jesus consigo a Pedro e a Tiago, e a João, seu irmão, e os conduziu em particular a um alto monte.

E transfigurou-se diante deles; e seu rosto resplandeceu como o sol, e suas vestes tornaram-se brancas como a luz.

E eis que lhes apareceram Moisés e Elias, falando com ele.

E Pedro, tomando a palavra, disse a Jesus: "Senhor, bom é estarmos aqui; se queres, façamos aqui três tabernáculos, um para ti, um para Moisés e um para Elias".

E estando ele ainda a falar, eis que uma nuvem luminosa os cobriu. E da nuvem saiu uma voz que dizia: "Este é o meu amado Filho, em quem me comprazo; escutai-o".

E os discípulos, ouvindo isso, caíram sobre seus rostos, e tiveram grande medo.

E, aproximando-se Jesus, tocou-lhes, e disse: "Levantai-vos, e não tenhais medo".

E, erguendo eles os olhos, a ninguém viram senão unicamente a Jesus.

E, descendo eles do monte, Jesus lhes ordenou, dizendo: "A ninguém conteis a visão, até que o Filho do homem seja ressuscitado dentre os mortos".

O momento no qual Jesus tomou consigo Pedro, Tiago e João e foi transfigurado diante deles, foi o prelúdio de sua ressurreição e ascensão. Foi a celebração da luz em seu coração preenchendo todo seu templo, até mesmo as próprias células de seu ser.

E, então, contemplamos as palavras de Jesus registradas no evangelho de Marcos: "Em verdade vos digo que, dos que aqui estão, alguns há que não provarão a morte sem que vejam chegado o reino de Deus com poder". Marcos escreveu isso antes de sua descrição da transfiguração.

Essa é uma tremenda profecia do poder da luz de Deus que está conosco hoje. Significa que não precisamos passar pela transição chamada morte antes de ter conseguido acesso ao reino de Deus e de ter internalizado sua luz.

O reino de Deus é sua consciência. Ela é toda a luz, todo o poder, toda a sabedoria e todo o amor. É a trindade em manifestação – sua para ser requisitada através da fagulha divina de sua identidade de Deus –, a ciência da Palavra falada.

Aqui temos uma oração sobre transfiguração para sua própria transformação. Conforme fizer esta oração, veja a si próprio se despindo de sua antiga vestimenta de limitação e colocando as roupas brilhantes do Cristo. Veja a si mesmo repleto de luz. Sinta você próprio se tornando "brilhante, branco extremo, como a neve", da maneira que lemos no Evangelho de Marcos.

Transfiguração

EU ESTOU trocando minhas vestimentas
velhas pelo novo dia cintilante;
com o sol do entendimento
EU ESTOU brilhando completamente.
EU SOU a luz interna e externa;
EU SOU a luz que está em todos os lugares.
Preencha-me, liberte-me, glorifique-me,
sele-me, cure-me, purifique-me!
Até a transfiguração elas me descrevem
EU ESTOU brilhando como o Filho,
EU ESTOU brilhando como o sol!

A iniciação da crucificação

Lembre-se de que Paulo nos disse: "Eu morro diariamente".

Temos que seguir esse dito morrendo diariamente com a nossa vontade humana, com nosso ego humano e com nosso intelecto humano, para que possamos passar nós mesmos pela ressurreição no Cristo. Dentro de nós, há um Eu Superior em Cristo, nosso Corpo Mental Superior que tem a capacidade de conter a Mente de Deus. Quando nos livramos de nossa vontade, de nosso intelecto e de nosso ego humanos, podemos colocar a consciência de Cristo.

El Morya e Lanello nos disseram para não "tentar aperfeiçoar o humano, e sim substituí-lo por Cristo". Estamos deixando nosso Eu Humano morrer naquela cruz e fazendo a substituição dele pelo nosso Eu Crístico. Nosso objetivo é caminhar pela terra com a Mente de Cristo ressuscitado em nós e não tentar aperfeiçoar nosso eu humano.

Não fomos feitos para morrer na cruz – fomos feitos para viver

Serapis Bey diz:

– Convidei João, o Amado, para falar sobre a crucificação – nossa crucificação, ressurreição e ascensão pessoal. Ele é bem qualificado para falar a respeito desses assuntos, já que era o discípulo amado, sempre muito próximo do Mestre Jesus.

João testemunhou as iniciações de Jesus durante a vida dele e estava com ele ao pé da cruz. Seu amor pelo mestre era tão grande que, como Maria e Marta, ele também ali permaneceu para ver Jesus passar pela crucificação. João também estava lá na manhã da ressurreição, experimentando a glória das fogueiras da ressurreição. Ele viu seu mestre ascender à nuvem assim como também o fizeram os quinhentos do monte Betânia.

João nos cumprimenta e começa a falar.

– Vocês compreendem que podem passar pela iniciação da crucificação sem entregar os quatro corpos inferiores?

Vocês compreendem que a reparação que podem fazer é uma reparação de energia, na qual, através da entrega para a chama de toda energia que Deus lhes deu, podem garantir o equilíbrio para o planeta com o peso da luz? Vocês podem dizer: "Meu peso é leve". Pois o fardo da luz que carregam vem do sacrifício de tudo que é menos que perfeição.

Há algumas pessoas em todas as eras eleitas para se tornar estrelas no firmamento do ser. Quando uma era termina e outra começa, tem que haver indivíduos aptos para realizar o arco, carregar espirais de energia de uma distribuição até a próxima, de um nível de consciência para o seguinte. Esses seres formam a ponte que toda a humanidade atravessa para passar à era de ouro da iluminação e da paz.

A iniciação da crucificação envolve a descida da alma aos mais escuros níveis do planeta, nos quais aqueles rebeldes são os que se recusaram a reconhecer o Cristo. Portanto, enquanto o corpo de Jesus encontrava-se na tumba, sua alma e sua mente estavam ativas nas profundezas do plano astral, no local que foi chamado de purgatório.

Lá é onde permaneceram as almas dos falecidos dos dias de Noé, dos dias do afundamento de Atlântida, já que se recusaram a se submeter à lei de Deus. Até recentemente havia sido negado a elas renascer e entrar na tela da vida.

João está dizendo que a vida de Jesus demonstrava sua aceitação da missão de crucificação. Entretanto, nós não fomos feitos para morrer na cruz, fomos feitos para viver. Temos que passar pela mesma iniciação que Jesus, mas não temos que morrer fisicamente.

Fomos feitos para viver como exemplo para outros que estão no Caminho. O que colocamos na cruz são os aspectos mais baixos de nossa natureza e esse é o sacrifício que Deus espera de nós nesta era, e não a morte de nosso corpo.

A era de transição de que João falou é esta em que estamos agora. Conforme a Era de Peixes se fecha, a de Aquário se abre, e temos que formar a ponte que vai da distribuição de Jesus na Era de Peixes à de Saint Germain na Era de Aquário.

Hoje em dia, muitos de nós preenchem os requerimentos da crucificação quando trabalham com pessoas sem teto e tentam reabilitar aqueles que sofrem com aids, álcool e uso de drogas, ou que são vítimas da pobreza, da fome, do crime – todo o leque de problemas de nossa sociedade atual.

Sem a cruz, não pode haver coroa

João, o Amado, diz que gostaria de nos dizer uma frase que sintetiza a iniciação da crucificação:

– Sem a cruz, não pode haver coroa; sem crucificação não pode haver ressurreição.

Quando nosso tempo de provas vier e temermos que possamos não dar conta, temos que nos lembrar dos vitoriosos que se foram antes de nós, mostrando que também podemos ser vitoriosos. Nós devemos prevalecer.

Se pensarmos em nosso primeiro exemplo, o da escalada da montanha, lembraremos que somos escaladores no Himalaia no meio de uma nevasca, rodeados de neve, fendas e gelo, e não ousamos afrouxar a corda que nos liga àqueles atrás de nós. Se assim o fizermos, eles cairão.

Serapis Bey encerra suas instruções com algumas palavras de amor.

Ele diz:

– Minhas mãos se estenderão a vós em amor de boas-vindas na hora de vossa vitória. Permaneço seu professor e amigo, Serapis Bey.

A iniciação da ressurreição

A iniciação da ressurreição acontece quando recebemos em nossa forma a energia regenerativa de Deus – uma energia que possui a capacidade de agilizar o funcionamento de nossos átomos e nossos elétrons, e reenergizar nossa forma.

Começando com o ritual da transfiguração, a chama se eleva dentro de nós e causa o alinhamento de nossas energias com as energias de Cristo. A própria chama da ressurreição flui através de nossos corpos quando recebemos essa iniciação. Tem cor de madrepérola leitosa e contém dentro de si todas as cores da chama de três voltas – azul, amarelo e rosa.

A taxa vibratória da chama da ressurreição é maior que a da chama de três voltas, pois nela as cores se revolvem cada vez mais rapidamente até que adquirem o brilho de madrepérola. Então, ela continua a vibrar ainda mais rapidamente até que se torna a pura luz branca da chama da ascensão.

Saint Germain nos deu uma bonita explicação da ressurreição. Ele disse:

– Há um destino que você percebe quando coloca a cabeça acima das nuvens da criação humana, e esse é o destino da alma de um povo em Aquário e de sua própria alma. Separado de tudo que o rodeia, há aquela vida interior e aquela caminhada interna com Deus. Há também aquela determinação, acima de tudo, de alcançar a reunião com a Todo-Poderosa Presença EU SOU nesta vida que é a vitória da ascensão.

– Eu lhes suplico: nunca percam o objetivo de vista! Pois se vocês desejam ajudar este planeta e não desertá-lo em seu momento problemático, então lembrem-se de que a luz que vocês carregam antes e depois da ascensão é o meio para atingir uma grande alquimia, uma quimicalização mundial. A ressurreição é uma ressurgência de luz no templo físico através da qual os raios do arco-íris de Deus são emitidos de vocês.

– A ressurreição da alma, então, é a restauração ao coração da luz interior, o Cristo interior, o Buda interior. A ressurreição é uma meta a ser cumprida antes da morte, não depois dela. E é sobre absorção de tal luz de restauração que o Lorde diz: "Veja, eu faço todas as coisas ficarem novas[116]".

Deixe-nos acrescentar aqui que acreditamos poder receber a iniciação da ressurreição sem ter que passar pelo processo chamado morte. Iniciados que estão no estado ressurreto caminham pela terra atualmente. Os mestres precisam que alguns de nós sejam suas mãos e seus pés, aqueles sobre os quais eles possam colocar suas Presenças Eletrônicas para nos tornar seus representantes na forma.

EU SOU a ressurreição e a vida

Podemos invocar a chama da ressurreição agora através de um mantra maravilhoso que Jesus trouxe do Himalaia. Ele estudou lá durante seus chamados anos

116. Saint Germain, *Pearls of Wisdom*, registrado por Mark L. Prophet e Elizabeth Clare Prophet, (Livingston, Mont.: Summit University Press, 1989), v. 32, n. 32; Rev. 21:5.

perdidos, isso durou dos doze aos vinte e nove anos, e ele recebeu este mantra de seu guru, Lorde Maitreya:

"EU SOU a ressurreição e a vida"[117].

Devemos manter essa afirmação na frente de nossa mente e usá-la para qualquer problema que se encontrar à nossa frente, dizendo:

"EU SOU, EU SOU, EU SOU a ressurreição e a vida."

E depois dessas palavras podemos acrescentar qualquer coisa que seja necessária no momento. Por exemplo, "EU SOU a ressurreição e a vida de minha saúde, minhas finanças, meus negócios, meu casamento, minha família, meus estudos" – qualquer coisa que necessitar de atenção em nossas vidas.

Quando fazemos essa afirmação, a chama da ressurreição passa através de nós. Ela ressuscita nossa memória, nossas dificuldades mentais, nosso desejo de conhecer Deus. Ela rejuvenesce nossos seres e ressuscita a memória de nosso plano divino. É uma das mais maravilhosas chamas que podemos invocar.

Ressurreição

EU SOU a chama da ressurreição
flamejando a pura luz de Deus através de mim.
Agora EU ESTOU elevando cada átomo,
de toda sombra EU SOU livre.

Eu SOU a presença completa da luz de Deus
EU ESTOU vivendo livre para sempre.
Agora a chama da vida eterna
eleva-se para a vitória.

Se você desejar aprofundar seus estudos antes de prosseguir para o Capítulo 24, encontrará exercícios na p. 252.

117. João 11:25.

24

A Iniciação da Ascensão

Serapis Bey começa:

– Agora chegamos à iniciação final da ascensão. Continuem se esforçando para atingir seu objetivo. Mantenham seus olhos fixos firmemente na promessa de sua ascensão, não importa o quanto vocês possam estar se sentindo abatidos pela vida. E não se esqueçam nunca de nos chamar para prestar ajuda. Estamos esperando por sua permissão para entrar em seu mundo e ensiná-los verdades mais profundas advindas de nosso oitavo mestre ascenso.

Deixem-me retomar algumas ideias que mencionei anteriormente e que sinto que vocês ainda precisam considerar.

Imortalidade tem um alto preço e demanda da pequenez dos homens a sua totalidade. Os homens não podem construir corpos imortais a partir de substância mortal. Não podem construir sentimentos divinos que envolvem o mundo e criam a Grande Pirâmide da Vida a partir de sentimentos mortais. A chama da ascensão é a chave que destrava a porta para a imortalidade para cada um dos homens[118]*.*

Está escrito no Livro da Vida: "Nenhum homem poderá ver Deus e viver". Pois quando Deus postar-se na presença do homem, este último não mais vive como homem, mas tem que viver como Deus. E se ele se recusar a viver como Deus,

118. *Introduction to Dossier on the Ascension*; *Lords of the Seven Rays*, volume 1, p. 178.

então, essa porção de consciência que se manteve como uma identidade separada de Deus não pode mais existir, pois é consumida quando em contato com o próprio fogo do ser de Deus.

É absolutamente essencial que vocês entendam que na análise final apenas devem passar por aquela entrada, pois ninguém pode entrar pela porta do Cristo Cósmico em seu lugar. Ninguém pode alcançar a manifestação da eterna vitória e honra.

– Na Realidade não há passado, nem futuro. Há apenas o momento presente. E com a ascensão, o último inimigo ou morte é destruído. Não tema entrar na chama, pois vocês não perderão nada, a não ser o não Eu, e ganharão a totalidade do Eu Real.

Está terminado

Jesus nos deu uma oração chamada "Está Terminado!". Ele carregou o carma para o mundo e para cada um de nós individualmente por toda a Era de Peixes. Agora a responsabilidade foi colocada sobre nós. Quanto demorará para que também vocês queiram dizer: "Está terminado! Chega deste episódio de conflito?".

Está Terminado!
De Jesus Cristo

Está terminado!
Chega deste episódio de conflito,
EU SOU um com a vida imortal.
Calmamente EU ESTOU ressuscitando minhas energias espirituais
da grande casa do tesouro da sabedoria eterna.
Os dias que conheci convosco, Oh, Pai,
antes de o mundo ser – os dias de triunfo,
quando todos os pensamentos de Vosso ser
elevados acima das colinas eternas da memória cósmica;
venha novamente enquanto eu medito sobre Vós.
A cada dia quando evoco Vossas lembranças
do manuscrito do Amor imortal,
EU ESTOU emocionado mais uma vez.
Padrões maravilhosos de observar cativam a mim
com a sabedoria de Vosso esquema criativo.
Tão tímida e maravilhosamente fui feito

que ninguém pode danificar Vosso desígnio,
ninguém pode arruinar a beleza de Vossa santidade,
ninguém pode desencorajar o batimento de meu coração
quase em selvagem expectativa
de Vossa totalidade manifesta dentro de mim.

Oh, grande e glorioso Pai,
como pode um pequenino pássaro criado em êxtase hierárquico
escapar de Vossa atenção gentil?
EU TENHO mais valor que muitos pássaros
e, portanto, sei que Vossos pensamentos amorosos
alcançam-me a cada dia
para me consolar na aparente solidão,
para elevar minha coragem,
elevar meus conceitos,
exaltar meu caráter,
inundar meu ser com virtude e poder,
sustentar Vossa taça de vida fluindo dentro de mim,
e permanecer em mim para sempre
na proximidade de Vossa presença celestial.

Não posso falhar,
porque EU SOU Vosso Eu em ação em todos os lugares.
eu ando Convosco
sobre as ondas e cristas da abundância de água.
Eu me movo Convosco
nas ondulações de Vossas correntes
passando por milhares de colinas
que compõem a crosta terrestre.
EU ESTOU vivo Convosco
em cada arbusto, flor e folha de grama.
Toda natureza canta em Vós e em mim,
pois somos um.
EU ESTOU vivo nos corações dos oprimidos,
elevando-os.
EU SOU a lei aplicando a verdade do ser
nos corações dos orgulhosos,

adulterando a criação humana ali
e encorajando a busca por Vossa realidade.
EU SOU todas as coisas de alegria
para todas as pessoas de paz
EU SOU as dependências da graça divina,
o Espírito de Santidade
libertando todos os corações dos laços para unidade.

Está terminado!
Vossa perfeita criação está dentro de mim.
Imortalmente lindo,
não se pode negar a bênção do ser.
Como para Vós, ela reside na casa da realidade.
Nunca mais irá para a profanação,
ela conhece apenas as maravilhas da pureza e da vitória.
Ainda assim revolve dentro desta fogueira imortal
um padrão consumado de misericórdia e compaixão
procurando salvar para sempre aquilo que está perdido
afastando-se
da beleza da realidade e da verdade.
EU SOU o Cristo vivo em ação sempre!

Está terminado!
Morte e conceitos humanos não têm poder no meu mundo!
EU ESTOU selado pelo desígnio de Deus
com a totalidade do amor de Cristo
que supera, transcende e liberta o mundo
pelo poder dos três vezes três
até que todo o mundo seja vitorioso em Deus –
ascenso na luz e livre!

Está terminado!
Completude é a totalidade de Deus.
Dia após dia, um aumento da força, da devoção,
da vida, da beleza e da beatitude ocorrem dentro de mim,
libertado da flor mais bonita do meu ser,

a rosa de Saron consagrada em Cristo
desabrochando suas pétalas dentro do meu coração.
Meu coração é o coração de Deus!
Meu coração é o coração do mundo!
Meu coração é o coração do Cristo em ação curativa!
Observe, EU ESTOU Convosco sempre, até o fim,
quando com a voz do amor imortal
eu também devo dizer: "Está terminado!"[119].

Iniciados que são candidatos para a ascensão frequentemente farão a jornada a Luxor em seus melhores corpos para fazer preparações para a ascensão na conclusão de sua encarnação final. Eles podem ficar lá por horas, dias, semanas, meses ou anos antes que seja dada a eles a oportunidade de ascender dos níveis internos.

Outros que serviram a Deus e equilibraram mais que 51% de seus carmas e que foram associados com a manutenção do equilíbrio de certa área geográfica geralmente são designados para ascender a partir do lugar onde estavam servindo.

O traje do casamento

A parábola do vestido do casamento revela o ensinamento de Jesus sobre o corpo espiritual, aquele que temos que tecer e vestir para nossa ascensão[120]. Quando invocamos as energias sagradas de Deus na oração e no serviço, giramos um corpo de luz a partir da energia do coração de nossa Presença de Deus, chamado de Corpo Solar Imortal. Nós usaremos esse traje de luz para nos carregar para as maiores oitavas quando ascendermos.

Serapis Bey nos diz que "apenas as energias purificadas do coração podem retornar ao coração da Presença para que Deus possa realmente criar um traje de pura luz com o qual a alma ascendente possa ser vestida".

– Esse traje de luz possui o poder da levitação, mas também está em conformidade com o Eu Interior e Exterior. Isso se submete ao Eu Interior porque ele é fiado a partir de energias de Deus e do padrão virginal de Deus para cada fluxo de vida.

---

119. Veja *Vigiai Comigo: A Vigília das Horas de Jesus*, registrado por Elizabeth Clare Prophet (Carrancas, MG: Summit Lighthouse do Brasil, 2005), apostila de 64 páginas.
120. Mateus 22:1-14.

Assim, a chama acima (no coração da Presença) magnetiza a chama abaixo (a chama do umbral dentro do coração do iniciado) e o traje de casamento desce ao redor do cordão de cristal para envelopar o fluxo de vida do indivíduo naquelas correntes tangíveis e vitais da ascensão[121].

Foi-nos ministrado que nos retiros os mestres dão aulas sobre como tecer o traje sem costura e nos ensinam que nossos pensamentos, nossos sentimentos e nossa consciência purificada formam a substância do tecido. Um dos anjos da ascensão disse:

– Vocês se surpreenderiam com o número de vezes que os iniciados têm que começar de novo por causa da irregularidade das linhas e cordões, os próprios cordões representam a consciência, os pensamentos, os sentimentos.

Pensamentos são a urdidura, sentimentos são a trama e o fogo do corpo etérico é a maciez do tecido que serve como coberta, funcionando como um campo de força de proteção áurica em torno do corpo físico e de todos os corpos.

Aqueles de vocês que já tiveram aulas de costura, já se encontraram costurando e depois desfazendo-as, e então mais uma vez costurando e desfazendo, e podem entender muito bem a paciência necessária quando se trabalha em um traje sem costura. E os mestres do templo da ascensão têm um olho muito aguçado para perceber a qualidade do traje. Eles nunca, jamais deixam passar uma imperfeição na tecelagem.

Deixe-nos tomar a decisão de realizar a ascensão agora e resolver isso com total fervor do nosso ser. Podemos dizer: "Senhor, eu desejo retornar ao cerne do fogo branco do ser se esse for meu plano divino. E farei uma novena ao Grande Diretor Divino para descobrir qual é a vontade de Deus para mim[122]. Eu desejo abraçar o caminho para a ascensão e quero começar com as iniciações básicas. Exterminarei tudo que sei não ser correto em meu mundo e entregarei tudo que não está pronto para poder entrar na chama da ascensão. Portanto, estou pronto para embarcar nesse Caminho. Que Deus me ajude."

A Prece da Ascensão

EU SOU a luz da ascensão,
vitória fluindo livre,

121. *Dossier on the Ascension*, p. 155, 158.
122. Veja o Capítulo 18 para instruções sobre a Novena para o Grande Diretor Divino.

todos os bons ganham no final
por toda eternidade.

EU SOU luz, todos os pesos se foram.
No ar eu me elevo;
para tudo derramo com poder de Deus total
minha maravilhosa canção de louvor.
Louvem todos! EU SOU o Cristo vivo,
o único que sempre ama.
Ascenso agora com o poder total de Deus,
EU SOU o sol flamejante.

O filho pródigo

Vocês podem querer ler a parábola do Filho Pródigo, pois se analisarem essa parábola à luz da ascensão poderão perceber que é a história de uma alma que se extraviou do caminho por várias vidas e agora finalmente decidiu aceitar os fogos da chama da ascensão e voltar para casa e para o Pai[123].

Serapis Bey nos dá uma prece a respeito do filho pródigo, que foi incluída no *Dossiê sobre a Ascensão*.

Oh, Deus, aqui estou eu, aqui ESTOU EU!
Um Convosco e um para comandar.
Abre a entrada para minha consciência
e me deixai demandar como nunca fiz antes
meu direito inato de restaurar.
Vosso filho pródigo veio a vós
E espera outra vez caminhar Convosco
A cada passo do caminho de Casa.

Serapis Bey nos acompanhará em nossa volta para casa, para Deus. Ele nos diz que podemos ser transformados verdadeiramente pelo caminho para ascensão.

– Consciência pode se mover. Pode penetrar. Pode voar. Pode soltar-se das amarras da vida e ir para o mar, o profundo mar onde as lágrimas salgadas de

123. Lucas 15:11-24.

minha felicidade são uma espuma de esperança, renovada sempre. Estou feliz como nunca antes, e não há lembrança das condições anteriores. Estas são colocadas de lado como finitas, banais, como uma fantasia passageira da mente mortal.

– A ascensão é uma parte inevitável do sistema divino. Ela consiste dessas iniciações: a transfiguração para a divina configuração, o ritual da crucificação sobre a cruz da matéria, a ressurreição da substância morta e a ascensão propriamente dita, que eleva o homem acima do domínio de suas energias recalcitrantes e de todas as atividades traiçoeiras, imperfeição mortal e erro. A ascensão é o início do reino para cada um. E quando cada alma for levada e nenhuma sobrar, o próprio mundo ascenderá de volta para Deus, um planeta vitorioso[124].

A ascensão

Serapis Bey nos diz que esta nossa aula se aproxima do fim e que estas são suas últimas instruções:

– Espero que, se não puder dar nada mais a vocês, eu possa ajudá-los a perceber que são merecedores de suas ascensões. Espero sinceramente que possam aceitar o grande amor e ajuda dada a vocês pelos mestres ascensos e seus ensinamentos.

Cada vez que um indivíduo retorna para o coração de Deus no ritual da ascensão, o momentum *dessa vitória é marcado sobre todos que ficaram. A chama da ascensão é mais do que uma chama de fogo branco – é algo de alegria e beleza eterna. É uma visualização que se move constantemente, elevando-se constantemente, mudando constantemente, subindo em uma espiral.*

Lembre-se de que na hora de sua ascensão você ouvirá a chama da ascensão ancorada em Luxor emitir a mais magnífica interpretação da Marcha Triunfal da ópera de Verdi, Aïda.

É sua marcha da vitória! Cada vez que ouvir esses trompetes, saiba que eles comemoram o momento em que você entra no púlpito do centro do Templo da Ascensão. Com serafins cercando o púlpito e todos os irmãos e irmãs do Templo da Ascensão formando um círculo a sua volta, você se erguerá no ritual da ascensão – **um mestre ascenso! Imortal!**

Se você desejar ampliar seus estudos, encontrará exercícios na p. 252.

124. *Dossier on the Ascension*, p. 119-20, 122-23, 178.

O caminho da ascensão compensa todas as inconveniências.
– El Morya

Caderno de exercícios

Foi dito que: "Quando o pupilo está pronto, o professor aparece".

Conforme você foi lendo este livro, pôde se dar conta de que o material é familiar, pois já havia se preparado no passado e neste momento está pronto para entrar em um relacionamento direto com um ou mais mestres ascensos.

Para facilitar ainda mais seu estudo, preparei uma série de exercícios para suplementar a informação dada no texto. Você pode achar interessante ler o livro uma vez para se familiarizar com os passos para a ascensão e depois pegar estas páginas suplementares e reler os capítulos individualmente. Ao fazer isso, medite sobre o que cada capítulo significa para você. Você também pode julgar interessante usar um caderno para anotar seus pensamentos sobre o livro conforme o lê.

Na página 253, encontrará um glossário de palavras espíritas ou esotéricas, depois do qual, incluí uma bibliografia. Além disso, você pode querer comungar com sua Presença de Deus enquanto lê o texto e pode pedir aos mestres ascensos para ensiná-lo direta ou indiretamente, como eles preferirem.

Se fizer ou não os exercícios, você quererá pedir mais instrução antes de se recolher para que sua alma seja levada para os retiros dos mestres ascensos.

Aqui você pode participar de aulas de níveis internos enquanto dorme (do mesmo modo que fizemos por todo o livro).

No livro *The Chela and the Path*, o mestre ascenso El Morya nos dá a fórmula que podemos usar para viajar até os retiros. Ele explica que podemos viajar para outros retiros de mestres adicionando o nome do mestre de sua escolha. Se você fizer a seguinte invocação antes de se recolher, os anjos o levarão para o retiro de El Morya em Darjeeling, na Índia:

> *Em nome de Cristo, meu Eu Real, chamo o coração da Presença EU SOU e o anjo da Presença para me levar em minha alma, em minha consciência da alma ao Retiro da Vontade de Deus em Darjeeling.*
>
> *Peço que meus quatro corpos inferiores sejam carregados e recarregados com a vontade de Deus e com o projeto para que eu cumpra essa vontade. Peço que me seja dada a fórmula para minha vitória. E peço que toda informação necessária para o cumprimento de meu plano divino seja libertada para minha consciência acordada externa como é necessário. Eu te agradeço e aceito que isso seja feito no poder total do Cristo elevado.*

Capítulo 1

1. O que "imortalidade" significa para você?

2. Qual é o propósito de sua vida? Você definiu seus objetivos especificamente e fez planos para cumpri-los dentro de um determinado tempo?
   Há muitos anos tenho um cartaz em cima da minha mesa no qual se lê: "A ascensão: O objetivo da vida". Ele está em uma posição em que posso vê-lo muitas vezes por dia. Frequentemente, ajuda ter um lembrete visual de nosso objetivo.

3. É um de seus objetivos tornar-se um mestre ascenso?
   Fui capaz de numerar entre meus amigos vários que haviam ascendido. O processo da ascensão não é um evento impessoal, mas na verdade está acontecendo hoje. Desejo com todo meu coração me tornar um mestre ascenso algum dia, se Deus assim quiser, e quero que o maior número de vocês que for possível receba essas verdades para que também possam ascender.

4. O que a seguinte citação de Serapis Bey significa para você?
   "O futuro é o que você constrói, assim como o presente é o que você faz. Se você não gosta dele, Deus lhe ofereceu um meio de modificá-lo, e esse meio é a aceitação das correntes da chama da ascensão."

Você tem conhecimento de incidentes em sua vida que foram influenciados por eventos passados?

Quando ouvi pela primeira vez esse ensinamento de Serapis Bey, foi como se uma luz tivesse entrado em minha consciência. Pensei: "Ah! Isso explica muitas coisas que sempre me perguntei". Pela graça de Deus, tive uma vida presente bastante satisfatória, e aprendi, para minha surpresa, que tive poucas situações de provação por causa de certa quantidade de carma bom trazido de vidas passadas.

Portanto, quando ouvi que "o futuro é aquilo você faz dele", decidi bem ali que meu futuro seria a ascensão. E determinei naquele momento que faria da ascensão o objetivo de minha vida e que trabalharia incessantemente com esse propósito.

5. O conceito de ascensão é novidade para você? Você já o havia relacionado a outra pessoa além de Jesus?
6. Há alguma maneira de mudar sua vida ou sua agenda diária para alocar mais tempo para meditação e contemplação, e ainda assim cumprir suas responsabilidades para com sua família, profissão etc.?

Capítulo 2

1. Como você pode remover o senso de luta de sua vida?
2. O seu objetivo é equilibrar mais que 51% de seu carma?

Mesmo que nos tenha sido oferecida a dispensa da ascensão com apenas 51% de seu carma equilibrado, é bem mais difícil e toma muito mais tempo equilibrar os 49% restantes dentro dos planos internos depois de sua ascensão. Eu, por exemplo, estou tentando equilibrar a maior parte do carma possível enquanto ainda estou em encarnação física.

Foi-nos dito que quando estivermos no estado ascenso ainda teremos que entrar em contato com pessoas na Terra mesmo não tendo como alcançá-las fisicamente. A metáfora usada para explicar isso para mim foi a de termos que levantar um copo de água sem as mãos. Portanto, só conseguimos alcançar aqueles que são receptivos às vibrações mais altas.

Então, trabalhe o mais arduamente que puder enquanto ainda estiver em encarnação física para equilibrar a maior quantidade de carma possível. Não pare em 51%! Almeje 100%! É isso que estou fazendo.

3. El Morya diz:
   – Pequenas chaves abrem as maiores portas, e o homem tem que estar pronto para entrar por elas e não ficar parado, hesitante no batente.
   Há diversas "pequenas chaves" escondidas no texto em outros escritos de Serapis Bey. Incluí uma lista de algumas das minhas favoritas. Você pode adicioná-las e fazer seu próprio caderno de ensinamentos chave, não apenas sobre ascensão, mas também sobre a instrução dos outros mestres que você encontrou neste livro. Conforme continuar a ler livros devocionais, acho que encontrará alegria na compilação de seu próprio livro de chaves. Estude-o de novo de tempos em tempos, quando as coisas ficarem difíceis. Isso dará novas esperanças a você.

- A ascensão na luz é o retorno vitorioso a Deus de onde viemos.
- A ascensão é o começo do reino para cada um.
- A ascensão é o cumprimento da vontade de Deus para cada homem.
- A chama da ascensão é a chama da esperança.
- A ascensão é uma realidade muito presente.
- Você ascende diariamente.
- O caminho da ascensão é o caminho do amor.
- É o amor e o sonho do amor realizado.
- A chama da ascensão é mais que uma chama de fogo branco.
- É algo de amor e beleza eternos. É uma visualização sem fim, movendo-se constantemente, mudando constantemente, espiralando para cima.
- A ascensão é o desejo de Deus para cada homem.
- A ascensão na luz é o objetivo de toda vida na Terra, esteja ela ciente disso ou não.
- Para ascender, você precisa abandonar seu passado para Deus, sabendo que ele possui o poder, por sua chama e identidade, para mudar tudo que houver forjado de más intenções e confusão na beleza de seu desígnio original.
- Deixe a ilusão de lado e queira, em nome do Todo-Poderoso Deus, mudar seu mundo.
- Com a ascensão, a última inimiga, a morte, é destruída.
- A ascensão tem que ser desejada e tem que ser desejada ordenadamente, não como um mecanismo de escape da responsabilidade ou de deveres mundanos.

- As correntes da ascensão não podem machucar ninguém.
- A chama da ascensão é a chave que abre a porta da imortalidade para cada homem.
- Ascender é se misturar à unidade cósmica com o coração do Eterno.
- O processo da ascensão é um exercício de perdão.
- Imortalidade tem um alto preço e demanda a totalidade dos homens, da pequeneza deles.
- O modo de escape para cada homem é o caminho da ascensão.
- Isso é o presente de Deus para cada um, percebam os homens ou não.
- Deixe todos entenderem que a ascensão é ganhar tanto por boas obras e devoção a Deus, pelo serviço aos nossos semelhantes, pelo serviço à luz, por decretos oferecidos em nome da humanidade e pelas várias avenidas da Fraternidade quanto pelo estudo direto do processo mecânico da própria ascensão.
- A ascensão é uma parte inevitável do sistema divino.
- A ascensão é a pedra final da Pirâmide da Vida.

Capítulo 3

1. Leia *Senhores dos Sete Raios*. (Veja a bibliografia, p. 261). Ele dá uma biografia completa dos mestres ascensos e seus serviços.

2. Talvez você queira ler *Conde Saint Germain*, de Isabel Cooper-Oakley (Editora Mercuryo, 1990). É uma biografia interessante de Saint Germain na Europa e os eventos que reconta ocorreram depois de sua ascensão, quando foi permitido a ele retornar à Terra temporariamente, para uma missão específica.

Capítulo 4

1. Você fez um cartão "Eu posso se EU TENTAR!" e o colocou em uma posição em que possa vê-lo com frequência?

2. Você está se acostumando a deixar o mantra de Saint Germain cantar através de seu ser sempre que tem um momento livre? "EU SOU um ser do fogo violeta! EU SOU a pureza que Deus deseja!"

3. Você sente que às vezes está recusando as iniciações que vêm até você? Você sente que tem sua vida bem sob controle no presente e, portanto, aventurar-se em águas não mapeadas que iria "balançar o barco"?
Eu sei de muitos amigos, pessoas boas, que se sentem mais confortáveis permanecendo onde estão com suas vidas, do que indo adiante e aceitando novos desafios quando estes se apresentam. Essa não é uma atitude útil para o iniciado que está de olho na ascensão, pois hoje os mestres ascensos oferecem numerosas oportunidades para progredir no caminho para a ascensão se apenas aceitarmos sua ajuda.

Capítulo 5

1. Liste os requerimentos para a ascensão.
2. Liste quaisquer palavras que não entendeu no texto e verifique suas definições no glossário, página 253.
3. Serapis Bey nos diz, no *Dossiê sobre a Ascensão*, que no Retiro da Ascensão em Luxor são dados longos períodos de meditação aos estudantes, às vezes durando várias semanas. Serapis Bey designa a eles uma única ideia para se meditar a respeito por horas e para que o complemento total de seu significado seja invocado do coração de Deus. Com isso em mente, use algum tempo calmo e medite sobre a chama da ascensão. Visualize essa chama como de um branco ardente que cintila como cristal enquanto você ouve sua melodia, a Marcha Triunfal da ópera *Aïda*.
4. El Morya disse:
– O caminho da ascensão compensa todas as inconveniências.
Você está disposto a organizar sua vida de tal modo a fazer da ascensão o propósito máximo de sua vida?
Algumas vezes, ajudas visuais são necessárias para nos manter atados ao nosso objetivo. Eu tenho uma bonita foto do Monte Kanchenjunga, uma montanha nevada alta no Himalaia, em meu quarto, em um local onde é facilmente visto. Na parte de baixo, escrevi:

"O caminho da ascensão compensa todas as inconveniências"
– EL Morya.

Talvez fosse interessante você conseguir uma foto de sua montanha favorita: A grande Teton, os Alpes, Monte Everest, Monte Rainier ou quaisquer das pinturas de montanhas de Nicholas Roerich. Ter um lembrete visual de seus objetivos ajuda quando a ida fica penosa.

Capítulo 6

1. Chame Serapis Bey e os Lordes do Carma. Diga a eles que quer sua ascensão quando esta fizer o maior bem ao mundo, de acordo com a vontade de Deus.

2. O apóstolo Paulo registrou como a morada de Cristo foi formada em nós. Ele escreveu em Gálatas: "Eu sinto as dores do parto até que Cristo seja formado em vós. Eu vivo, não mais eu, mas Cristo vive em mim". Na palestra na Summit University *As Raízes do Misticismo Crístico*, Elizabeth Clare Prophet nos ensinou a seguinte meditação a ser praticada para trazer a luz do Eu Espírito Santo para baixo. Os mestres ascensos nos ensinam que nosso Senhor e Salvador, Jesus Cristo, é um com o nosso Eu Crístico Sagrado. Quando praticamos com fé a seguinte visualização em uma meditação silenciosa, podemos acelerar o passo no caminho para nossa ascensão.

   Encontre um lugar silencioso, onde não haja distrações, e leia a seguinte meditação. Depois de ler, não tenha pressa para centrar seu coração:

   Conforme você visualiza o Cristo sendo formado em você, veja isso como um ponto de Luz vindo juntamente com a concentração, originalmente disperso e vaporoso sem forma ou formato. Quando começar a saber quem é Cristo e o que é Cristo, seus atributos, seus trabalhos, suas palavras, como vive diariamente, forma-se em você seu conceito de Cristo, sua imagem de Cristo, o Cristo que você adora e a quem venera, o Cristo que é seu irmão, professor e amigo.
   E então, a cada dia, Cristo está sendo formado em você, ficando mais concentrado como Luz até que a própria presença, o contorno e verdadeiramente a forma de seu Eu Crístico Sagrado sejam duplicados aqui embaixo.

   Juntamente com essa meditação, você pode ler *Imitação de Cristo*, de Tomás de Kempis, para ajudá-lo a formar um conceito claro da imagem de Cristo.

Capítulo 7

1. Os mestres nos disseram que podem mandar sua radiação através de suas fotografias ou estátuas. Você tem uma pequena fotografia ou estátua de Kuan Yin em sua mesa de meditação ou altar?

2. Medite sobre estas palavras ditas por Kuan Yin:

Irrealidade Partida

Irrealidade partida.
Oh, tua chama da misericórdia,
reverencie nossa pura Realidade
e liberte cada alma agora!
A chama começa a mudar de forma
de cativa a liberta
e gotas da grande chama da misericórdia da Vida
instilem a alma com paz.

O amor de Deus inflama o coração,
a alma molda a forma, sim,
como a Sabedoria emite as fagulhas do Espírito
que fazem cada um renascer.
EU SOU o servo dos pobres.
o guardião do puro.
Meu nome é Misericórdia pelo Senhor
cuja graça seja adorada por todos!

Capítulo 8

1. O decreto da Deusa da Pureza é excelente para memorizar e repetir várias vezes por dia – no banho ou enquanto dirige para o trabalho –, sempre que tiver um momento livre.

EU SOU puro

Pelo desejo de Deus nas alturas,
aceito agora conforme eu vou às alturas.

Como neve no chão com brilho de estrela de fogo,
sua pureza abençoada é concedida,
é um presente de amor para mim.

EU SOU puro, puro, puro
pela própria palavra de Deus.
EU SOU puro, puro, puro
oh, espada ardente
EU SOU puro, puro, puro
a verdade é adorada.

Desça e me faça inteiro,
abençoada Eucaristia, preencha minha alma.
EU SOU a lei, EU SOU tua luz,
oh, molda-me em tua forma tão brilhante!
Amado EU SOU! Amado EU SOU! Amado EU SOU!

2. Compre uma concha de madrepérola para meditar sobre o brilho branco leitoso da madrepérola da Deusa da Pureza e da chama da ressurreição.
3. Repita muitas vezes até que você atinja um *momentum* com o mantra: "Eu clamo minha vitória agora" ou "Eu clamo minha pureza agora".
4. Faça uma lista de mantras simples personalizados para ajudá-lo a ganhar o controle sobre suas emoções.
5. Recite para si mesmo as palavras da música: "Você é uma Criança da Luz". Você pode também cantá-la na primeira pessoa, como "EU SOU uma Criança da Luz". Quando você disser isso, acredite! É uma maneira excelente para superar a baixa autoestima ou baixo valor pessoal.

Você é uma Criança de Luz

Você é uma criança de luz.
Você foi criado à Imagem Divina.
Você é uma criança do infinito.
Você mora nos véus do tempo.
Você é um filho do Mais Alto.

Capítulo 9

1. Lorde Zadkiel nos disse que a chama violeta é a chama violeta cantante. Você pode cantar este mantra no ritmo de Santa Lúcia. Se cantar no banho, é perfeito para visualizar a chama violeta penetrando seus quatro corpos inferiores e limpando você assim como a água do chuveiro limpa seu corpo físico.

   EU SOU a chama violeta
   em ação no meu ser agora.
   EU SOU a chama violeta
   para reluzir sozinha, eu me curvo.
   EU SOU a chama violeta
   no poder cósmico poderoso.
   EU SOU a Luz de Deus
   brilhando toda hora.
   EU SOU a chama violeta
   ardendo como um sol.
   EU SOU o poder sagrado de Deus
   libertando cada um.

2. Aqui está um mantra da chama violeta que você pode usar para chamar a lei do perdão para todos os seus pecados, passados e presentes. Você pode acrescentar a ele uma prece para todos aqueles a quem você fez algo errado e todos aqueles que erraram com você:

   Fogo violeta, envolva-nos! (3x)
   Fogo violeta, abrace-nos! (3x)
   Fogo violeta, liberte-nos! (3x)
   EU SOU, EU SOU, EU SOU rodeado pelo pilar da chama violeta
   EU SOU, EU SOU, EU SOU abundante no
   puro amor pelo grande nome de Deus,
   EU SOU, EU SOU, EU SOU completo
   por teu padrão de perfeição tão justo,
   EU SOU, EU SOU, EU SOU a chama radiante de Deus
   de amor gentil recaindo pelo ar.

Recaia sobre nós! (3x)
Resplandeça através de nós! (3x)
Sature-nos! (3x)
EU SOU perdão agindo aqui,
eliminando toda dúvida e medo,
libertando os homens para sempre,
com asas de vitória cósmica.

EU ESTOU pedindo com poder total
por perdão a cada hora;
para toda vida em todos os lugares,
eu inundo o entorno com graça do perdão.

4. Tenha o hábito de escrever ao Conselho Cármico no Ano-Novo e no Quatro de Julho. Os Lordes do Carma se encontram nessas datas para considerar as petições dos iluminados da terra.
   Escreva suas cartas e queime-as em um lugar seguro, os mestres nos disseram que, conforme a fumaça sobe, os anjos levarão sua petição aos Lordes do Carma.
   Você pode escolher escrever para qualquer dos mestres. Sua carta deve ser manuscrita a tinta, não datilografada, pois sua escrita à mão carrega sua vibração pessoal.
5. Como requisitou Kuan Yin, faça sua lista de Natal e dê a ela, listando todos aqueles que você não perdoou e todos que você acha que não lhe perdoaram.

Capítulo 10

1. Lembre-se em suas preces noturnas de mandar seu amor aos seres elementais. Eles precisam receber nossos chamados porque absorvem muito do carma da Terra e estão tentando da melhor maneira possível evitar cataclisma.
2. Portia, a Mestra da Justiça, disse: "Não há injustiça em nenhum lugar do universo". É difícil aceitar isso? Se é, lembrar-se de que estamos equilibrando o carma que fizemos milhares de anos atrás pode ajudar. O que parece ser injusto para nós hoje pode ser carma voltando de uma situação há muito esquecida.

Tenho que ficar me lembrando da afirmação de Portia. Eu tive muita dificuldade em manter meu peso desde que fiz uma tireoidectomia muitos anos atrás. Quando vejo uma pessoa que come duas vezes mais do que eu e ainda assim continua magra, tenho que ficar lembrando a mim mesma de que não há injustiça em nenhum lugar do universo.

Capítulo 11

1. Memorize "O Fogo Violeta e o Decreto do Tubo de Luz" e repita-o quando tiver um minuto ao longo do dia. Lembre-se de chamar pelo seu tubo de luz quando se levantar pela manhã e quando deitar à noite. Veja essa grande cachoeira de luz descer de sua Presença EU SOU e se estender até abaixo de seus pés, banhando sua forma física inteira em um banho de luz e proteção.

Tubo de Luz

Amada Presença luminosa EU SOU,
ao meu redor sele seu tubo de luz
da chama mestra ascendida
evocado agora em nome do próprio Deus.
Deixe-o manter meu templo livre
de toda discórdia enviada a mim.

EU ESTOU evocando a chama violeta
para arder e transmutar todo desejo,
mantendo-se em nome da liberdade
até que EU SEJA um com a chama violeta.

2. Mantenha um diário das vezes em que você sentiu verdadeiramente a proteção de seu tubo de luz ou da intervenção do Arcanjo Miguel e seus anjos de chama azul.

Capítulo 12

1. Procure um áudio da chama violeta para que você possa ouvir o ritmo dos decretos. Pratique dar a ciência da Palavra falada com o áudio e se torne um especialista em invocar a chama violeta para transmutar carma planetário e pessoal.

2. Compre *A Ciência da Palavra Falada*. Ele contém mais instruções do que eu pude dar em um capítulo. Há também bonitas fotos coloridas de formatos de pensamentos para suas meditações e visualizações. Esse livro é obrigatório para todos que procuram o Caminho com seriedade.

Capítulo 13

1. Medite sobre sua aura e veja-a se encher com luz, desviando todas as projeções negativas que possam passar por seu caminho.

2. Tenha uma figura do Arcanjo Miguel em seu carro para que ele possa focalizar sua Presença dentro de seu veículo. Para que ele lhe dê sua Proteção de Viagem com frequência. Repita este decreto em voz alta quando estiver dirigindo seu carro e em silêncio quando estiver nos transportes públicos e visualize o Arcanjo Miguel e suas legiões cercando-o e a toda a humanidade com lençóis de proteção luminosa azul.

Proteção de Viagem

Em nome da vitoriosa e poderosa Presença de Deus, EU SOU em mim, meu próprio muito amado Eu Crístico Sagrado, Eus Cristos Sagrados de toda a humanidade, amado Arcanjo Miguel, amado Lanello, o Espírito inteiro da Grande Fraternidade Branca e da Mãe do Mundo, eu decreto para minha proteção para aqueles de minha família:

Lorde Miguel à frente, Lorde Miguel atrás,
Lorde Miguel à direita, Lorde Miguel à esquerda,
Lorde Miguel acima, Lorde Miguel abaixo,
Lorde Miguel, Lorde Miguel aonde quer que eu vá!

EU SOU seu amor protegendo aqui!
EU SOU seu amor protegendo aqui!
EU SOU seu amor protegendo aqui!

3. Medite sobre uma figura ou estátua de São Francisco enquanto diz a oração:

A Oração de São Francisco

Senhor,
Fazei de mim um instrumento de vossa Paz.
Onde houver ódio, que eu leve o amor.
Onde houver ofensa, que eu leve o perdão.
Onde houver discórdia, que eu leve a união.
Onde houver dúvida, que eu leve a fé
Onde houver erros, que eu leve a verdade
Onde houver desespero, que eu leve a esperança.
Onde houver tristeza, que eu leve a alegria.
Onde houver trevas, que eu leve a luz.

Ó Divino Mestre,
fazei que eu procure mais:
consolar do que ser consolado;
compreender do que ser compreendido;
amar do que ser amado.
Pois é dando que se recebe.
Perdoando que se é perdoado e
é morrendo que se vive para a vida eterna!

4. Considere seriamente como você pode mudar sua vibração sempre que não estiver consonante com a chama da ascensão. Invoque o decreto de Kuthumi, *EU SOU Luz,* e visualize a luz branda se intensificando dentro de sua aula e irradiando para abençoar toda a humanidade.

EU SOU luz
De Kuthumi

EU SOU luz, luz resplandecente,
luz radiante, luz intensificada.
Deus consome minha escuridão,
transmutando-a em luz.

Neste dia EU SOU um foco do sol central.
Fluindo através de mim há um rio de cristal,
uma fonte de luz viva

que nunca poderá ser qualificada
pelo pensamento e sentimento humanos.
EU SOU um posto avançado do Divino.
Tal escuridão conforme me usou foi consumida
pelo rio poderoso de luz que SOU EU.

EU SOU, EU SOU, EU SOU luz;
eu vivo, eu vivo, eu vivo em luz.
EU SOU a maior dimensão da luz.
EU SOU a intenção mais pura da luz.
EU SOU luz, luz, luz.

Inundando o mundo por onde quer que eu me mova,
abençoando, fortalecendo e levando
o propósito do reino dos céus.

Capítulo 14

1. Você encontrará fotos do mestre ascenso Lanello (quando ele era Mark L. Prophet) e de Elizabeth Clare Prophet no livro *A Ciência da Palavra Falada.*
2. Faça um Diário da Cristandade, como Lanello sugeriu.
3. Termine a missão de Serapis Bey: Eu, O que é Real; Eu, O Que é Irreal. Isso é mais importante para a conquista do que você imagina. Verifique periodicamente sua lista para avaliar seu progresso. Veja quantas das qualidades que listou como irreais podem ser movidas para a coluna das reais. A chama violeta é sua borracha cósmica. Use-a com frequência para efetivar a transmutação em sua vida.

Capítulo 15

1. Transforme em um hábito pedir que a Presença Eletrônica de um mestre seja sobreposta a você enquanto dorme à noite.
   A primeira vez que soube da distribuição, imediatamente me aproveitei da grande assistência que isso me deu em direção à minha ascensão. Faço esse exercício continuamente há anos e, quando vou dormir, chamo um mestre diferente a cada noite e então, ocasionalmente, o mesmo por várias noites seguidas se sinto que preciso mais de uma chama em particular.

2. No livro *Senhores dos Sete Raios*, você encontrará informações sobre os mestres, os raios nos quais eles servem e seu serviço para o mundo.

Capítulo 16

1. Releia o livro *A Ciência da Palavra Falada* e pratique alguns dos decretos que não estão incluídos em nosso texto.
2. Você tenta resolver tudo por si mesmo? Você está tentando mudar esse hábito e chamando pelos mestres ascensos para ajudá-lo e então, deixando Deus em você ser o efetivador?
3. Leia uma boa biografia de Gautama Buddha e veja a si mesmo seguindo seus passos enquanto luta para atingir seu Caminho do Meio.
4. Não se esqueça de escrever petições ao Conselho Cármico e para outros mestres. Consagre-os e queime-os em um local seguro.
5. Memorize o Salmo 23 como um modo de eliminar medo, ansiedade e preocupação de sua vida.

Salmo 23

O Senhor é meu pastor, nada me faltará.
Em verdes pastagens me faz repousar; e para fontes tranquilas me conduz.
E restaura as minhas forças. Ele me guia por bons caminhos, por causa do Seu nome.
Ainda que eu ande pelo vale da sombra da morte, não temerei mal algum, porque Tu estás comigo; o Teu bastão e Teu cajado me consolam.
Diante de mim preparas a mesa, à frente dos meus inimigos: unge a minha cabeça com óleo; o meu cálice transborda.
Certamente a bondade e a misericórdia me seguirão todos os dias de minha vida: e habitarei na casa do Senhor para sempre.

6. Estude a definição do relógio cósmico como está explicado em detalhes no livro *The Great White Brotherhood in the Culture, History and Religion of America*. A ciência de registrar o ciclo das iniciações da alma nas doze linhas do relógio sob as doze hierarquias do Grande Sol Central é a ciência da Divina Mãe dada aos mensageiros pela Mãe Maria e é a Astrologia da

Nova Era. Ela registra os ciclos de carma planetário e pessoal que retornam para nós diariamente conforme as provas e julgamentos do caminho da iniciação de volta a Deus.
Serapis Bey é o mestre ascenso que preside a partir da sexta linha do relógio e do signo solar de Câncer no relógio cósmico. Podemos chamá-lo para nos ajudar a superar as manifestações negativas de indecisão, autopiedade e autojustificação.

7. Se você ainda tiver momentos de baixa autoestima ou autocondenação, lembre-se da sugestão de Saint Germain e afirme "EU NASCI para vencer!".

8. O que você faz para restaurar sua harmonia quando está chateado?
Você está gradualmente ganhando controle de suas emoções? Eu descobri que entoar o mantra "Paz seja agora e saiba que EU SOU Deus" diversas vezes até que me sentisse com controle de minhas emoções é um excelente modo de me curar dessa sensação esquisita na barriga.
Entretanto, lembre-se de que esse exercício tem que ser repetido cada vez que sentimos que começamos a perder o controle. Não é um remédio de dose única. Temos também que estar eternamente vigilantes. Tem uma fração de segundo na qual conseguimos tomar o controle antes de explodir em um episódio de raiva. Ainda há tempo para dizer: "Paz seja agora..." e parar o surto se realmente queremos paz em nosso mundo.

Capítulo 17

1. Medite sobre o assunto do divino amor – o amor de Deus, dos mestres, anjos e elementais. Pelas próximas semanas, quando for dormir à noite, peça que a Presença Eletrônica dos mestres que servem no raio do amor para recobri-lo e ensiná-lo o que amor divino realmente é. Registre seus pensamentos.

2. Há uma figura excelente da chama de três voltas no livro *A Ciência da Palavra Falada*. Se você tiver dificuldade em visualizar, medite sobre essa figura enquanto faz suas devoções.

3. Você está pronto para praticar as duas provas do amor? Primeiro, pratique dando amor intenso ao Deus em seus semelhantes sem desejar reconhecimento ou gratidão. Segundo, peça a Deus que intensifique seu amor por você como reprimenda que o purificará e o preparará para sua ascensão.

Capítulo 18

1. Repita diversas vezes "Minha vontade não, minha vontade não, minha vontade não, e sim a Dele seja feita" e saiba que milhares de mestres ascensos estarão cantando esse mantra com você.
2. El Morya diz que a repetição do "A vontade de Deus é boa" é o modo de controlar a mente subconsciente e inconsciente.

Capítulo 19

1. Medite sobre a armadura do Arcanjo Miguel antes de dormir à noite. Visualize essa armadura protegendo-o quando pede para sua alma viajar para as Universidades do Espírito.
2. Você realmente acredita que pode ascender nesta vida? Você está disposto a trabalhar para que isso aconteça?
3. Visualize a espada de chama azul do Arcanjo Miguel e seu bando de anjos de chama azul usando espadas para libertá-lo de todos os hábitos e condições que não quer mais em sua vida.

Capítulo 20

1. Os sete maiores chacras ou centros de luz estão ancorados ao longo da coluna espinhal no corpo etérico e governam o fluxo de energia para nossos corpos inferiores. Aqui está uma lista desses chacras, suas cores e seus propósitos:
   a. Chacra garganta: azul-safira brilhante. Através da dádiva da fala, exercitamos o poder e a autoridade da Palavra falada. Esse é o centro do poder.
   b. Chacra coroa: amarelo brilhante. Através de nossa inteligência exercitamos a iluminação da Mente de Cristo. Através deste chacra focalizamos nossa consciência de Deus.
   c. Chacra coração: a cor varia de um rosa delicado ou berílio rosado até o vermelho-rubi. Sendo o chacra mais importante, distribui a energia da Presença aos outros seis chacras.
   d. Chacra base da espinha: luz branca resplandecente do diamante. Este chacra contém o padrão do rolo flamejante da ascensão e da inflorescência da chama Mãe nos quatro corpos inferiores do homem. A pureza de Deus é focalizada através deste chacra.

e. Chacra terceiro olho: verde-esmeralda. Este chacra focaliza a luz curativa de Deus. Vibrando o verde esmeralda da ciência da verdade, ele nos permite ver a figura imaculada dos indivíduos, das civilizações e de nosso padrão divino.
f. Plexo solar: roxo alexandrino e dourado topázio solar com traços de rubi. Este chacra é chamado o "lugar do sol" e é o local do sentimento, onde empregamos a energia da emoção como energia de Deus em movimento para focalizar a paz da consciência de Deus.
g. Chacra básico: violeta-ametista. A alma está ancorada aos corpos etéricos e físicos aqui. É o chacra da liberdade.

2. O texto deve ser usado como um auxiliar para o estudo. Depois de um período de meditação, talvez você queira relê-lo.
3. Uma figura ou estátua da Mãe Maria em seu altar ajudará suas meditações. Mãe Maria nos deu a seguinte oração como seu rosário da nova era para a Era de Aquário. Se você fizer esta oração com devoção nove vezes diariamente, ela irá ajudá-lo a elevar a energia Kundalini da Mãe Divina armazenada no chacra básico acima do altar espinhal, para o chacra coroa.

Ave-Maria

Ave-Maria, cheia de graça!
O Senhor é convosco
Bendita sois vós entre as mulheres
E bendito é o fruto do vosso ventre, Jesus
Santa Maria Mãe de Deus,
Rogai por nós os pecadores
Agora e na hora de nossa morte.

Capítulo 21

1. Você acha que às vezes é impaciente? Se sim, sabe o que fazer a respeito?

   Mãe Maria disse:

   – Espere o imediato, mas esteja disposto a esperar com paciência, senhor de suas almas, para a satisfação do Divino dentro de você.

   Ela também disse:

– Lembre-se de que nestes mundos você tem sempre que considerar que a manifestação de Deus é, às vezes, de uma necessidade ajustada pelas condições de tempo e espaço. Em outras vezes, é possível a precipitação instantânea.

2. Você já tentou permanecer alegre por vinte e quatro horas? Tente! Você pode gostar!

3. Astrea é o Eloim do Quarto Raio de Pureza. Seu complemento divino é Pureza e seu retiro etérico está localizado perto do Golfo do Arcanjo no braço sul do Mar Branco da Rússia. Chame Astrea e o fogo branco da Pureza, a chama do fogo azul para limpar e purificar sua aura.

Capítulo 22

1. Faça um testamento. Nele afirme claramente que gostaria que seu corpo fosse cremado e também conte para sua família sobre seu desejo, pois frequentemente o testamento não é lido até depois do enterro.

Capítulo 23

1. Você sabia que pode passar pela iniciação da crucificação sem morrer? Eu não sabia até ouvir as palavras de João, o Amado.

2. Liste os finais que quer usar no mantra "EU SOU a Ressurreição e a Vida". Por exemplo: EU SOU a Ressurreição e a Vida de minhas finanças, minha saúde, meu casamento, meus filhos, minha vida espiritual, meus objetivos etc.

Capítulo 24

1. O que o impede de dizer "Está terminado"?

2. Ouça a Marcha Triunfal da ópera *Aïda* de Verdi, trombeteando a vitória de sua ascensão, ou ouça a música "Aïda Celestial", que é a tônica de Serapis Bey.

3. Faça uma novena (oração de nove dias) ao Grande Diretor Divino para obter orientação de Deus em sua vida. (Veja o Capítulo 18 para instruções.)

Glossário

Alma. Complemento feminino do espírito, que é masculino. Nós nos referimos a ela com pronomes femininos. A alma é o potencial vivo de Deus, e Deus é Espírito. A alma pode ser perdida; o Espírito não morre jamais. A imortalidade é concedida a ela através de união permanente com o Espírito Santo no casamento de alquimia e do ritual da ascensão.

Alquimia. A ciência espiritual que permite que manipulemos a base dos elementos da natureza humana, transformando-a no ouro de Jesus Cristo. *Ver A Alquimia de Saint Germain: Fórmulas para a Autotransformação.*

Anjos. Espíritos divinos, arautos, mensageiros enviados por Deus para Sua Palavra Divina para seus filhos; também são enviados para ministrar, procurando confortar, proteger, guiar, ensinar e aconselhar os espíritos que precisem disso, além de atender aos nossos chamados.

Anjos Caídos. Anjos que seguiram Lúcifer na grande rebelião e depois caíram em si, conscientes finalmente da frequência dos níveis mais baixos da vibração. Eles foram "lançados para baixo junto com ele" (Revelações 12:7-12), pelo Arcanjo Miguel, e obrigados a assumir corpos humanos.

Arcanjos. Os anjos mais graduados, superiores. Cada um dos sete raios tem um arcanjo responsável que, com seu complemento divino, o arcanjo feminino, personifica a consciência divina de um determinado raio e supervisiona os anjos que agem em nome desta designação.

Ascensão. Uma aceleração espiritual da consciência ou da percepção, que ocorre como conclusão natural e esperada no fim do tempo de vida do indivíduo na Terra, quando a alma volta a se tornar uma com Deus e está livre de renascer e cumprir mais um período de carma.

Aspirante. Aquele que pretende tornar-se novamente um com Deus, superando as condições de tempo e espaço através do ritual da ascensão.

Astrea. Elohim do quarto raio da pureza, trabalha no sentido de libertar almas do plano astral e das projeções das forças da escuridão. *Ver também o verbete Elohim.*

Bodhisattva. Um ser de *bodhi*, ou sabedoria, que está destinado a se tornar um Buda, mas que tomou um juramento de desistir do Nirvana até que todas as almas tenham sido libertas.

Caminho da Iniciação. O caminho das iniciações graduadas através do qual o discípulo persegue a consciência de Cristo e alcança a reunião com Deus por meio do ritual de ascensão.

Carma. Palavra em sânscrito que significa ação, trabalho ou dever. As consequências dos pensamentos, dos atos e das decisões de cada um nesta e em vidas passadas; a lei da causa e do efeito, decretos que, não importa o que façamos, voltam para nós à procura de um fechamento. A lei do carma exige que as almas reencarnem, de modo que cada um de nós pague o que deve na "prestação de contas divinas", ou seja, o que devemos da Luz de Deus, em energia e em consciência.

Casamento por alquimia. A alma permanentemente ligada ao Eu Crístico Sagrado, o Eu Superior.

Chacras. Em sânscrito, a palavra "chakra" significa "roda", "disco", "círculo". Os centros de luz que estão ancorados na região etérea do corpo e que governam o fluxo das energias dos quatro corpos inferiores do ser humano. Há sete chacras principais e cinco chacras inferiores que correspondem aos cinco raios secretos e a um total de 144 centros de luz no corpo de cada ser humano.

Chama gêmea. Cada indivíduo, seja homem ou mulher, tem uma contrapartida concebida a partir da mesma Chama Branca, a força flamejante da Presença do EU SOU.

Chama tripla. A centelha divina, a chama de Deus que está guardada em um quarto secreto dentro de nossos corações; o ponto de contato da alma com sua Força Suprema.

Chama violeta. Sétimo Raio do Espírito Santo. O fogo sagrado conhecido como "borracha cósmica" que pode transmutar a causa, o efeito, o registro e a memória do pecado ou do carma negativo; também chamada de chama da transmutação, misericórdia, perdão e libertação. *Ver capítulo 9.*

Cinto Eletrônico. Assim é chamado o cinto que contém os registros de todos os pensamentos negativos e experiências emocionais experimentadas por determinada alma ao longo de suas variadas encarnações. Fica localizado na aura do indivíduo, estendendo-se da cintura até a sola dos pés de cada um, e tem o formato de um tambor. *Ver capítulo 5.*

Consciência de Cristo. A consciência ou percepção de cada um de nós *de Cristo* e *em Cristo*; o alçar de um nível e consciência comensurável com a de Jesus Cristo.

Cordão de Cristal. Feixe da Luz Divina, repleto de vida e consciência, que nutre e sustenta a alma e seus quatro corpos inferiores. Também chamado de cordão de Prata. *Ver capítulo 11.*

Corpo Causal. Esferas interpenetráveis de luz que rodeiam cada uma das presenças EU SOU nos níveis espirituais. As esferas coloridas desses corpos casuais contêm os registros dos atos virtuosos que praticamos para a glória de Deus e as bênçãos recebidas durante nossas muitas encarnações na Terra. *Ver capítulo 11.*

Corpo etérico. *Ver quatro corpos inferiores.*

Corpo mental superior. O Cristo, ou o Eu Superior.

Crucificação. A iniciação em que, para cumprir, temos que deixar de lado nosso Eu Humano e substituí-lo pelo Eu Crístico. Uma das iniciações do caminho da ascensão. *Ver capítulo 23.*

Cyclopea. Elohim do Quinto Raio, especificamente invocado quando o que se quer é intensificar os poderes do Olho de Deus Que Tudo Vê e abrir o Terceiro Olho.

Deus ou Deusa. Ser ascenso que recebeu tal título por ter internalizado a consciência de Deus como característica própria, ocupando seu lugar nas posições mais altas da hierarquia.

Deus Meru. Líder do Templo da Iluminação, um retiro etérico no Monte Meru, próximo ao lago Titicaca nos Andes, a cadeia montanhosa na América do Sul. Ele e sua chama gêmea, a Deus Meru, viabilizam o raio feminino no nosso planeta.

Deusa da Pureza. Uma senhora que ascendeu para se tornar Mestra de grande capacidade de realização, que serve aos Quatro Raios da Pureza e à ascensão, e que trabalha junto à Deusa da Luz e à Rainha da Luz, e também com Serapis Bey e com as legiões de Serafins.

Ditado. Uma mensagem de um mestre ascenso, de um arcanjo ou de algum outro ser espiritual avançado, que são entregues através do Espírito Santo por um mensageiro da Grande Fraternidade Branca.

Decretos. Uma forma dinâmica de orar em voz alta, usada por alunos dos mestres ascensos para que a Luz de Deus lhes seja direcionada individualmente e também para que a Luz de Deus atinja o mundo. Os decretos podem ser curtos ou longos e é comum que sejam iniciados com um preâmbulo formal e finalizados com palavras de aceitação.

Elementais. Seres que habitam terra, fogo, ar e água; espíritos que servem a Deus e à humanidade nos planos da matéria. Salamandras servem ao elemento fogo; sílfides ao elemento ar; tritões e sereias ao elemento água, gnomos ao elemento terra.

El Morya. Mestre ascenso que fundou a The Summit Lighthouse e Senhor do Primeiro Raio. *Ver capítulo 3.*

Elohim. Palavra hebraica usada no Velho Testamento como termo genérico para designar uma Deidade. É um substantivo plural, mas, quando usado para designar Deus, é singular.

"E disse Deus [Elohim]: Façamos o ser humano à nossa imagem, conforme a nossa semelhança." Gênesis 1:27

Espírito. Polaridade masculina da Divindade; plano perfeito; lar dos Mestres Ascensos no reino de Deus.

Espírito Santo. A terceira pessoa da Trindade, as chamas sagradas que fazem surgir o Deus Pai-Mãe, também chamado de fogo sagrado. Maha Chohan representa o Espírito Santo na evolução da terra.

Eu Crístico. Ou **Eu Crístico Sagrado.** O Eu Superior; nosso guia ou professor interno, guardião, amigo e nosso advogado diante de Deus. O Cristo Universal individualizado em cada um de nós.

EU SOU O QUE SOU. O nome de Deus (Êxodo 3:13-15).

Fogo Sagrado. Deus, luz, vida, energia, o Espírito Santo.

Grande Diretor Divino. Mestre ascenso cuja faculdade de consciência cósmica o qualifica a dar vida à chama do divino direcionamento em nome da evolução das almas da Terra rumo ao infinito.

Grande Fraternidade Branca. Fraternidade espiritual de mestres ascensos, arcanjos e outros seres espiritualmente evoluídos. O termo "branca" se refere à cor branca da aura, o halo que envolve esses seres imortais e não à raça de qualquer um dos envolvidos. A Grande Fraternidade Branca atua junto às pessoas de coração puro e de propósitos espirituais firmes de qualquer raça ou religião e segue sua missão de ajudar a humanidade. A Fraternidade também inclui alguns discípulos que ainda não ascenderam e que são ministrados pelos mestres ascensos.

Grande Sol Central. O centro do cosmos; o ponto de origem de toda a criação espiritual e física. O Sol atrás do Sol é a causa espiritual por detrás do efeito físico que gerou nossos corpos humanos e todas as outras estrelas e planetas.

Guardião dos Pergaminhos. O anjo responsável pelo registro das missões de cada anjo em cada vida. Ele tem a custódia dos registros das almas, trabalha em conjunto com os mestres ascensos e com o Quadro Cármico.

Guru. (Hindu e sânscrito) Um mestre e guia espiritual; uma das mais elevadas ocupações; pode ou não já ter ascenso.

Hércules. Elohim do Primeiro Raio. *Ver também Elohim.*

Hierarquia. O panteão universal dos Deuses; seres libertos que cumpriram suas missões e encerram em si as características da existência divina.

Kuan Yin. Bodhisattva da misericórdia, um dos quatro grandes bodhisattvas do budismo. Em representações mais recentes, são mostrados em sua forma feminina. Em seu templo em Pequim, China, Kuan Yin irradia os atributos da misericórdia, do perdão e da compaixão em favor da evolução na Terra.

Kundalini. Força espiritual adormecida em todo ser humano que se localiza na base da espinha dorsal. Quando desperta, o fogo sagrado da Mãe varre os chacras e os une com o Pai na cabeça e a isso chamamos *iluminação.*

Kuthumi. Mestre ascenso que atua junto a Jesus nos domínios do Professor do Mundo. Mestre Psicólogo. Líder da Juventude. Koot Hoomi Lal Singh, também chamado de mestre K.H., que juntamente com El Morya fundou a Sociedade Teosófica em 1875 com a intenção de trazer a raça humana de volta à proteção da sabedoria antiga que serviu de base para todas as religiões.

Luz. Irradiação universal e energia de Deus. Iluminação espiritual é a Consciência de Deus, o potencial de Cristo.

Mente carnal. O ego humano; a vontade e o desejo humanos além do intelecto humano. A existência sem Cristo, a natureza animal do homem.

Mestres ascensos. Seres espirituais iluminados que já viveram na Terra, cumpriram suas missões e ascenderam ou se reuniram novamente a Deus. Os mestres ascensos são os verdadeiros professores da humanidade. Eles se responsabilizam pela evolução espiritual de todos os devotos de Deus, além de guiá-los de volta à Fonte, que é Deus.

Maitreya. Cristo Cósmico e Buda Planetário; Guru de Jesus Cristo; é chamado no Oriente de "O Próximo Buda".

Mark L. Prophet e Elizabeth Clare Prophet. Mensageiros dos mestres ascensos; professores, palestrantes, escritores, fundadores da The Summit Lighthouse.

Mensageiro. Alguém treinado pelos mestres ascensos para receber e entregar os ensinamentos, as mensagens e as profecias que venham da Grande Fraternidade Branca para as pessoas de determinada época.

Miguel Arcanjo. Príncipe dos Arcanjos, conhecido como o Defensor da Fé dos Filhos e Filhas de Deus, Anjo da Libertação, Protetor da Relação Guru-Chela.

Plano Astral. A vibração da frequência mais baixa de tempo e espaço; o repositório dos pensamentos e sentimentos conscientes e inconscientes da humanidade.

Presença Eletrônica. A forma de luz assumida por um mestre ascenso, a duplicação de sua Presença de Deus, que pode ser vista no tempo e espaço da aura de um devoto em resposta ao chamado dele. *Ver capítulo 15.*

Presença EU SOU. A Presença de Deus, o EU SOU O QUE SOU individualizado para cada um de nós. Ver também Quadro do Eu Divino.

Portia. Deusa da Justiça e da Oportunidade e chama gêmea de Saint Germain. Juntos, são os líderes dos dois mil anos do ciclo de Aquário.

Quadro Cármico. *Ver Senhores do Carma.*

Quadro do Eu Divino. *Ver capítulo 11.*

Quatro corpos inferiores. As quatro camadas que circundam a alma; os veículos que a alma usa em sua jornada na Terra: o etérico, que é a memória do corpo; o corpo mental; o desejo, ou o corpo emocional; e o corpo físico. *Ver capítulo 5.*

Raios coloridos. As emanações de luz vindas de Deus. Os Sete Raios da Luz Branca emergem sob o prisma da consciência de Cristo.

Registro Akashic. *Akasha*, do sânscrito, significa o todo que nos cerca, ou o universo. O Registro Akashic diz respeito ao reino etérico em que estão armazenados os registros de todos os acontecimentos, ações, pensamentos e sentimentos que ocorreram ou ocorrerão em qualquer lugar do mundo físico, em qualquer era. Esses registros podem ser acessados por aqueles que desenvolvem certas faculdades.

Relógio cósmico. A ciência de mapear os ciclos de carma de uma alma nas doze linhas do Relógio sob as doze hierarquias do Grande Sol Central. A ciência da Mãe Divina que foi dada aos Mensageiros pela Mãe Maria para a Nova Era Astrológica.

Retiro. Lar espiritual de um mestre ascenso ou de um ser divino. Os retiros estão localizados principalmente no mundo celestial. Alguns retiros estão abertos para os seres humanos que ainda não ascenderam, e suas almas podem viajar até lá enquanto seus corpos dormem e entre as encarnações na Terra.

Saint Germain. Mestre ascenso, líder da Era de Aquário e responsável pelos Estados Unidos da América. *Ver capítulo 3.*

Serafim. Ordem de anjos dedicada a servir as chamas da Pureza do Fogo Vivo que percorre a galáxia a cada 24 horas. Podemos chamar esses anjos para nos acompanhar e para interpenetrar nossos corpos enquanto eles circundam a Terra.

Senhores do Carma. Os mestres ascensos que integram o Quadro Cármico, que faz justiça em todos os níveis dos mundos. Eles distribuem carma, misericórdia e julgamento em nome do fluxo de vida divino. Todas as almas precisam primeiro apresentar-se diante do Quadro Cármico, para depois assumir suas encarnações na Terra.

Serapis Bey. Chefe do Templo da Ascensão, Senhor do Quarto Raio da Pureza e da Ascensão. *Ver capítulo 3.*

Senhor Lanto. Senhor do Segundo Raio de Sabedoria e Iluminação. Ministra palestras para alunos ainda não ascensos no Retiro de Teton, em Wyoming e trabalha com Saint Germain pela libertação da humanidade nesta era.

The Summit Lighthouse. Uma organização paralela à Grande Fraternidade Branca, fundada por Mark L. Prophet em 1958 em Washington, D.C., dirigida pelo mestre ascenso El Morya, com a finalidade de publicar e disseminar os ensinamentos dos mestres ascensos.

Traje do casamento. Cobertura de luz benigna que vem do coração da Presença de Deus e que desce pelo Cordão de Cristal para envolver o indivíduo nas forças vitais de ascensão, enquanto ele invoca as sagradas energias do Pai para retornar para a casa de Deus. Também conhecido como Corpo Solar Imortal. *Ver capítulo 24.*

Summit University. Escola de Iniciação nos Mistérios da nossa Era de Aquário, para homens e mulheres, fundada em 1971, sob a direção dos mensageiros Mark L. Prophet e Elizabeth Clare Prophet. A Summit University atualmente realiza retiros com duas semanas de duração, em julho.

Bibliografia

Livros disponíveis para estudo:

Prophet, Mark L. Dossiê sobre a Ascensão: Um estudo para Acelerar o Desenvolvimento Espiritual, ditado por Serapis Bey (Carrancas, MG: Summit Lighthouse do Brasil, 2001).

Prophet, Mark L.; Prophet, Elizabeth Clare. O Fortalecimento da Aura: Como Ativar e Energizar Seu Campo de Força e Chakras, ditado por Kuthumi e Djwal Kul (Carrancas, MG: Summit Lighthouse do Brasil, 2006).

Prophet, Mark L.; Prophet, Elizabeth Clare. A Alquimia de Saint Germain: Fórmulas para a Autotransformação, ditado por Saint Germain (Rio de Janeiro, RJ: Nova Era, 2006).

Prophet, Elizabeth Clare. The Chela and the Path: Keys to Soul Mastery in the Aquarian Age, ditado por El Morya (Livingston, Mont.: Summit University Press, 1976).

Prophet, Mark L. A Sagrada Aventura: Como Identificar e Colocar em Prática o Plano de Deus para a sua Vida, ditado por El Morya (Carrancas, MG: Summit Lighthouse do Brasil, 2001).

Prophet, Mark L.; Prophet, Elizabeth Clare. Senhores dos Sete Raios: A Vida dos Mestres da Grande Fraternidade Branca (Carrancas, MG: Summit Lighthouse do Brasil, 2005).

Prophet, Mark L. Understanding Yourself: Opening the Door to the Superconscious Mind. (Livingston, Mont.: Summit University Press, 1985).

Prophet, Mark L.; Prophet, Elizabeth Clare. A Ciência da Palavra Falada: O Poder do Som para a Cura, Transformação e Prosperidade (Carrancas, MG: Summit University Press, 2007).

Prophet, Mark L.; Prophet, Elizabeth Clare. My Soul Doth Magnify the Lord (Livingston, Mont.: Summit University Press, 1986).

Prophet, Elizabeth Clare. The Great White Brotherhood in the Culture, History and Religion of America (Livingston, Mont.: Summit University Press, 1987).

Prophet, Mark L.; Prophet, Elizabeth Clare. A Resposta que Você Busca Está no seu Interior: Um Guia Prático para o Crescimento Espiritual (Carrancas, MG: Summit Lighthouse do Brasil, 1999).

Prophet, Elizabeth Clare. O Poder Criador do Som: Afirmações para Criar, Curar e Transformar (Lisboa, Portugal: Editorial Estampa, 2011).

Prophet, Elizabeth Clare. A Chama Violeta: Para Curar Corpo, Mente e Alma (Lisboa, Portugal: Editorial Estampa, 2010).

Sobre a autora

Annice Booth foi membro do corpo docente da Summit University por mais de vinte anos. Ela lecionava espiritualidade prática, incluindo tópicos como segredos da prosperidade, alquimia espiritual, ascensão, plano divino e as dimensões espirituais do amor e dos relacionamentos em geral. Sra. Booth viajou por todo o mundo trabalhando em workshops sobre estes assuntos.
Também é autora de outros dois livros: *Memories of Mark: My Life with Mark Prophet* e *Secrets of Prosperity: Abundance in the 21st Century*. Além de uma série de 48 livretos sobre diversos temas espirituais.

Este livro foi composto em Minion
para a Rai Editora em junho de 2012
e impresso pela Prol Gráfica.